高职高专"十三五"规划教材

建设工程法规

（第二版）

主　审　常爱萍
主　编　李海霞　苏叶青　屈冬梅
副主编　何立志　严晓红　曾健如
　　　　李亚飞　姚　茜　彭放枚
　　　　杨　曲　詹述琦
参　编　杨惠梅　李伟杰　王先敏
　　　　李　峨　黄奇斌

南京大学出版社

图书在版编目(CIP)数据

建设工程法规 / 李海霞，苏叶青，屈冬梅主编. --
2版. — 南京：南京大学出版社，2017.3
高职高专"十三五"规划教材. 土建专业
ISBN 978 - 7 - 305 - 18289 - 1

Ⅰ. ①建… Ⅱ. ①李… ②苏… ③屈… Ⅲ. ①建筑法
—中国—高等职业教育—教材 Ⅳ. ①D922.297

中国版本图书馆 CIP 数据核字(2017)第 035266 号

出版发行　南京大学出版社
社　　址　南京市汉口路 22 号　　　　邮编　210093
出 版 人　金鑫荣

丛 书 名　高职高专"十三五"规划教材·土建专业
书　　名　建设工程法规(第二版)
主　　编　李海霞　苏叶青　屈冬梅
责任编辑　董　薇　吴　华　　　　编辑热线　025-83597482
照　　排　南京理工大学资产经营有限公司
印　　刷　南京京新印刷厂
开　　本　787×1092　1/16　印张 16.5　字数 411 千
版　　次　2017 年 3 月第 2 版　　2017 年 3 月第 1 次印刷
ISBN　978 - 7 - 305 - 18289 - 1
定　　价　38.00 元

网　　址：http://www.njupco.com
官方微博：http://weibo.com/njupco
微信服务号：njuyuexue
销售咨询热线：(025)83594756

前　言

　　《建设工程法规》(第1版)教材于2013年8月出版后,先后受到许多高职院校的好评与选用,才有今天《建设工程法规》(第2版)的出版。

　　从初版到再版的这几年里,建筑行业发生了翻天覆地的变化,与之匹配的一系列的建设工程法规进行了修订;由于建设工程法规具有行政法的特点,而行政法的立、改、废的经常性,客观上也推动了建设工程法规的修订。一系列建设工程法规的修订,意味着一系列法规的废止和生效,原版的部分内容已经过时或被废止,《建设工程法规》教材内容的修订就迫在眉睫。

　　本教材以学习目标为挈领,按照"工程应用—学习内容—案例分析—习题"为脉络主线组织课程内容,注重分析和解决实际问题的方法及思路的引导,注重提升学生的建设工程法律法规的应用能力。每个模块基于工作实际岗位需求,设置了若干有针对性的节,每节均设置了互为匹配的工程实际案例与习题,方便理解、掌握并运用好对应的建设工程法律法规知识。

　　这次改版在保留原版教材特色的基础上,主要做了以下调整:

　　(1)按照最新修订的建设工程法规,对部分章节的内容进行了更新,从而使得新版的内容与时俱进。如根据最新公布的《建筑业企业资质管理规定》,修订了模块2中的"从业单位的资质许可制度";根据最新公布的《建筑工程施工许可管理办法》,修订了模块2中的"建筑工程施工许可证制度"等。

　　(2)根据同行的建议,新增了部分章节,从而使得新版的内容更加完善。如在模块6中增加了"建筑施工企业安全生产许可证管理规定"等。

　　(3)结合建设工程实务最新的案例,对教材中的教学案例进行了适时的更新,以满足广大师生教学的需要。

　　本书由湖南交通职业技术学院常爱萍担任主审;由湖南工程职业技术学院李海霞、湖南有色金属职业技术学院苏叶青、漳州职业技术学院屈冬梅担任主编;由湖南工程职业技术学院何立志、武汉交通职业学院严晓红、湖南交通职业技术学院曾健如、漳州科技职业学院李亚飞、长江工程职业技术学院姚茜、广西机电职业技术学院彭放枚、郴州职业技术学院杨曲、福建水利电力职业技术学院詹述琦担任副主编；娄底职业技术学院杨惠梅、广西机电职业技术学院李伟杰、湖南工程职业技术学院王先敏、湖南交通职业技术学院李峨以及湖南昌祥律师事务所的黄奇斌参与了教材编写。最后由李海霞负责全书统稿。

　　修订过程中，编者翻阅了大量的文献资料，进行了相应的调查研究，同时也参考了业界许多专家、学者的论著，在此表示衷心的感谢。尽管本次修订对原版中出现的疏漏做出了更正，但由于编者水平有限，第 2 版中仍然难以避免地出现疏漏甚至错误之处，恳请广大读者提出宝贵的意见。

　　本书采用基于二维码的互动式学习平台，配有二维码，读者可通过微信扫描二维码获取本书相关的电子资源，体现了数字出版和教材立体化建设的理念。

编　者

2016 年 11 月

目　录

扫一扫可见
本书电子资源

模块 1 　 建设工程法规入门基础知识

扫一扫可见
本章电子资源

 学习目标

　　了解法律基础知识,了解建设工程法规的概念及法律渊源,掌握建设工程民事法律法规的基本知识,熟悉并掌握建设工程法律关系的各个要素和引起建设工程法律关系发生、变更和消灭的法律事实。

1.1　法律基础知识

 工程应用

知识点	项目应用阶段	典型工作事件	主要涉及的岗位	要求
法的概念、特征以及作用	项目全寿命周期	法的核心内容在于规定人们在法律上的权利和义务	工程涉及的所有岗位	了解
法的效力	项目全寿命周期	上位法的效力高于下位法等	工程涉及的所有岗位	熟悉
法律责任	项目全寿命周期	法律责任相称原则	工程涉及的所有岗位	熟悉

 学习内容

1.1.1　法的概念、特征以及作用

1. 法的概念

法有广义与狭义之分。

　　广义的法是指由国家制定或认可,并由国家强制力保证实施的,反映着统治阶级意志的规范体系,这一意志的内容是由统治阶级的物质生活条件决定的,它通过规定人们在相互关系中的权利与义务,确认、保护和发展对统治阶级有利的社会关系和社会秩序。

　　狭义的法是指具体的法律规范,包括宪法、法律、行政法规、地方性法规、行政规章、判例、

习惯法等各种成文法和不成文法。

2. 法的特征

人类社会的存在和发展离不开各式各样的社会规范。社会规范是调整人与人之间社会关系的行为规则，包括法律规范、道德规范、宗教规范、社会团体规范等。法作为一种特殊的社会规范，具有以下基本特征。

（1）法是具有规范性、概括性和可预测性的社会规范

马克思指出，法律是肯定的、明确的、普遍的规范。法具有规范性、概括性和可预测性的特点。规范性是指法规定了人们在一定情况下可以做什么、应当做什么或不应当做什么，也就是为人们的行为规定了模式、标准和方向。概括性是指法的对象是抽象的、一般的人和事，在同样的情况和条件下，法律可以反复使用。可预测性是指人们通过法有可能预见到国家对自己和他人的行为的态度和产生的法律后果，因为法律规定了人们的行为模式，从而成为评价人们行为合法与不合法的标准。

（2）法是国家制定或认可的社会规范

法是由国家制定或者认可的，这是法区别于其他社会规范的重要特点之一。制定和认可是国家创制法律规范的两种基本方式和途径。制定是指社会生活中原来没有某种行为规则，立法者根据需要，通过相应的国家机关，按照法定程序制定出各种规范性法律文件来体现这种行为规则。认可是指社会生活中原来已经存在着某种行为规则（如道德、习惯、宗教、礼仪等），国家以一定形式对其加以承认并且赋予其法律效力。无论是制定还是认可，都与国家权力有着不可分割的联系，都体现着国家的意志。

（3）法是规定人们权利和义务的社会规范

法的核心内容在于规定人们在法律上的权利和义务。法律权利是指法律赋予人们的某种权能。法律义务是指法律规定人们必须履行的某种责任。法通过人们在一定社会关系中的权利和义务来确认、保护和发展有利于统治阶级的社会关系和社会秩序。

（4）法是以国家强制力为后盾，通过法律程序保证实施的社会规范

任何社会规范的实施都需要某种力量作保证。但在所有的社会规范中，只有法是以国家强制力来保证实施的。统治阶级为了法的实施，依靠军队、警察、法庭、监狱等暴力机器，迫使社会全体成员遵守。在任何国家，违反法律规定的行为都将由专门国家机关依法定程序追究行为人的法律责任。因此，法是具有普遍约束力的社会规范。但是，法以国家强制力来保证实施，是从法的"最后一道防线"意义上讲的，并不是说国家强制力是法得以实现的唯一途径。

3. 法的作用

法的作用又称法的功能，泛指法对个人以及社会发生影响的体现。法的作用可以分为法的规范作用和法的社会作用。

（1）法的规范作用

① 指引作用

指引作用的对象是每个人自身的行为。法律规范由行为模式和法律后果两部分构成；法律规范可分为授权性规范和义务性规范两大类。这两类规范都体现了法律对每个人自己行为的指引。但区别是授权性规范是一种有选择的指引，即在这种规范中，法律容许人们自己来选择是否这样行为。义务性规范却是一种明确的指引，它告诉人们必须根据法律所指引的那样

来行为。从立法目的来说,这两类规范中包含的法律后果都是促使人们行为时所要考虑到的重要因素。但不同的是,就有选择的指引(即授权性规范)来说,立法的目的是鼓励人们从事法律所容许的行为;相反地,就明确的指引(即义务性规范)来说,立法的目的是防止人们做出违反法律指引的行为。

② 评价作用

评价作用的对象是其他人的行为。作为一种规范,法有判断、衡量他人行为的评价作用。在评价他人行为时,总要有一个客观的评价准则。法是一种重要的准则,通过法可以判断某个人的行为是合法还是违法(包括违反什么法、违反到什么程度等)。当然,仅仅根据法来判断人的行为往往是不够的。这是因为,一般地说,法只能作为判断人的行为是否合法的准则;同时,在社会生活中,人们行为的很多方面,由于各种原因,法不去调整而由其他社会规范加以调整;再有,某种行为尽管并不违法,但并不一定合法。法律上不明确制止的行为,一般可以说是合法的行为,但法对某些行为虽不明确制止,但也并不意味着法就支持或保护这种行为。在以上这些情况下,法的评价作用就有局限性了。

③ 教育作用

教育作用的对象是一般人的行为。这里讲的教育作用不同于上面所说的指引作用,也不是指法在促进文化教育领域方面的社会作用,它是指通过法的实施而对一般人今后行为所发生的影响。有人因违法行为而受到制裁,对其他一般人有教育作用(严格地说,对那些企图违法的人来说,是一种警戒作用);人们合法的行为及其法律后果也同样对一般人的行为有重大示范作用。

④ 预测作用

在法学中,法的预测作用有几种意义。这里讲的只是指法的一种规范作用,或者说,法具有可预测性的特征。这种作用的对象是人们相互的行为。依靠法,人们可以预先估计到他们相互间将怎样行为,包括可以预先估计到社会舆论和国家机关对自己和他人的行为会有什么反应。

⑤ 强制作用

强制作用的对象是违法者的行为。法律都有由国家强制力保证实施的特征。我国的法律是以广大人民自觉遵守为基础的,但强制也是一个不可缺少的条件。法的强制作用无论对法的社会作用或对法的其他规范作用来说,都有重要的意义。强制之所以必要,是为了制裁、惩罚违法犯罪者,也是为了预防违法犯罪行为,增进人们的安全感。所有这些都是建立社会秩序的重要条件。

(2) 法的社会作用

就阶级对立社会来说,法的社会作用大体可归纳为以下两大方面。

① 实现阶级统治的作用

一般地说,在阶级对立社会中,法的社会作用首先是实现统治阶级的阶级统治,即对敌对阶级实行专政并调整阶级内部或统治阶级和它的同盟者之间关系的作用。实现阶级统治,维护对统治阶级有利的社会关系和社会秩序,也就是这种法的主要目的或任务。

② 执行社会公共事务中的作用

阶级对立社会的法,从一种意义上说可分两类。一类是实现阶级统治的法;另一类是执行社会公共事务的法,如环境保护法、交通管理法规、卫生法规以及很多技术法规等。后一类法律,从客观上说,是为了全社会的利益而不是统治阶级一个阶级的利益;它们的内容,即使在不同社会制度下,也是大体上类似的,是可以相互借鉴的。

1.1.2　法的效力

1. 法的效力层次

(1) 法的效力的概念

法的效力即法律的约束力,指人们应当按照法律规定的那样行为,必须服从。通常,法的效力分为规范性法律文件的效力和非规范性法律文件的效力。规范性法律文件的效力也叫狭义的法的效力,是法律的生效范围或适用范围,即法律对什么人、什么事、在什么地方和什么时间有约束力。非规范性法律文件的效力指判决书、裁定书、逮捕证、许可证、合同等的法律效力。这些文件在经过法定程序之后也具有约束力,任何人不得违反。但是,非规范性法律文件是适用法律的结果而不是法律本身,因此不具有普遍约束力。

(2) 法的效力层次

法的效力层次是指规范性法律文件之间的效力等级关系。根据我国《立法法》的有关规定,我国法的效力层次可以概括为:

① 上位法的效力高于下位法,即规范性法律文件的效力层次决定于其制定主体的法律地位,行政法规的效力高于地方性法规的效力。

② 在同一位阶的法律之间,特别法优于一般法,即同一事项,两种法律都有规定的,优先适用特别法。

③ 新法优于旧法。

2. 法的效力范围

根据效力范围不同,法律效力可以分为对人的效力、对事的效力、空间效力、时间效力。

(1) 法律对人的效力

法律对人的效力是指法律对谁有效力,适用于哪些人。在世界各国的法律实践中先后采用过四种对人的效力的原则,即属人主义原则,属地主义原则,保护主义原则,以属地原则为主,与属人主义、保护主义相结合的原则。根据我国法律,对人的效力包括对中国公民的效力和对外国人、无国籍人的效力两个方面。

① 属人主义即法律只适用于本国公民,不论其身在国内还是国外,非本国公民即使身在该国领域内也不适用。

② 属地主义即法律适用于该国管辖地区内的所有人,不论是否是本国公民,都受法律约束和法律保护,本国公民不在本国,则不受本国法律的约束和保护。

③ 保护主义即以维护本国利益作为是否适用本国法律的依据,任何侵害了本国利益的人,无论其国籍和所在地域,都要受该国法律的追究。

④ 以属地主义为主,与属人主义、保护主义相结合的原则既要维护本国利益,坚持本国主权,又要尊重他国主权,照顾法律适用中的实际可能性。

我国采用的是第四种原则。根据我国法律,对人的效力包括两个方面:

① 对中国公民的效力。中国公民在中国领域内一律适用中国法律。在中国境外的中国公民,也应遵守中国法律并受中国法律保护。但是,这里存在着适用中国法律与适用所在国法律的关系问题。对此,应当根据法律区分情况,分别对待。

② 对外国人和无国籍人的效力。外国人和无国籍人在中国领域内,除法律另有规定者外,适用中国法律,这是国家主权原则的必然要求。

（2）法律对事的效力

法律对事的效力指法律对什么样的行为有效力,适用于哪些事项。这种效力范围的意义在于告诉人们什么行为应当做、什么行为不应当做、什么行为可以做,指明法律对什么事项有效,确定不同法律之间调整范围的界限。

（3）法律的空间效力

法律的空间效力指法律在哪些地域有效力,适用于哪些地区。一般来说,一国法律适用于该国主权范围所及的全部领域,包括领土、领水及其底土和领空,以及作为领土延伸的本国驻外使馆、在外船舶及飞机。

（4）法律的时间效力

法律的时间效力指法律何时生效、何时终止效力以及法律对其生效以前的事件和行为有无溯及力。

① 法律的生效时间

法律的生效时间主要有三种:

a. 自法律公布之日起生效;

b. 由该法律规定具体生效时间;

c. 规定法律公布后符合一定条件时生效。

② 法律终止生效的时间

法律终止生效即法律被废止,指法律效力的消灭,可分为明示的废止和默示的废止。

③ 法的溯及力

法的溯及力也称法律溯及既往的效力,是指法律对其生效以前的事件和行为是否适用。如果适用,就具有溯及力;如果不适用,就没有溯及力。法律是否具有溯及力,不同法律规范之间的情况是不同的。关于法律的溯及力问题,一般遵循两个原则:首先"法律不溯及既往"原则,即国家不能用现在制定的法律指导人们过去的行为,更不能由于人们过去从事某种当时是合法而现在看来是违法的行为,而依照现在的法律处罚他们;其次,作为法律"不溯及既往"原则的补充,法律规范的效力可以有条件地适用于既往的行为。从我国目前有关法律溯及既往的原则的规定,一般采用"不溯及既往"原则。

1.1.3　法律责任

1. 法律责任的含义与分类

法律责任是指因违反了法定义务或契约义务,或不当行使法律权利、权力所产生的,由行为人承担的不利后果。就其性质而言,法律关系可以分为法律上的功利关系和法律上的道义关系,与此对应,法律责任方式可以分为补偿性方式和制裁性方式。

法律责任是由特定法律事实所引起的对损害予以补偿、强制履行或接受惩罚的特殊义务,亦由于违反第一性义务而引起的第二性义务。

法律责任的特点在于:

① 法律责任首先表示一种因违反法律上的义务(包括违约等)关系而形成的责任关系,它是以法律义务的存在为前提的。

② 法律责任还表示为一种责任方式,即承担不利后果。

③ 法律责任具有内在逻辑性,即存在前因与后果的逻辑关系。

④ 法律责任的追究是由国家强制力实施或者潜在保证的。

根据违法行为所违反的法律的性质,法律责任可分为民事责任、刑事责任、行政责任与违宪责任和国家赔偿责任。

2. 法律责任的构成

法律责任的构成要件是指构成法律责任必须具备的各种条件或必须符合的标准,它是国家机关要求行为人承担法律责任时进行分析、判断的标准。根据违法行为的一般特点,我们把法律责任的构成要件概括为主体、过错、违法行为、损害事实和因果关系,共五个方面。

(1)主体

主体是指违法主体或者承担法律责任的主体。责任主体不完全等同于违法主体。

(2)过错

过错即承担法律责任的主观故意或者过失。

(3)违法行为

违法行为是指违反法律规定的义务、超越权利的界限行使权利以及侵权行为的总称。一般认为,违法行为包括犯罪行为和一般违法行为。

(4)损害事实

损害事实即受到的损失和伤害的事实,包括对人身、对财产、对精神(或者三个方面兼有)的损失和伤害。

(5)因果关系

因果关系即行为与损害之间的因果关系,它是存在于自然界和人类社会中的各种因果关系的特殊形式。

3. 归责

法律责任的认定和归结简称归责,它是指对违法行为所引起的法律责任进行判断、确认、归结、缓减以及免除的活动。

归责一般必须遵循以下法律原则:

(1)责任法定原则

① 违法行为发生后应当按照法律事先规定的性质、范围、程度、期限、方式追究违法者的责任;作为一种否定性法律后果,它应当由法律规范预先规定。

② 排除无法律依据的责任,即责任擅断和"非法责罚"。

③ 在一般情况下要排除对行为人有害的既往追溯。

(2)因果联系原则

① 在认定行为人违法责任之前,应当首先确认行为与危害或损害结果之间的因果联系,这是认定法律责任的重要事实依据。

② 在认定行为人违法责任之前,应当首先确认意志、思想等主观方面因素与外部行为之间的因果联系,有时这也是区分有责任与无责任的重要因素。

③ 在认定行为人违法责任之前,应当区分这种因果联系是必然的还是偶然的,直接的还是间接的。

（3）责任相称原则

① 法律责任的性质与违法行为的性质相适应。

② 法律责任的轻重和种类应当与违法行为的危害或者损害相适应。

③ 法律责任的轻重和种类还应当与行为人的主观恶性相适应。

（4）责任自负原则

① 违法行为人应当对自己的违法行为负责。

② 不能让没有违法行为的人承担法律责任，即反对株连或变相株连。

③ 要保证责任人受到法律追究，也要保证无责任者不受法律追究，做到不枉不纵。

4. 免责

免责是指行为人实施了违法行为，应当承担法律责任，但由于法律的特别规定，可以部分或全部免除其法律责任，即不实际承担法律责任。免责的条件和方式可以分为：

（1）时效免责

（2）不诉免责

（3）自首、立功免责

（4）有效补救免责

对于那些实施违法行为，造成一定损害，但在国家机关归责之前采取及时补救措施的人，免除其部分或全部责任。

（5）协议免责或意定免责

协议免责或意定免责是指双方当事人在法律允许的范围内通过协商所达成的免责，即所谓"私了"。

（6）自助免责

自助免责是对自助行为所引起的法律责任的减轻或免除。自助行为是指权利人为保护自己的权利，在情势紧迫而又不能及时请求国家机关予以救助的情况下，对他人的财产或自由施加扣押、拘束或其他相应措施，而为法律或公共道德所认可的行为。

（7）人道主义免责

在权利相对人没有能力履行责任或全部责任的情况下，有关的国家机关或权利主体可以出于人道主义考虑，免除或部分免除有责主体的法律责任。

5. 惩罚性责任与补偿性责任

根据追究责任的目的分为补偿性责任和惩罚性责任。

惩罚即法律制裁，是国家以法律的道义性为基础，通过强制对责任主体的人身和精神实施制裁的责任方式。

补偿是国家以功利性为基础，通过强制力或当事人要求责任主体以作为或不作为形式弥补或赔偿所造成损失的责任方式。

案例 1-1

二维码内含精彩案例及解析，快来扫一扫吧！

1.2 建设工程有关的民事法律法规的基本知识

 **工程应用**

知识点	项目应用阶段	典型工作事件	主要涉及的岗位	要求
民事法律行为的成立要件	项目全寿命周期	法律行为必须是出于人们自觉的作为和不作为	工程涉及的所有岗位	了解
代理的法律规定	项目全寿命周期	代理人以被代理人的名义从事活动	建设项目负责人、监理单位负责人、造价咨询机构负责人等	熟悉
物权	项目全寿命周期	物权的客体主要是经过劳动加工后具有价值和使用价值的有体财产	建设项目负责人、建设企业法律顾问等	熟悉
债权	项目全寿命周期	合同是债发生的最常见的根据	建设项目负责人、承包单位负责人、建设企业法律顾问等	熟悉
诉讼时效	项目全寿命周期	我国民事诉讼的一般诉讼时效为2年	工程涉及的所有岗位	熟悉

 **学习内容**

1.2.1 民事法律行为的成立要件

1. 民事法律行为的概念

（1）法律行为的概念

法律行为指能发生法律上效力的人们的意志行为，即根据当事人的个人意愿形成的一种有意识的活动，它是在社会生活中引起法律关系产生、变更和消灭的最经常的事实。法律行为包括直接意义上的作为，也包括不作为（即对于一定行为的抑制）。通常又把前者称为积极的法律行为，后者称为消极的法律行为。

法律行为的成立必须具有下列条件：

① 必须是出于人们自觉的作为和不作为。无意识能力的幼年人、疯癫、白痴、精神病，以及一般人在暴力胁迫下的作为和不作为，都不能视为法律行为。

② 必须是基于当事人的意思而具有外部表现的举动，单纯心理上的活动不产生法律上的后果。意思表示是法律行为不可缺少的核心构成要素。如果法律行为能够产生主体预期的后

果,按照当事人的意思安排他们之间的权利义务关系,当事人必须要能够自主做出意思表示,而且这种意思表示能够依法在当事人之间产生拘束力。法律行为与事实行为的根本区别即在于当事人是否做出了意思表示且这种意思表示是否能够产生拘束力。如虽有犯罪意思而无犯罪行为的,不能视为犯罪,也不能视为法律行为。

③ 必须是为法律规范所确认、而发生法律上效力的行为。不由法律调整、不发生法律效力的,如通常的社交、恋爱等不是法律行为。

(2) 民事法律行为的概念

在我国,1986 年的《民法通则》并未直接采用法律行为这一概念,而是采用了民事法律行为和民事行为这两个概念。在制度设计规定上,规定民事法律行为是合法的行为。

根据《民法通则》第 54 条规定,民事法律行为是公民或者法人设立、变更、终止民事权利和民事义务的合法行为。

2. 民事法律行为的成立要件

(1) 行为主体具有相应的民事权利能力和行为能力

民事权利能力是指能够参加民事活动,享有民事权利和负担民事义务的法律资格。民事行为能力是指通过自己行为取得民事权利和负担民事义务的资格。民事法律行为主体只有取得了相应的民事权利能力和行为能力以后做出的民事行为才能得到法律的认可。

(2) 行为人意思表示真实

意思表示真实是指行为人表现于外部的表示与其内在的真实意思相一致,即不存在认识错误、欺诈、胁迫等外在因素而使得表示意思与内心效果意思不一致。意思表示不真实的行为不是必然的无效行为,因其导致意思不真实的原因不同,可能会发生无效或者被撤销的法律后果。

(3) 行为内容合法

根据《民法通则》的规定,行为内容合法表现为不违反法律和社会公共利益、社会公德。行为内容合法首先不得与法律、行政法规的强制性或禁止性规范相抵触。其次,行为内容合法还包括行为人实施的民事行为不得违背社会公德,不得损害社会公共利益。

(4) 行为形式合法

民事法律行为的形式就是行为人进行意思表示的形式。民事法律行为采用的形式分为要式民事法律行为和不要式民事法律行为,凡属要式的民事法律行为,必须采用法律规定的特定形式才为合法。《民法通则》第 56 条规定,民事法律行为可以采取书面形式、口头形式或者其他形式。法律规定是特定形式的,应当依照法律规定。《合同法》第 270 条规定,建设工程合同应当采用书面形式。因此,订立建设工程合同的行为,属于要式法律行为。对于不要式民事法律行为,当事人在法律允许范围选择口头形式、书面形式或其他形式作为民事法律行为的形式皆为合法。《合同法》第 197 条规定,借款合同采用书面形式,但自然人之间借款另有约定的除外。这个条款规定了自然人之间的借款属于不要式法律行为,有无书面形式的合同均可。

1.2.2　代理的法律规定

1. 代理的概念和法律特征

(1) 代理的概念

代理指代理人在代理权限范围内,以被代理人的名义与第三人实施的民事法律行为,由此产生的法律后果由被代理人承担的一种法律制度。在代理关系中,代理他人实施民事法律行为的人称代理人;由他人代自己实施民事法律行为的人称被代理人;与代理人实施民事法律行为的人称第三人。

(2) 代理的特征

① 代理人必须以被代理人的名义进行活动。

在代理关系中,代理人只有以被代理人的名义从事活动,才能为被代理人取得民事权利和履行民事义务。如果代理人以自己的名义进行民事活动,就不是代理活动,其法律后果由行为人自己承担。

② 代理行为必须是具有法律意义的行为。

代理人代被代理人实施的行为主要是法律行为。通过代理行为,必然在被代理人与第三人之间发生、变更或终止某种民事法律关系。如代签合同,代理变更合同内容或代理解除合同等。

③ 代理人必须在代理的权限内独立进行意思表示。

代理人必须在被代理人的授权范围内或法律规定或指定的权限范围内进行民事活动,不得擅自变更或超越代理权限。为了更好地完成代理事务,代理人在代理权限内可以根据代理活动的具体情况,有权向第三人做出意思表示,以维护被代理人的利益。

④ 代理的法律后果由被代理人承担。

代理人是以被代理人的名义,为被代理人的利益进行的活动。因此,在代理活动中,代理人不因其所实施的民事法律行为直接取得任何个人利益,由代理行为产生的权利和义务应由被代理人本人承受。

2. 代理的种类

根据《民法通则》的规定,按代理权产生的根据不同,可将代理分为委托代理、法定代理、指定代理。

(1) 委托代理

委托代理又称授权代理、意定代理,是指代理人按照被代理人的委托而进行的代理。根据《民法通则》的规定,授予代理权的形式可以用书面形式,也可以用口头形式,法律规定用书面形式的,应当用书面形式。

书面委托代理的授权委托书应当写明代理人的姓名或者名称、代理事项、权限和期间,并由委托人签名或者盖章。委托书授权不明的,被代理人应当向第三人承担民事责任,代理人负连带责任。

(2) 法定代理

法定代理是指根据法律的直接规定而产生代理。如无民事行为能力人和限制民事行为能力人,其监护人因法律直接规定而成为被监护人的法定代理人,这种代理无须被代理人授权。

(3) 指定代理

指定代理是根据人民法院或有关单位的指定而发生的代理,常发生在诉讼中。例如《最高人民法院关于适用〈中华人民共和国民事诉讼法〉若干问题的意见》第 67 条规定,在诉讼中,无民事行为能力人、限制民事行为能力人的监护人是他的法定代理人。事先没有确定监护人的,可以由有监护资格的人协商确定,协商不成的,由人民法院在他们之间指定诉讼中的法定代理人。指定代理人按照人民法院或者指定单位的指定行使代理权。

3．代理权的行使

（1）代理权行使的要求

① 代理人亲自行使代理权。

被代理人委托特定的代理人为自己服务,是基于对该代理人知识、技能、信用的信赖。因此,代理人必须亲自实施代理行为。除非经被代理人同意或有不得已的事由发生,否则不得将代理事务转委托他人处理。

② 代理人认真履行职责。

代理制度是为被代理人的利益而设,被代理人设立代理的目的,是利用代理人的知识和技能为自己服务,代理人的活动是为了实现被代理人的利益。因此,代理人行使代理权,应认真履行职责,处理好被代理人的事务。根据《民法通则》第 66 条规定,代理人不履行职责而给被代理人造成损害的,应当承担民事责任。代理人和第三人串通,损害被代理人的利益的,由代理人和第三人负连带责任。

（2）代理权行使的限制

① 自己代理指代理人在代理权限内与自己为民事行为。在这种情况下,代理人同时为代理关系中的代理人和第三人,交易双方的交易行为实际上只由一个人实施。自己代理,除非事前得到被代理人的同意或事后得到其追认,否则法律不予承认。

② 双方代理又称同时代理,指一个代理人同时代理双方当事人为民事行为的情况。对于双方代理,除非事先得到过双方当事人的同意或事后得到了其追认,否则法律应不予承认。

4．代理权的终止

（1）委托代理终止

《民法通则》规定,有下列情形之一的委托代理终止：

① 代理期间届满或者代理事务完成。

② 被代理人取消委托或者代理人辞去委托。

③ 代理人死亡。

④ 代理人丧失民事行为能力。

⑤ 作为被代理人或者代理人的法人终止。

（2）法定代理或者指定代理终止

① 被代理人取得或者恢复民事行为能力。

② 被代理人或者代理人死亡。

③ 代理人丧失民事行为能力。

④ 指定代理的人民法院或者指定单位取消指定。

⑤ 其他原因引起的被代理人和代理人之间的监护关系消灭。

5．无权代理与表见代理

（1）无权代理

无权代理就是没有代理权的代理。无权代理并不是代理的一种形式,而是具备代理行为的表象但是欠缺代理权的行为。无权代理,通常有未授权代理、越权代理、代理权终止后代理的情形。

被代理人对无权代理人实施的行为如果予以追认,则无权代理可转化为有权代理,产生与有权代理相同的法律效力,并不会发生代理人的赔偿责任。如果被代理人不予追认的,对被代理人不发生效力,则无权代理人需承担因无权代理行为给被代理人和善意第三人造成的损失。

(2) 表见代理

表见代理指无权代理人的代理行为客观上存在相对人相信其有代理权的情况,且相对人主观上为善意且无过失,可以向被代理人主张代理的效力的代理。《合同法》第49条规定,行为人没有代理权、超越代理权或者代理权终止后以被代理人名义订立合同,相对人有理由相信行为人有代理权的,该代理行为有效。表见代理的法律效力,在于使无权代理发生如同有权代理一样的效果。

表见代理对被代理人产生有权代理的效力,即在相对人与被代理人之间产生民事法律关系。被代理人受表见代理人与相对人之间实施的法律行为的约束,享有该行为设定的权利和履行该行为约定的义务。被代理人不能以无权代理为由抗辩。被代理人在承担表见代理行为所产生的责任后,可以向无权代理人追偿因代理行为而遭受的损失。

此外,本人知道他人以本人名义实施民事行为而不作否认表示的,视为同意。

6. 代理制度中的民事法律责任

(1) 委托书授权不明应承担的法律责任

委托书授权不明的,被代理人应当向第三人承担民事责任,代理人负连带责任。

(2) 损害被代理人利益应承担的法律责任

代理人不履行职责而给被代理人造成损害的,应当承担民事责任。代理人和第三人串通,损害被代理人的利益的,由代理人和第三人负连带责任。

(3) 第三人故意行为应承担的法律责任

第三人知道行为人没有代理权、超越代理权或者代理权已终止还与行为人实施民事行为给他人造成损害的,由第三人和行为人负连带责任。

(4) 违法代理行为应承担的法律责任

代理人知道被委托代理的事项违法仍然进行代理活动的,或者被代理人知道代理人的代理行为违法不表示反对的,由被代理人和代理人负连带责任。

1.2.3 物权

1. 物权的概念

物权是民事权利主体在法律规定的范围内,直接支配一定的物,并排斥他人干涉的民事权利。物权是物质资料所有制和财产占有、支配关系的法律表现。它是同债权相对应的一种财产权,也是同债权、知识产权既有区别又有联系的一项法律制度。

《物权法》规定,本法所称物权,是指权利人依法对特定的物享有直接支配和排他的权利,包括所有权、用益物权和担保物权。

2. 物权的法律特征

(1) 物权的权利主体是特定的,而义务主体是不特定的,物权是一种对世权

物权的权利主体总是特定的。权利主体以外的一切人,都是物权关系的义务主体。因而,物权也被称为对世权。这就是说,社会上所有的人都负有不得侵犯他人的物权的义务。

(2) 物权的客体是特定的独立之物

物权的客体主要是经过劳动加工后具有价值和使用价值的有体财产,也包括某些有体和无

体自然财产,如自然资源、光、电、热能等,而行为、精神财富和精神利益不能成为物权的客体。

（3）物权的内容是对物的直接管理和支配

对物的直接管理和支配意味着物权的权利主体实现其权利,只要符合法律规定,不需要他人积极地做出相应的协助行为。物权的义务主体的义务就在于不为一定的行为。义务人只要不干涉物权人行使其权利就是履行了义务。

（4）物权具有独占性和排他性

同一物上不能有内容互不相容的两个物权,因此物权有独占性。物权是一种支配权,因而具有排他性,即排除他人干涉。

（5）物权具有追及力和优先权

追及力是指物权的标的物无论辗转落入何人之手,物权人都可以追及其物,向实际占有人主张其权利。优先权是指同一物上数种权利时,物权具有较其他权利优先行使的效力。在债权的标的上成立物权时,物权便具有优先于债权的权利;先设定的物权,优先于后设定的物权。

3. 物权的种类

在理论上,物权有许多种类。其中,所有权是物权的核心部分。根据《民法通则》的规定,物权的具体形式有:

1）财产所有权

（1）财产所有权的概念和内容

财产所有权是指所有人依法对自己的财产享有占有、使用、收益和处分的权利。财产所有权是一种最基本的民事法律关系,它体现因物的占有、使用、收益和处分而在所有人和非所有人之间发生的法律关系,是人与人的关系。财产所有权由占有、使用、收益和处分四项权能构成,每项权能都有其相对的独立性和可分性以及特定的含义。

① 占有。占有就是所有权人对财产的实际控制和掌握。占有可以分为所有人的占有和非所有人的占有。所有人的占有是指所有人在事实上占据或控制属于自己所有的财产,就是财产所有者直接行使占有权的表现,如房屋所有人居住自己的房屋等。非所有人占有可分为合法占有和非法占有。合法占有通常是财产所有人依法将占有权进行转让的结果,或是非所有人根据法律规定或者与所有人的约定而占有所有人的财产,非所有人的合法占有受法律保护。非法占有,是指非所有人没有法律上的根据而占有他人财产。非法占有分为善意占有和恶意占有。善意占有是指占有人不知道也不可能知道对财产的占有是非法的;恶意占有是指占有人知道或应当知道其占有财产是非法的,但为了某种私利仍占有他人的财产。

② 使用。使用是指所有人或占有人按照物的性能和用途加以利用,以发挥财产的使用价值。如职工用自己的工资购买生活资料,农民在承包的土地上种植农作物等。使用权既可以由所有人直接行使,也可以依法由非所有人行使。非所有人的合法使用,不仅包括使用权的取得是合法的,还包括使用的目的和方法也必须是合法的。滥用使用权或使用不当,使用人要承担法律责任。没有法律根据或未经所有人同意使用他人财产,是非法使用。对非法使用应当追究法律责任。

③ 收益。收益是指财产所有人或占有人通过财产的占有、使用、经营、转让而取得经济效益。所有人本人行使使用权所得的利益全部归所有人所有。但收益权也可以随着占有、使用、经营等方式的变动,全部或部分转让给非财产所有人。收益又称为孳息,包括天然孳

息(如家禽下蛋、家禽生崽、果树结果等)和法定孳息(如银行存款利息、出租房屋所得租金等)。

④ 处分。处分是财产所有人对其财产在事实上和法律上的最终处置。因为处分涉及财产的命运和所有权的根本改变。而占有、使用、收益,通常并不发生所有权的根本改变。从这个意义上说,处分是所有权的主要权能,也是所有权中带有根本性的一项权能。经过处分,财产所有人通常就丧失了对该财产的所有权。

(2) 财产所有权的取得方式

所有权的取得方式分为原始取得和继受取得。

① 原始取得即直接根据法律的规定,首次取得该项财产的所有权,或不依赖原有人的所有权和意志取得某项财产的所有权,其方法有以下几种:生产和扩大再生产,没收,收取孳息,无主财产的接受,添附。

② 继受取得即基于某种法律行为或法律事件的发生而从原所有人处取得的所有权,其方法主要有买卖、互易、赠予、继承和遗赠等。

(3) 财产所有权的种类

我国现阶段财产所有权的主要种类有国家财产所有权、劳动群众集体组织财产所有权、个人财产所有权。

2) 用益物权

用益物权是用益物权人对他人所有的不动产或者动产,依法享有占有、使用和收益的权利。用益物权包括土地承包经营权,建设用地使用权、宅基地使用权和地役权。

国家所有或者国家所有由集体使用以及法律规定属于集体所有的自然资源,单位、个人依法可以占有、使用和收益。此时,单位或者个人就成为用益物权人。不动产或者动产被征收、征用,致使用益物权消灭或者影响用益物权行使的,用益物权人有权获得相应补偿。

3) 担保物权

担保物权是权利人在债务人不履行到期债务或者发生当事人约定的实现担保物权的情形,依法享有就担保财产优先受偿的权利,包括抵押权、质权、留置权、典权等。

用益物权与担保物权的区别在于:

① 用益物权以追求物的使用价值为内容,标的物必须有使用价值。而担保物权以标的物的价值和优先受偿为内容,故标的物必须具有交换价值。

② 用益物权往往有明确的存续期间,通常是根据合同确定的。担保物权以债权的存在为前提,担保物权实现时,该权利即归于消灭。

③ 用益物权客体的价值形态如果发生变化,就会对用益物权人的使用收益权产生直接影响。而担保物权客体的价值形态发生变化,并不影响担保物权的存在。这一特点决定了担保物权具有物上代位性,即当担保物权的标的物转化为价值形态时,担保物权就以变形物为客体。

4. 物权的设立、变更、转让和消灭

(1) 不动产物权的设立、变更、转让和消灭

不动产物权的设立、变更、转让和消灭,经依法登记,发生效力;未经登记,不发生效力。依法属于国家所有的自然资源,所有权可以不登记。不动产登记,由不动产所在地的登记机构办理。不动产物权的设立、变更、转让和消灭,依照法律规定应当登记的,自记载于不动产登记簿时发生效力。不动产登记簿是物权归属和内容的根据。不动产登记簿由登记机构管理。

（2）动产物权的设立和转让

动产物权的设立和转让，自交付时发生效力。

① 动产物权设立和转让前，权利人已经依法占有该动产的，物权自法律行为生效时发生效力。

② 动产物权设立和转让前，第三人依法占有该动产的，负有交付义务的人可以通过转让请求第三人返还原物的权利代替交付。

③ 动产物权转让时，双方又约定由出让人继续占有该动产的，物权自该约定生效时发生效力。

④ 船舶、航空器和机动车等物权的设立、变更、转让和消灭，未经登记，不得对抗善意第三人。

5. 物权的保护

物权受到侵害的，权利人可以通过和解、调解、仲裁、诉讼等途径解决。

因物权的归属、内容发生争议的，利害关系人可以请求确认权利。

无权占有不动产或者动产的，权利人可以请求返还原物。

妨害物权或者可能妨害物权的，权利人可以请求排除妨害或者消除危险。

造成不动产或者动产毁损的，权利人可以请求修理、重作、更换或者恢复原状。

侵害物权，造成权利人损害的，权利人可以请求损害赔偿，也可以请求承担其他民事责任。

1.2.4　债权

1. 债权的概念与特征

（1）债权的概念

《民法通则》第 81 条规定："债是按照合同约定或者按照法律的规定，在当事人之间产生的特定的权利和义务关系。享有权利的人是债权人，负有义务的人是债务人。"

（2）债权的法律特征

在债的关系中，债权人享有的权利即为债权，债务人负有的义务即为债务。债权具有以下主要法律特征：

① 债权为请求权。债权人只能通过请求债务人履行债务，实现自己的利益，不能直接支配标的物。

② 债权为相对权。即债权只能存在于特定的当事人之间，债权人只能请求债务人履行债务，而不能要求债务人以外的人向自己履行义务。

③ 债权的发生具有任意性与多样性。债可以依合法行为而发生，也可因不法行为而发生。对于合法行为设定的债权，法律并不特别规定其种类。

④ 债权具有平等性和相容性。即在同一标的物上可以成立内容相同的数个债权，这些债权效力平等，不存在优先性和排他性。

2. 债的发生根据

债的发生根据就是引起债产生的法律事实。主要包括以下几种：

（1）合同

合同是当事人之间设立、变更、终止民事关系的协议。当事人通过订立合同设立的以债权、债务为内容的民事关系，称为合同之债。合同是债发生的最常见的根据。当事人既可以通过合同设立债的关系，也可以通过合同变更或撤销债的关系。

（2）不当得利

不当得利是指没有合法根据，取得不应获得的利益而使他人受到损害的事实。在发生不当得利的事实时，当事人之间便发生债权、债务关系，受损害的一方有权请求取得利益的一方返还所得的利益，不当得利的一方应当将不当利益返还给受损害的一方。因不当得利发生的债，称为不当得利之债。

（3）无因管理

无因管理是指没有法定的或者约定的义务，为避免他人利益受损失而进行管理或者服务的义务。形成无因管理的，管理或服务者有权要求受益人偿付因无因管理而支付的必要费用。必要费用包括在管理或者服务过程中直接支出的费用，以及在该活动中受到的实际损失。

（4）侵权行为

侵权行为是指侵害他人财产或人身权利的不法行为。侵权行为一旦发生，依照法律规定，侵害人和受侵害人之间就产生债权、债务关系。由侵权行为产生的债叫侵权之债。受害人有权要求加害人赔偿损失，加害人必须依法承担民事责任。

（5）单方允诺

单方允诺也称单独行为或单务约束，是指表意人向相对人做出的为自己设定某种义务，使对方取得某种权利的意思的表示。依意思自治原则，民事主体可基于某种物质上或精神上的需要为自己设定单方义务，同时放弃对于他方当事人的对价请求。因此，单方允诺能够引起债的发生。在社会生活中较为常见的单方允诺有悬赏广告、设立幸运奖和遗赠等。

（6）其他

除上述发生原因外，债的发生还可因其他法律事实而产生。例如，因缔约过失，会在缔约当事人之间产生债权债务关系；因拾得遗失物，会在拾得人与物的所有人之间产生债权债务关系；因防止、制止他人合法权益受侵害而实施救助行为，会在因此而受损的救助人与受益人之间产生债的关系。

以上几种债在多个场合下可以构成竞合。

3. 债的分类

（1）法定之债与意定之债

根据债发生的原因以及债的内容是否以当事人的意志的不同，可以将债分为法定之债与意定之债。法定之债包括侵权损害赔偿之债、不当得利之债、无因管理之债及缔约过失之债；意定之债主要是指合同之债。

（2）特定物之债与种类物之债

根据标的物属性的不同，可以将债分为特定物之债与种类物之债。

（3）单一之债与多数人之债

根据债的主体双方人数的多少，可以将债分为单一之债与多数人之债。

（4）按份之债与连带之债

根据各方各自享有的权利或承担的义务及相互间关系，可以将债分为按份之债与连带之债。按份之债的各债务人只对自己分担的债务份额负清偿责任，债权人请求各债务人清偿全部债务。在连带责任中，连带债权人在任何一人接受了全部履行，或者连带债务人的任何一人清偿了全部债务时,虽然原债归于消灭,但连带债权人或连带债务人之间则会产生新的按份之债。

（5）主债与从债

根据两个债之间的关系,可以将债分为主债与从债。主债是从债存在的依据,从债的效力决定于主债的效力,主债消灭从债也随之消灭。

（6）财物之债与劳务之债

根据债务人的义务是提供财物还是提供劳务,可以将债分为财物之债与劳务之债。

4. 债的消灭

债的消灭是指债因一定的法律事实的出现而使既存的债权债务关系在客观上不复存在。

（1）债因履行而消灭

债务人履行了债务,债权人的利益得到了实现,当事人间设立债的目的已经达到,债的关系也就自然消灭了。

（2）债因提存而消灭

提存是指债权人无正当理由拒绝接受履行或其下落不明或数人就同一债权主张权利,债权人一时无法确定,致使债务人一时难以履行债务,经公证机关证明或人民法院的裁决,债务人可以将履行的标的物提存有关部门保存的行为。提存是债务履行的一种方式,如果超过法律规定的期限,债权人仍不领取提存标的物的,应收归国库所有。

（3）债因免除而消灭

免除是指债权人放弃债权,从而解除债务人承担的义务。债务人的债务一经债权人解除,债的关系自行解除。

（4）债因抵消而消灭

抵消是指同类已到履行期限的对等债务,因当事人相互抵充其债务而同时消灭。

（5）债因当事人死亡而解除

债因当事人死亡而解除仅指具有人身性质的合同之债,因为人身关系是不可继承和转让的。

（6）债因混同而消灭

混同是指某一具体之债的债权人和债务人合为一体。

1.2.5　诉讼时效

1. 诉讼时效的概念

诉讼时效是指民事权利受到侵害的权利人在法定的时效期间内不行使权利,当时效期间届满时,即丧失了请求人民法院依诉讼程序强制义务人履行义务权利的制度。在法律规定的诉讼时效期间内,权利人提出请求的,人民法院就强制义务人履行所承担的义务。而在法定的诉讼时效期间届满之后,权利人行使请求权的,人民法院就不再予以保护。

诉讼时效是权利人行使请求权,获取人民法院保护其民事权利的法定时间界限。它包含两层意思,一是权利人在此时间内享有依诉讼程序请求人民法院予以保护的权利;二是这一权利在此时间内连续不行使即归于消灭。

当事人可以对债权请求权提出诉讼时效抗辩,但对下列债权请求权提出诉讼时效抗辩的,

法院不予支持:

① 支付存款本金及利息请求权;

② 兑付国债、金融债券以及向不特定对象发行的企业债券本息请求权;

③ 基于投资关系产生的缴付出资请求权;

④ 其他依法不适用诉讼时效规定的债权请求权。

2. 诉讼时效期间的种类

(1) 普通诉讼时效期间

除了法律有特别的规定,民事权利适用普通诉讼时效期间。《民法通则》第135条规定,向人民法院请求保护民事权利的诉讼时效期限为2年,法律另有规定的除外。这表明,我国民事诉讼的一般诉讼时效为2年。

(2) 特别诉讼时效期间

特别诉讼时效期间,指针对某些特定的民事法律关系而制定的诉讼时效。特别时效优于普通时效,也就是说,凡有特别时效规定的,适用特别时效。按《民法通则》第136条的规定,下列时效为一年:

① 身体受到伤害要求赔偿的。

② 出售质量不合规格的商品未声明的。

③ 延付或拒付租金的。

④ 寄存财物被丢失或被损坏的。这里主要考虑的是时间过长会使得这类案件在举证上发生困难,所以在规定的诉讼时效期间要短一些。

有的特别诉讼时效期间比普通诉讼时效期间要长,例如《合同法》第129条规定,因国际货物买卖合同和技术进口合同争议提起诉讼或者仲裁的期限为4年。《环境保护法》第42条规定,因环境污染损害赔偿提起诉讼的时效期间为3年,从当事人知道或者应当知道受到污染损害起时计算。按《海商法》第265条的规定,有关船舶发生油污损害的请求权,时效期间为三年,自损害发生之日起计算;但是,在任何情况下时效期间不得超过从造成损害的事故发生之日起六年。

(3) 最长诉讼时效期间

《民法通则》第137条规定,从权利被侵害之日起超过20年的,人民法院不予保护。这里规定的是最长诉讼时效期间。

3. 诉讼时效期间的起算

根据《民法通则》第137条的规定,诉讼时效期间从权利人知道或者应当知道权利被侵害时起计算。权利人知道或应当知道自己的权利遭到了侵害,这是其请求法院保护其权利的基础,从这一时间点开始计算诉讼时效期间,符合诉讼时效是权利人请求法院保护权利的法定期间的本旨。知道权利遭受了侵害,指权利人现实地于主观上已明了自己权利被侵害事实的发生;应当知道权利遭受了侵害,指权利人尽管于主观上不明了其权利已被侵害的事实,但他对权利被侵害的不知情,是出于对自己的权利未尽必要注意的情况。

《最高人民法院关于贯彻执行〈中华人民共和国民法通则〉若干问题的意见(试行)》和《最高人民法院关于审理民事案件适用诉讼时效制度若干问题的规定》中规定,在下列情况下,诉讼时效期间的计算方法是:

① 人身损害赔偿的诉讼时效期间,伤害明显的,从受害之日起算;伤害当时未曾发现,

后经检查确诊并能证明是由侵害引起的,从伤势确诊之日起算。

② 当事人约定同一债务分期履行的,诉讼时效期间从最后一期履行期限届满之日起计算。

③ 未约定履行期限的合同,依照《合同法》第 61 条、第 62 条的规定,可以确定履行期限的,诉讼时效期间从履行期限届满之日起计算;不能确定履行期限的,诉讼时效期间从债权人要求债务人履行义务的宽限期届满之日起计算,但债务人在债权人第一次向其主张权利之时明确表示不履行义务的,诉讼时效期间从债务人明确表示不履行义务之日起计算。

④ 享有撤销权的当事人一方请求撤销合同的,应适用《合同法》第 55 条关于一年除斥期间的规定。对方当事人对撤销合同请求权提出诉讼时效抗辩的,法院不予支持。合同被撤销,返还财产、赔偿损失请求权的,诉讼时效期间从合同被撤销之日起计算。

⑤ 返还不当得利请求权的诉讼时效期间,从当事人一方知道或者应当知道不当得利事实及对方当事人之日起计算。

⑥ 管理人因无因管理行为产生的给付必要管理费用、赔偿损失请求权的诉讼时效期间,从无因管理行为结束并且管理人知道或者应当知道本人之日起计算。本人因不当无因管理行为产生的赔偿损失请求权的诉讼时效期间,从其知道或者应当知道管理人及损害事实之日起计算。

4. 诉讼时效期间的中止

时效期间的中止,就是时效期间的暂停计算。《民法通则》第 139 条规定,在诉讼时效期间的最后 6 个月内,因不可抗力或者其他障碍不能行使请求权的,诉讼时效中止。从中止时效的原因消除之日起,诉讼时效期间继续计算。诉讼时效的中止,需要具备两个条件:权利人因为不可抗力或者其他障碍,不能行使请求权;使权利人不能行使请求权的事由发生在诉讼时效期间的最后 6 个月。如果发生在 6 个月以上的时间,则不发生诉讼时效中止的效力。

5. 诉讼时效期间的中断

时效期间的中断,就是时效期间的重新计算。《民法通则》规定,诉讼时效因提起诉讼、当事人一方提出要求或者同意履行义务而中断,从中断时起,诉讼时效期间重新计算。

根据《民法通则》的规定,下列三种事由可以发生诉讼时效的中断。

(1)起诉

权利人根据法律的规定向人民法院提起诉讼,是诉讼时效中断的一个重要原因。从起诉之日起,诉讼时效中断。

(2)当事人一方提出请求

权利人向义务人请求履行民事权利,可以中断时效的进行。这里所说的提出请求不属于向有关机关请求保护时提出的要求,而是指直接向义务人提出请求。这是诉讼时效中断最常见的原因。除了向义务人直接请求外,权利人向债务保证人、债务人的代理人或者财产代管人主张权利的,也可以认定诉讼时效中断。

(3)当事人一方同意履行义务

义务人通过一定的方式向权利人表示同意履行债务,也可以中断时效的履行,此种事实能够使得当事人之间的法律关系变得明确,所以法律规定了时效中断的法律后果。义务人虽然没有直接表示同意履行,但是明确承认了自己义务的存在,或者表示愿意分期履行义务,都可以发生相同的效力。

6. 诉讼时效完成后的法律效果

（1）权利人的诉权消灭

权利为法律的保护对象，权利请求法律保护的途径为附着于权利之上的诉权，诉权即为请求法律保护权利之权，无诉权的权利为自然权利或裸体权利，没有法律的强制力为后盾。目前在我国，诉讼时效完成后，依据《民法通则》第 135 条和第 138 条的规定，可以得出诉权消灭的结论。因此权利人起诉后，人民法院经审查认定诉讼时效期间业已完成的，将驳回起诉。

（2）义务人的自愿履行

依据《民法通则》第 138 条的规定，超过诉讼时效期间，当事人自愿履行的，不受诉讼时效限制。因此，于诉讼时效完成后，义务人自愿履行其义务的，权利人可受领其履行而不构成不当得利。义务人于履行后反悔的，不得诉请权利人返还其所得。

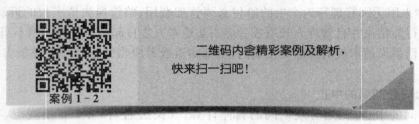

二维码内含精彩案例及解析，快来扫一扫吧！

案例 1-2

1.3　建设工程法规概述

 **工程应用**

知识点	项目应用阶段	典型工作事件	主要涉及的岗位	要求
建设工程法规的概念	项目全寿命周期	建设工程法规调整工程各参建方的利益	工程涉及的所有岗位	了解
建设工程法规的法律渊源	项目全寿命周期	地方性法规只在本辖区内有效	建设项目负责人、施工单位负责人、监理单位负责人、造价咨询机构负责人、企业法律顾问、施工项目经理、施工技术负责人等	熟悉
建设工程法律关系	项目全寿命周期	法律关系主体包括公民（自然人）、机构和组织（法人）、国家	建设项目负责人、施工单位负责人、监理单位负责人、造价咨询机构负责人、企业法律顾问、施工项目经理、施工技术负责人等	熟悉

（续表）

知识点	项目应用阶段	典型工作事件	主要涉及的岗位	要求
建设工程法规的基本原则	项目全寿命周期	建设工程法规基本原则是确保质量、安全，遵守国家法律法规等	建设项目负责人、施工单位负责人、监理单位负责人、造价咨询机构负责人、企业法律顾问、施工项目经理、施工技术负责人等	熟悉

 学习内容

1.3.1 建设工程法规的概念

建设工程法规是指国家权力机关或其授权的行政机关制定的，旨在调整国家及其有关机构、企事业单位、社会团体、公民之间在建设工程活动中或建设工程行政管理活动中发生的各种社会关系的法律、法规的统称。

建设工程法规是调整建设工程活动各方面关系的法律、法规、部门规章和地方性法规等规范性法律文件。建设工程法规在国家法律体系中占有重要地位，是国家现行法律体系中不可缺少的重要组成部分。

国家立法机关颁发的调整建设工程活动的法律规范及相关的法律规范有《中华人民共和国城乡规划法》《中华人民共和国建筑法》《中华人民共和国房地产管理法》《中华人民共和国土地管理法》《中华人民共和国招标投标法》《中华人民共和国文物法》《中华人民共和国合同法》等法律文件；国家颁发的调整建设工程活动的行政法规有《工程建设勘察设计条例》《建设工程质量管理条例》《建设工程安全生产管理条例》《国有土地上房屋征收与补偿条例》等规范性文件；国家建设行政主管部门颁发的规范建设工程活动的规章包括建设工程质量管理、建设市场管理、建设活动主体资质管理、建设活动从业人员资质管理、工程建设标准化管理、房地产开发经营管理、城市建设等方面约 400 多个规范性文件。

建设法规的调整对象是建设行政管理关系以及与之密切联系的建设经济协作关系。

1. 行政管理关系

建设工程活动的内容包括建设工程的计划、立项、资金筹措、设计、施工、工程验收等。建设工程活动的行政管理关系是国家及其建设行政主管部门与建设单位、设计单位、施工单位、建设监理单位及其他有关单位之间的管理与被管理关系。它包括 2 个相关联的方面：一方面是提供指导、协调与服务；另一方面是检查、监督、控制与调节。建设工程法规规范了建设工程活动管理中建设行政主管部门的权力和职责。

2. 经济协作关系

在建设工程活动中，各个经济活动主体为自身的经济利益，在建设工程法规允许的范围内建立建设工程经济协作关系。这种经济协作关系是平等、自愿、互利的横向协作关系，通过法定的合同形式来确定。

1.3.2　建设工程法规的法律渊源

法律的渊源指那些因来源不同而具有法的不同效力意义和作用的法的外在表现形式。当今世界上法的渊源主要有制定法、判例法、习惯法及国际条约、公约等。当代中国法律渊源是以宪法为核心的制定法形式。建设工程法规的渊源有宪法、法律、行政法规、地方性法规、规章、国际条约和行政协定。

1. 宪法

宪法是由全国人民代表大会依特别程序制定的具有最高效力的根本法。宪法是集中反映统治阶级的意志和利益,规定国家制度、社会制度的基本原则,具有最高法律效力的根本大法,其主要功能是制约和平衡国家权力,保障公民权利。宪法是我国的根本大法,在我国法律体系中具有最高的法律地位和法律效力,是我国最高的法律渊源。宪法主要由两个方面的基本规范组成:一是《中华人民共和国宪法》;二是其他附属的宪法性文件,主要包括主要国家机关组织法、选举法、民族区域自治法、特别行政区基本法、国籍法、国旗法、国徽法、保护公民权利法及其他宪法性法律文件。

2. 法律

法律是由全国人民代表大会和全国人民代表大会常务委员会制定和颁布的规范性法律文件,即狭义的法律,其法律效力仅次于宪法。法律分为基本法律和一般法律(非基本法律、专门法)。基本法律是由全国人民代表大会制定的调整国家和社会生活中带有普遍性的社会关系的规范性法律文件的统称,如刑法、民法、诉讼法以及有关国家机构的组织法等法律。一般法律是由全国人民代表大会常务委员会制定的调整国家和社会生活中某种具体社会关系或其中某一方面内容的规范性文件的统称,其调整范围较基本法律小,内容较具体,如商标法、文物保护法等。

3. 行政法规

行政法规是国家最高行政机关国务院根据宪法和法律就有关执行法律和履行行政管理职权的问题,以及依据全国人大的特别授权制定的规范性文件的总称。行政法规的法律地位和法律效力仅次于宪法和法律,但高于地方性法规。

4. 地方性法规

地方性法规是指依法由有地方立法权的地方人民代表大会及其常委会就地方性事务以及根据本地区实际情况执行法律、行政法规的需要所制定的规范性文件。有权制定地方性法规的地方人大及其常委会包括省、自治区、直辖市人大及其常委会、较大的市的人大及其常委会。较大的市,指省、自治区人民政府所在地的市,经济特区所在地的市和经国务院批准的较大市。地方性法规只在本辖区内有效。

5. 规章

国务院各部、委员会、中国人民银行、审计署和具有行政管理职能的直属机构,以及省、自治区、直辖市人民政府和较大的市的人民政府制定的规范性文件称为规章。内容限于执行法律、行政法规,地方法规的规定,以及相关的具体行政管理事项。

6. 国际条约和行政协定

国际条约指我国与外国缔结、参加、签订、加入、承认的双边、多边的条约、协定和其他具有条约性质的文件(国际条约的名称,除条约外还有公约、协议、协定、议定书、宪章、盟约、换文和联合宣言等)。这些文件的内容除我国在缔结时宣布持保留意见不受其约束的以外,都与国内法具有一样的约束力,所以也是我国法的渊源。

行政协定指两个或两个以上的政府相互之间签订的有关政治、经济、贸易、法律、文件和军事等方面内容的协议。国际条约和行政协定的区别在于前者以国家名义签订,后者以政府名义签订。我们国家和政府一旦与外国或外国政府签订了条约或协定,签订的条约和协定对国内的机关、组织和公民同样具有法律约束力。

1.3.3　建设工程法律关系

1. 法律关系

1) 法律关系的概念和种类

(1) 法律关系的概念

法律关系是法律在调整人们行为的过程中形成的特殊的权利和义务关系。或者说,法律关系是指被法律规范所调整的权利与义务关系。法律关系是以法律为前提而产生的社会关系,没有法律的规定,就不可能形成相应的法律关系。法律关系是以国家强制力作为保障的社会关系,当法律关系受到破坏时,国家会动用强制力进行矫正或恢复。法律关系由三要素构成,即法律关系的主体、法律关系的客体和法律关系的内容。

法律关系具有如下特征:

① 法律关系是以法律规范为前提的社会关系。

② 法律关系是以权利义务为内容的社会关系。

③ 法律关系是以国家强制力作为保障手段的社会关系。

(2) 法律关系的种类

① 调整性法律关系和保护性法律关系(按照法律关系产生的依据、执行的职能和实现规范的内容不同划分):前者基于人们的合法行为而产生,执行法的调整职能的法律关系,不需要适用法律制裁;后者是由于违法行为产生的、旨在恢复被破坏的权利和秩序的法律关系,如刑事法律关系。

② 纵向(隶属)的法律关系和横向(平权)的法律关系(按照法律主体在法律关系中的地位不同划分):前者为不平等的主体之间,如亲权、上下级行政机关,此时主体之间权利与义务具有强制性,不能随意转让和放弃;后者为平等法律主体之间。

③ 单向(单务)法律关系、双向(双边)法律关系和多向(多边)法律关系(按照法律主体的多少及其权利义务是否一致划分):前者权利人仅享权利,义务人仅履行义务;中者为特定双方法律主体之间,存在着两个密不可分的单向权利义务关系,如买卖关系;后者为三个或三个以上相关法律关系的复合体,如人事调动关系,至少三方面,调出单位与被调动者,调出单位与调人单位,调人单位与被调动者。

④ 第一性法律关系(主法律关系)和第二性法律关系(从法律关系)(按照相关的法律关系作用和地位不同划分)。如实体和程序法律关系中,实体为第一,程序为第二。

2) 法律关系的主体

法律关系主体是法律关系的参加者,是指参加法律关系,依法享有权利和承担义务的当事人。即在法律关系中,一定权利的享有者和一定义务的承担者。在每一具体的法律关系中,主体的多少各不相同,在大体上都属于相对应的双方:一方是权利的享有者,成为权利人;另一方是义务的承担者,成为义务人。法律关系主体强调的是能够参与法律关系的主体,包括公民(自然人)、机构和组织(法人)、国家。

自然人是在自然状态下出生的人。公民属于政治学或公法上的概念,具有某一特定国家国籍的自然人叫作公民。所有公民都是自然人,但并不是所有的自然人都是某一特定国家的公民。

法人,相对于自然人而言。自然人是以生命为存在特征的个人。我们每个人都是自然人。法人是具有民事权利能力和民事行为能力,依法独立享有民事权利和承担民事义务的组织,是社会组织在法律上的人格化。《民法通则》第37条规定,法人应当具备下列条件:依法成立;有必要的财产或者经费;有自己的名称、组织机构和场所;能够独立承担民事责任。

法律关系的主体必须具有权利能力和行为能力。

(1)权利能力

权利能力又称权义能力(权利义务能力),是指能够参与一定的法律关系,依法享有一定权利和承担一定义务的法律资格。它是法律关系主体实际取得权利、承担义务的前提条件。

根据享有权利能力的主体范围不同,权利能力可以分为一般权利能力和特殊权利能力。前者又称基本的权利能力,是一国所有公民均具有的权利能力,它是任何人取得公民法律资格的基本条件,不能被任意剥夺或者解除。后者是公民在特定条件下具有的法律资格。这种资格并不是每个公民都可以享有,而只授予某些特定的法律主体,如国家机关及其工作人员行使职权的资格,就是特殊权利能力。

法人的权利能力没有上述的类别,所以与公民的权利能力不同。一般而言,法人的权利能力自法人成立时产生,至法人解体时消灭。其范围是由法人成立的宗旨和业务范围决定的。

(2)行为能力

行为能力是指法律关系主体能够通过自己的行为实际取得权利和履行义务的能力。

行为能力是公民的意识能力在法律上的反映。确定公民有无行为能力的标准有:能否认识自己行为的性质、意义和后果;能否控制自己的行为并对自己的行为负责。因此,公民是否达到一定年龄、神智是否正常,就成为公民享有行为能力的标志。例如,婴幼儿、精神病患者,因为他们不可能预见自己行为的后果,所以在法律上不能赋予其行为能力。在这里,公民的行为能力不同于其权利能力。具有行为能力必须首先具有权利能力,但具有权利能力,并不必然具有行为能力。这表明,在每个公民的法律关系主体资格构成中,这两种能力可能是统一的,也可能是分离的。

公民的行为能力问题,是由法律予以规定的。世界各国的法律,一般都把本国公民划分为完全行为能力人、限制行为能力人和无行为能力人。完全行为能力人是指达到一定法定年龄、智力健全、能够对自己的行为负完全责任的自然人(公民)。例如,在民法上,18周岁以上的公民是成年人,具有完全的民事行为能力,可以独立进行民事活动,是完全民事行为能力人。限制行为能力人是指行为能力受到一定限制,只具有部分行为能力的公民。例如,我国民法通则规定,10周岁以上的未成年人,不能完全辨认自己行为的精神病人,是限制行为能力人。中国刑法将已满14周岁但不满16周岁的公民视为限制行为能力人(不完全的刑事责任能力人)。无行为能力人是指完全不能以自己的行为行使权利、履行义务的公民。在民法上,不满10周岁的未成年人、完全的精神病人是无行为能力人。在刑法上,不满14周岁的未成年人和精神病人也被视为无刑事责任能力人。

法人组织也具有行为能力,但与公民的行为能力不同。公民的行为能力有完全与不完全之分,而法人的行为能力总是有限的,由其成立宗旨和业务范围所决定。公民的行为能力和权利能力并不是同时存在的。也就是说,公民具有权利能力却不一定同时具有行为能力,公民丧失行为能力也并不意味着丧失权利能力。与此不同,法人的行为能力和权利能力却是同时产生和同时消灭的。法人一经依法成立,就同时具有权利能力和行为能力,法人一经依法撤销,其权利能力和行为能力也就同时消灭。

3) 法律关系的内容

法律关系的内容是指法律关系主体之间在法律上的权利和义务。这种权利和义务为法律规范所规定,得到国家的确认和保护。

（1）法律权利

法律权利是指法律赋予法律关系主体的某种利益或行为自由。法律权利的结构为:

① 权利人有权为或不为一定行为。

② 权利人有权要求他人为或不为一定行为。

③ 权利人有权要求国家机关对自己的权利予以保护。

但是需要注意,公民在行使自己的权利的时候,不得侵犯其他公民的合法权利。

（2）法律义务

法律义务是指法律规定法律关系主体必须履行的某种责任或行为界限。法律义务的结构为:

① 为一定行为,即义务人必须按照权利人的要求或法律的规定做出某种积极的行为,例如,成年子女有赡养父母的义务。

② 不为一定行为,即义务人不得实施法律禁止的行为。

③ 接受国家的强制措施,即当义务人有违法行为时,有接受国家法律强制或制裁的义务。

（3）权利和义务的相互关系

作为法律关系的重要因素,权利与义务体现了人们在社会生活中的地位及其相互关系,反映着法律调整的文明程度。从宏观方面讲,权利与义务的关系可以概括为:历史进程中曾有的离合关系、逻辑结构上的对立统一关系、总体数量上的等值关系、功能上的互补关系、运行中的制约关系、价值意义上的主次关系。

4) 法律关系的客体

法律关系的客体是法律关系主体之间权利和义务所指向的对象,包括物、人身、精神产品、行为结果。

（1）物

法律意义上的物是指法律关系主体支配的、在生产上和生活上所需要的客观实体。它可以是天然物,也可以是生产物;可以是活动物,也可以是不活动物。在我国,大部分天然物和生产物可以成为法律关系的客体。但以下几种物不得进入国内商品流通领域,成为私人法律关系的客体:人类公共之物或国家专有之物,如海洋、山川、水流、空气;文物;军事设施、武器(枪支、弹药等);危害人类之物(如毒品、假药、淫秽书籍等)。

（2）人身

人身是由各个生理器官组成的生理整体(有机体)。它是人的物质形态,也是人的精神利益的体现。

（3）精神产品

精神产品是人通过某种物体（如书本、砖石、纸张、胶片、磁盘）或大脑记载下来并加以流传的思维成果。精神产品不同于有体物，其价值和利益在于物中所承载的信息、知识、技术、标识（符号）和其他精神文化。我国法学界常称为智力成果或无体财产。

（4）行为

这种客体一般情况下发生于债。比如说合同的标的就是行为，当事人之间签订合同之后，要相互履行约定的义务，而此种履行义务的行为其实就是合同的标的。

5）法律关系的产生、变更和消灭

（1）法律关系产生、变更和消灭的条件

法律关系处在不断生成、变更和消灭的运动过程。它的形成、变更和消灭，需要具备一定的条件。其中最主要的条件包括法律规范和法律事实。

法律事实就是法律规范所规定的、能够引起法律关系产生、变更和消灭的客观情况或现象。

（2）法律事实的种类

① 法律事件

法律事件是法律规范规定的、不以当事人的意志为转移而引起法律关系形成、变更或消灭的客观事实。法律事件又分成社会事件（如政变、游行示威）和自然事件（如地震、海啸）。客观事件中，以当事人的意志为转移就不能属于法律事件，以他人的意志为转移但是不以当事人意志为转移的而引起的一些社会性的事件可以作为法律事件。

② 法律行为

法律行为可以作为法律事实而存在，能够引起法律关系形成、变更和消灭。人们的意志有善意与恶意、合法与违法之分，故其行为也可以分为善意行为、合法行为与恶意行为、违法行为。在法学上，人们常常把两个或两个以上的法律事实所构成的一个相关的整体（两个以上的法律事实引起同一个法律关系的产生、变更或消灭），称为事实构成。例如房屋买卖，除双方签订合同，还需要登记过户。同一法律事实可引起多种法律关系变化，如工伤致死，引起婚姻关系消灭，继承、保险关系产生。

2. 建设工程法律关系

建设工程法律关系是法律关系的一种，是在建设工程管理和协作过程中产生的由建设工程法规所确认和调整的权利义务关系。

（1）建设工程法律关系的主体

建设工程法律关系的主体是指参与建设工程活动，受建设工程法规调整，在法律上享有权利、承担义务的人。建设工程法律关系的主体有自然人、法人和其他组织。如施工企业工作人员、从事工程勘察设计的单位、从事工程施工的建设工程施工企业、从事房地产开发的企业、工程项目的投资者（建设单位）、国家机关等。

（2）建设工程法律关系的客体

建设工程法律关系的客体是指参加建设工程法律关系的主体权利义务所共同指向的对象。客体的表现形式一般有财、物、行为和非物质财富。比如建设工程资金、为工程建设取得的贷款等就是财客体；建设工程材料、建设工程机械设备就是物客体；勘察设计、施工安装、检查验收等就是行为客体；建设工程设计方案、装潢设计等就是非物质财富客体。

（3）建设工程法律关系的内容

建设工程法律关系的内容指建设工程法律关系主体享有的权利和承担的义务。如在一个建设工程合同所确立的法律关系中,发包方的权利是获得符合法律规定和合同约定的完工的工程,其义务是按照约定的时间和数量支付承包方工程款;承包方的权利是按照约定的时间和数量得到工程款,其义务是按照法律的规定和合同的约定完成工程的施工任务。

（4）建设工程法律关系的产生、变更与消灭

建设工程法律关系不是从来就有的,而是一定的法律事实发生后才产生的,并且它也可以因一定的法律事实的发生而改变或消灭。

建设工程法律关系的主体之间形成一定的权利义务关系,就产生了建设工程法律关系。如发包方和承包方签订了建设工程合同,双方产生了相应的权利义务,建设工程法律关系即告产生。

建设工程法律关系的主体、客体发生改变,必然导致其内容发生改变,此时建设工程法律关系就发生了变更。如在一个建设工程合同履行过程中,由于业主意图的改变,从而设计方案变更,施工也随之变更,原来的建设工程法律关系的内容就发生了变化。

建设工程法律关系主体之间的权利义务不复存在,建设工程法律关系即告消灭。消灭的方式可以是自然消灭、协议消灭或违约消灭。一个建设工程合同履行完毕,发包方和承包方之间的建设工程法律关系就自然消灭。建设工程合同双方协商一致取消已经订立的合同,双方的建设工程法律关系就因协议而取消。建设工程合同的承包方可以因发包方不按合同支付工程款的违约行为而停止履行合同,该建设工程法律关系就因一方的违约而消灭。

1.3.4　建设工程法规的基本原则

建设工程活动投资大、周期长、涉及面广,其产成品是建设工程,关系到人民生命、财产的安全,为保证建设工程活动顺利进行和建设工程产品安全可靠,建设工程法规立法时应遵循一些基本原则。

1. 确保建设工程质量

建设工程质量是指国家规定和合同约定的对工程建设产品的适用、安全、经济、美观等一系列指标的要求。建设工程法规通过一系列规定对建设工程提出了强制性质量要求,是建设工程必须达到的最低标准,并赋予有关政府部门监督和检查的权力。

2. 确保建设活动符合安全标准

工程建设安全标准是对工程建设的设计、施工方法和安全所做的统一要求。多年以来,我国建筑业就是伤亡率非常高的行业,建设工地伤亡事件时有发生。建设工程法规通过一系列规定对工程建设活动的安全提出了强制性要求,并同时赋予有关政府部门监督和检查的权力。

3. 遵守国家法律法规原则

建设工程活动是最频繁、对国家经济和人民生活影响最为巨大的社会经济活动之一。它涉及面广,建设工程法规对于建设工程活动的规定要与国家有关法律法规相统一。建设工程活动参与单位和人员不仅应遵守建设工程法规的规定,还要遵守其他相关法规的规定。

4. 合法权益受法律保护原则

宪法和法律保护每个市场主体的合法权益不受侵害。因此,建设工程法规保护合法主体

的合法权益,维护建设市场的正常秩序。

5. 遵循市场经济规律原则

建设工程法规规定建设市场主体的法律地位,保证它们在建设工程活动中的权利,确立建设市场体系的统一性和开放性,保证市场主体依据《合同法》享有的自由签约权。

二维码内含精彩案例及解析,
快来扫一扫吧!

案例 1 - 3

二维码内含本章习题及答案,
快来扫一扫吧!

习题 1

模块 2　建设工程许可制度

扫一扫可见
本章电子资源

学习目标

了解从业单位的资质管理、从业人员的资格管理,熟悉建设工程报建制度,掌握建筑工程施工许可证制度。

2.1　从业单位的资质许可制度

工程应用

知识点	项目应用阶段	典型工作事件	主要涉及的岗位	要求
从业单位资质管理规定	工程策划、工程招标	工程从业单位在资质允许范围内承接业务	建设方项目负责人	了解
建筑业企业资质管理规定	工程策划、工程招标	施工单位资质等级及承揽业务范围	建设方招标负责人、施工方投标负责人	了解
工程监理企业资质管理	工程策划、工程招标	监理单位资质等级及承揽业务范围	建设方招标负责人、监理方投标负责人	了解
工程造价咨询单位资质管理	工程策划、工程招标	造价咨询单位资质等级及承揽业务范围	建设方招标负责人、造价方投标负责人	了解

学习内容

工程建设活动是一项专业性、技术性很强的经济活动,与整个国家经济的发展、人民生活的改善有着密切的关系。建筑工程投资大、周期长,一旦发生问题,会给国家和人民的生命财产安全造成极大损失。随着科学发展和技术进步,越来越多的新技术、新方法、新材料将应用于建设领域,使得工程建设过程日趋复杂。为了提高我国工程建设水平,保证建筑工程的质量和安全,国家对从事建筑活动的主体资格作了严格限定。

2.1.1　从业单位资质管理规定

资质管理是指资格认证、资质审查的管理,是建筑市场管理的一项重要内容。《建筑法》第12条规定,从事建筑活动的建筑施工企业、勘察单位、设计单位和工程监理单位,应当具备下列条件:有符合国家规定的注册资本;有与其从事的建筑活动相适应的具有法定执业资格的专业技术人员;有从事相关建筑活动所应有的技术装备;法律、行政法规规定的其他条件。

从事建筑活动的建筑施工企业、勘察单位、设计单位和工程监理单位,按照其拥有的注册资本、专业技术人员、技术装备和已完成的建筑工程业绩等资质条件,划分为不同的资质等级,经资质审查合格,取得相应等级的资质证书后,方可在其资质等级许可的范围内从事建筑活动。

2.1.2　建筑业企业资质管理规定

建筑业企业,是指从事土木工程、建筑工程、线路管道设备安装工程的新建、扩建、改建等施工活动的企业。在中华人民共和国境内申请建筑业企业资质,实施对建筑业企业资质监督管理。

企业应当按照其拥有的资产、主要人员、已完成的工程业绩和技术装备等条件申请建筑业企业资质,经审查合格,取得建筑业企业资质证书后,方可在资质许可的范围内从事建筑施工活动。

建筑业企业资质分为施工总承包、专业承包和施工劳务三个序列。其中施工总承包序列设有 12 个类别,一般分为 4 个等级(特级、一级、二级、三级);专业承包序列设有 36 个类别,一般分为 3 个等级(一级、二级、三级);施工劳务序列不分类别和等级。

1. 申请与许可

企业可以申请一项或多项建筑业企业资质。企业首次申请或增项申请资质,应当申请最低等级资质。

(1) 根据《建筑业企业资质管理规定》第 9 条的规定,下列建筑业企业资质,由国务院住房城乡建设主管部门许可:

① 施工总承包资质序列特级资质、一级资质及铁路工程施工总承包二级资质;

② 专业承包资质序列公路、水运、水利、铁路、民航方面的专业承包一级资质及铁路、民航方面的专业承包二级资质;涉及多个专业的专业承包一级资质。

申请上述所列资质的,应当向企业工商注册所在地省、自治区、直辖市人民政府住房城乡建设主管部门提出申请。其中,国务院国有资产管理部门直接监管的建筑企业及其下属一层级的企业,可以由国务院国有资产管理部门直接监管的建筑企业向国务院住房城乡建设主管部门提出申请。

省、自治区、直辖市人民政府住房城乡建设主管部门应当自受理申请之日起 20 个工作日内初审完毕,并将初审意见和申请材料报国务院住房城乡建设主管部门。

国务院住房城乡建设主管部门应当自省、自治区、直辖市人民政府住房城乡建设主管部门受理申请材料之日起 60 个工作日内完成审查,公示审查意见,公示时间为 10 个工作日。其中,涉及公路、水运、水利、通信、铁路、民航等方面资质的,由国务院住房城乡建设主管部门会同国务院有关部门审查。

(2) 根据《建筑业企业资质管理规定》第 10 条的规定,下列建筑业企业资质,由企业工商注册所在地省、自治区、直辖市人民政府住房城乡建设主管部门许可:

① 施工总承包资质序列二级资质及铁路、通信工程施工总承包三级资质;

② 专业承包资质序列一级资质(不含公路、水运、水利、铁路、民航方面的专业承包一级资质及涉及多个专业的专业承包一级资质);

③ 专业承包资质序列二级资质(不含铁路、民航方面的专业承包二级资质);铁路方面专业承包三级资质;特种工程专业承包资质。

上述所列资质许可的程序由省、自治区、直辖市人民政府住房城乡建设主管部门依法确定,并向社会公布。

(3) 根据《建筑业企业资质管理规定》第 11 条的规定,下列建筑业企业资质,由企业工商注册所在地设区的市人民政府住房城乡建设主管部门许可:

① 施工总承包资质序列三级资质(不含铁路、通信工程施工总承包三级资质);

② 专业承包资质序列三级资质(不含铁路方面专业承包资质)及预拌混凝土、模板脚手架专业承包资质;

③ 施工劳务资质;

④ 燃气燃烧器具安装、维修企业资质。

上述所列资质许可的程序由设区的市级人民政府住房城乡建设主管部门依法确定,并向社会公布。

建筑业企业资质证书分为正本和副本,由国务院住房城乡建设主管部门统一印制,正、副本具备同等法律效力。资质证书有效期为 5 年。

2. 延续与变更

(1) 延续

建筑业企业资质证书有效期届满,企业继续从事建筑施工活动的,应当于资质证书有效期届满 3 个月前,向原资质许可机关提出延续申请。

资质许可机关应当在建筑业企业资质证书有效期届满前做出是否准予延续的决定;逾期未做出决定的,视为准予延续。

(2) 变更

企业在建筑业企业资质证书有效期内名称、地址、注册资本、法定代表人等发生变更的,应当在工商部门办理变更手续后 1 个月内办理资质证书变更手续。

3. 监督管理

县级以上人民政府住房城乡建设主管部门和其他有关部门应当依照有关法律、法规和《建筑业企业资质管理规定》,加强对企业取得建筑业企业资质后是否满足资质标准和市场行为的监督管理。上级住房城乡建设主管部门应当加强对下级住房城乡建设主管部门资质管理工作的监督检查,及时纠正建筑业企业资质管理中的违法行为。

住房城乡建设主管部门、其他有关部门的监督检查人员履行监督检查职责时,有权采取下列措施:

(1) 要求被检查企业提供建筑业企业资质证书、企业有关人员的注册执业证书、职称证书、岗位证书和考核或者培训合格证书,有关施工业务的文档,有关质量管理、安全生产管理、合同管理、档案管理、财务管理等企业内部管理制度的文件;

(2) 进入被检查企业进行检查,查阅相关资料;

(3) 纠正违反有关法律、法规和本规定及有关规范和标准的行为。

监督检查人员应当将监督检查情况和处理结果予以记录,由监督检查人员和被检查企业的有关人员签字确认后归档。

4. 法律责任

(1) 申请企业隐瞒有关真实情况或者提供虚假材料申请建筑业企业资质的,资质许可机关不予许可,并给予警告,申请企业在 1 年内不得再次申请建筑业企业资质。

(2) 企业以欺骗、贿赂等不正当手段取得建筑业企业资质的,由原资质许可机关予以撤销;由县级以上地方人民政府住房城乡建设主管部门或者其他有关部门给予警告,并处 3 万元的罚款;申请企业 3 年内不得再次申请建筑业企业资质。

(3) 企业未按照本规定及时办理建筑业企业资质证书变更手续的,由县级以上地方人民政府住房城乡建设主管部门责令限期办理;逾期不办理的,可处以 1 000 元以上 1 万元以下的罚款。

(4) 企业在接受监督检查时,不如实提供有关材料,或者拒绝、阻碍监督检查的,由县级以上地方人民政府住房城乡建设主管部门责令限期改正,并可以处 3 万元以下罚款。

(5) 企业未按照本规定要求提供企业信用档案信息的,由县级以上地方人民政府住房城乡建设主管部门或者其他有关部门给予警告,责令限期改正;逾期未改正的,可处 1 000 元以上 1 万元以下的罚款。

(6) 县级以上人民政府住房城乡建设主管部门及其工作人员,构成犯罪的,依法追究刑事责任。

5. 建筑工程施工总承包资质标准

1) 特级资质标准

施工总承包特级资质标准另行制定。

2) 一级资质标准

(1) 企业资产

净资产 1 亿元以上。

(2) 企业主要人员

① 建筑工程、机电工程专业一级注册建造师合计不少于 12 人,其中建筑工程专业一级注册建造师不少于 9 人;

② 技术负责人具有 10 年以上从事工程施工技术管理工作经历,且具有结构专业高级职称;建筑工程相关专业中级以上职称人员不少于 30 人,且结构、给排水、暖通、电气等专业齐全;

③ 持有岗位证书的施工现场管理人员不少于 50 人,且施工员、质量员、安全员、机械员、造价员、劳务员等人员齐全;

④ 经考核或培训合格的中级工以上技术工人不少于 150 人。

(3) 企业工程业绩

近 5 年承担过下列 4 类中的 2 类工程的施工总承包或主体工程承包,工程质量合格。

① 地上 25 层以上的民用建筑工程 1 项或地上 18～24 层的民用建筑工程 2 项;

② 高度 100 米以上的构筑物工程 1 项或高度 80～100 米(不含)的构筑物工程 2 项;

③ 建筑面积 3 万平方米以上的单体工业、民用建筑工程 1 项或建筑面积 2 万～3 万平方米(不含)的单体工业、民用建筑工程 2 项;

④ 钢筋混凝土结构单跨 30 米以上(或钢结构单跨 36 米以上)的建筑工程 1 项或钢筋混

凝土结构单跨 27～30 米(不含)(或钢结构单跨 30～36 米(不含))的建筑工程 2 项。

(4) 承包工程范围

可承担单项合同额 3 000 万元以上的下列建筑工程的施工:

① 高度 200 米以下的工业、民用建筑工程;

② 高度 240 米以下的构筑物工程。

3) 二级资质标准

(1) 企业资产

净资产 4 000 万元以上。

(2) 企业主要人员

① 建筑工程、机电工程专业注册建造师合计不少于 12 人,其中建筑工程专业注册建造师不少于 9 人。

② 技术负责人具有 8 年以上从事工程施工技术管理工作经历,且具有结构专业高级职称或建筑工程专业一级注册建造师执业资格;建筑工程相关专业中级以上职称人员不少于 15 人,且结构、给排水、暖通、电气等专业齐全。

③ 持有岗位证书的施工现场管理人员不少于 30 人,且施工员、质量员、安全员、机械员、造价员、劳务员等人员齐全。

④ 经考核或培训合格的中级工以上技术工人不少于 75 人。

(3) 企业工程业绩:

近 5 年承担过下列 4 类中的 2 类工程的施工总承包或主体工程承包,工程质量合格。

① 地上 12 层以上的民用建筑工程 1 项或地上 8～11 层的民用建筑工程 2 项;

② 高度 50 米以上的构筑物工程 1 项或高度 35～50 米(不含)的构筑物工程 2 项;

③ 建筑面积 1 万平方米以上的单体工业、民用建筑工程 1 项或建筑面积 0.6 万～1 万平方米(不含)的单体工业、民用建筑工程 2 项;

④ 钢筋混凝土结构单跨 21 米以上(或钢结构单跨 24 米以上)的建筑工程 1 项或钢筋混凝土结构单跨 18～21 米(不含)[或钢结构单跨 21～24 米(不含)]的建筑工程 2 项。

(4) 承包工程范围

可承担下列建筑工程的施工:

① 高度 100 米以下的工业、民用建筑工程;

② 高度 120 米以下的构筑物工程;

③ 建筑面积 4 万平方米以下的单体工业、民用建筑工程;

④ 单跨跨度 39 米以下的建筑工程。

4) 三级资质标准

(1) 企业资产

净资产 800 万元以上。

(2) 企业主要人员

① 建筑工程、机电工程专业注册建造师合计不少于 5 人,其中建筑工程专业注册建造师不少于 4 人。

② 技术负责人具有 5 年以上从事工程施工技术管理工作经历,且具有结构专业中级以上

职称或建筑工程专业注册建造师执业资格;建筑工程相关专业中级以上职称人员不少于 6 人,且结构、给排水、电气等专业齐全。

③ 持有岗位证书的施工现场管理人员不少于 15 人,且施工员、质量员、安全员、机械员、造价员、劳务员等人员齐全。

④ 经考核或培训合格的中级工以上技术工人不少于 30 人。

⑤ 技术负责人(或注册建造师)主持完成过本类别资质二级以上标准要求的工程业绩不少于 2 项。

(3) 承包工程范围

可承担下列建筑工程的施工:

① 高度 50 米以下的工业、民用建筑工程;

② 高度 70 米以下的构筑物工程;

③ 建筑面积 1.2 万平方米以下的单体工业、民用建筑工程;

④ 单跨跨度 27 米以下的建筑工程。

2.1.3　工程监理企业资质管理规定

工程监理企业资质分为综合资质、专业资质和事务所资质。其中,专业资质按照工程性质和技术特点划分为若干工程类别。

综合资质和事务所资质不分级别,专业资质分为甲级、乙级。房屋建筑、水利水电、公路和市政公用专业资质可设立丙级。

工程监理企业的资质等级标准如下:

1. 综合资质标准

(1) 具有独立法人资格且注册资本不少于 600 万元。

(2) 企业技术负责人应为注册监理工程师,并具有 15 年以上从事工程建设工作的经历或者具有工程类高级职称。

(3) 具有 5 个以上工程类别的专业甲级工程监理资质。

(4) 注册监理工程师不少于 60 人,注册造价工程师不少于 5 人,一级注册建造师、一级注册建筑师、一级注册结构工程师或者其他勘察设计注册工程师合计不少于 15 人次。

(5) 企业具有完善的组织结构和质量管理体系,有健全的技术、档案等管理制度。

(6) 企业具有必要的工程试验检测设备。

(7) 申请工程监理资质之日前一年内没有《工程监理企业资质管理规定》第 16 条禁止的行为。

(8) 申请工程监理资质之日前一年内没有因本企业监理责任造成重大质量事故。

(9) 申请工程监理资质之日前一年内没有因本企业监理责任发生三级以上工程建设重大安全事故或者发生两起以上四级工程建设安全事故。

综合资质可以承担所有专业工程类别建设工程项目的工程监理业务。

2. 专业资质标准

(1) 甲级

① 具有独立法人资格且注册资本不少于 300 万元。

②　企业技术负责人应为注册监理工程师,并具有 15 年以上从事工程建设工作的经历或者具有工程类高级职称。

③　注册监理工程师、注册造价工程师、一级注册建造师、一级注册建筑师、一级注册结构工程师或者其他勘察设计注册工程师合计不少于 25 人次;其中,相应专业注册监理工程师不少于《专业资质注册监理工程师人数配备表》中要求配备的人数,注册造价工程师不少于 2 人。

④　企业近 2 年内独立监理过 3 个以上相应专业的二级工程项目,但是,具有甲级设计资质或一级及以上施工总承包资质的企业申请本专业工程类别甲级资质的除外。

⑤　企业具有完善的组织结构和质量管理体系,有健全的技术、档案等管理制度。

⑥　企业具有必要的工程试验检测设备。

⑦　申请工程监理资质之日前一年内没有《工程监理企业资质管理规定》第 16 条禁止的行为。

⑧　申请工程监理资质之日前一年内没有因本企业监理责任造成重大质量事故。

⑨　申请工程监理资质之日前一年内没有因本企业监理责任发生三级以上工程建设重大安全事故或者发生两起以上四级工程建设安全事故。

专业甲级资质可承担相应专业工程类别建设工程项目的工程监理业务。

（2）乙级

①　具有独立法人资格且注册资本不少于 100 万元。

②　企业技术负责人应为注册监理工程师,并具有 10 年以上从事工程建设工作的经历。

③　注册监理工程师、注册造价工程师、一级注册建造师、一级注册建筑师、一级注册结构工程师或者其他勘察设计注册工程师合计不少于 15 人次。其中,相应专业注册监理工程师不少于《专业资质注册监理工程师人数配备表》中要求配备的人数,注册造价工程师不少于 1 人。

④　有较完善的组织结构和质量管理体系,有技术、档案等管理制度。

⑤　有必要的工程试验检测设备。

⑥　申请工程监理资质之日前一年内没有《工程监理企业资质管理规定》第 16 条禁止的行为。

⑦　申请工程监理资质之日前一年内没有因本企业监理责任造成重大质量事故。

⑧　申请工程监理资质之日前一年内没有因本企业监理责任发生三级以上工程建设重大安全事故或者发生两起以上四级工程建设安全事故。

专业乙级资质可承担相应专业工程类别二级以下(含二级)建设工程项目的工程监理业务。

（3）丙级

①　具有独立法人资格且注册资本不少于 50 万元。

②　企业技术负责人应为注册监理工程师,并具有 8 年以上从事工程建设工作的经历。

③　相应专业的注册监理工程师不少于《专业资质注册监理工程师人数配备表》中要求配备的人数。

④　有必要的质量管理体系和规章制度。

⑤　有必要的工程试验检测设备。

专业丙级资质可承担相应专业工程类别三级建设工程项目的工程监理业务。

3. 事务所资质标准

（1）取得合伙企业营业执照，具有书面合作协议书。

（2）合伙人中有 3 名以上注册监理工程师，合伙人均有 5 年以上从事建设工程监理的工作经历。

（3）有固定的工作场所。

（4）有必要的质量管理体系和规章制度。

（5）有必要的工程试验检测设备。

事务所资质可承担三级建设工程项目的工程监理业务，国家规定必须实行强制监理的工程除外。

2.1.4　工程造价咨询单位资质管理规定

1. 甲级资质

（1）已取得乙级工程造价咨询企业资质证书满 3 年。

（2）技术负责人已取得造价工程师注册资格，并具有工程或者工程经济系列高级专业技术职称，且从事工程造价专业工作 15 年以上。

（3）专职从事工程造价专业工作的人员（简称专职专业人员）不少于 20 人。其中，工程或者工程经济系列中级以上专业技术职称的人员不少于 16 人，取得造价工程师注册证书的人员不少于 10 人，其他人员具有从事工程造价专业工作的经历。

（4）企业注册资本不得少于人民币 100 万元。

（5）近 3 年企业工程造价咨询营业收入累计不低于人民币 500 万元。

（6）具有固定办公场所，人均办公面积不少于 10 平方米。

（7）技术档案管理制度、质量控制制度和财务管理制度齐全。

（8）员工的社会养老保险手续齐全。

（9）专职专业人员符合国家规定的职业年龄，人事档案关系由国家认可的人事代理机构代为管理。

（10）企业的出资人中造价工程师人数不低于 60％，出资额不低于注册资本总额的 60％。

2. 乙级资质

（1）技术负责人已取得造价工程师注册资格，并具有工程或者工程经济系列高级专业技术职称，且从事工程造价专业工作 10 年以上。

（2）专职从事工程造价专业工作的人员（简称专职专业人员）不少于 12 人。其中，工程或者工程经济系列中级以上专业技术职称的人员不少于 8 人，取得造价工程师注册证书的人员不少于 6 人，其他人员具有从事工程造价专业工作的经历。

（3）企业注册资本不得少于人民币 50 万元。

（4）在暂定期内企业工程造价咨询营业收入累计不低于人民币 50 万元。

（5）具有固定办公场所，人均办公面积不得少于 10 平方米。

（6）技术档案管理制度、质量控制制度、财务管理制度齐全。

（7）员工的社会养老保险手续齐全。

（8）专职专业人员符合国家规定的职业年龄，人事档案关系由国家认可的人事代理机构代为管理。

（9）企业的出资人中造价工程师人数不低于 60％，出资额不低于注册资本总额的 60％。

3. 新设立的工程造价咨询企业的资质等级

按照最低等级核定，并设 1 年的暂定期。

二维码内含精彩案例及解析，
快来扫一扫吧！

案例 2－1

2.2　从业人员的资格许可制度

工程应用

知识点	项目应用阶段	典型工作事件	主要涉及的岗位	要求
注册建筑师	设计投标阶段、设计实施阶段	注册建筑师考试条件、从业范围	项目设计负责人、设计师	了解
注册建造师	施工投标阶段、施工实施阶段	注册建造师考试条件、从业范围	施工项目经理、技术负责人等	了解
注册监理工程师	监理投标阶段、监理实施阶段	注册监理工程师考试条件、从业范围	监理项目总监、专监等	了解
注册造价工程师	造价投标阶段、造价咨询实施阶段	注册造价工程师考试条件、从业范围	项目造价编制人员、审计人员	了解

学习内容

执业资格制度是指对具备一定专业学历、资历的从事建筑活动的专业技术人员，通过考试和注册确定其执业的技术资格，获得相应建筑工程文件签字权的一种制度。在技术要求较高的行业，实行专业技术人员执业资格制度已成为国际惯例。《建筑法》第 14 条规定，从事建筑活动的专业技术人员，应取得相应的执业资格证书，并在执业资格证书许可的范围内从事建筑活动。

目前，我国对从事建筑活动的专业技术人员已建立起注册建筑师、注册工程师（包括注册结构工程师、注册土木工程师、注册电气工程师、注册设备工程师、注册化工工程师等）、注册建造师、注册监理工程师、注册造价工程师等执业资格制度。

从事建筑工程活动的人员要通过国家任职资格考试、考核，由建设行政主管部门注册并颁发资格证书。

　　建筑工程的从业人员主要包括注册建筑师、注册结构工程师、注册监理工程师、注册工程造价师、注册建造师以及法律、法规规定的其他人员。

　　建筑工程从业者资格证件严禁出卖、转让、出借、涂改、伪造。违反上述规定的,将视具体情节,追究法律责任。建筑工程从业者资格的具体管理办法,由国务院建设行政主管部门另行规定。

2.2.1　注册建筑师

　　国家对从事人类生活与生产服务的各种民用与工业房屋及群体的综合设计、室内外环境设计、建筑装饰装修设计,建筑修复、建筑雕塑、有特殊建筑要求的构筑物的设计,从事建筑设计技术咨询,建筑物调查与鉴定,对本人主持设计的项目进行施工指导和监督等专业技术工作的人员,实施注册建筑师执业资格制度。

　　1. 注册建筑师的概念

　　注册建筑师是指依法取得注册建筑师证书并从事房屋建筑设计及相关业务的人员。注册建筑师分为一级注册建筑师和二级注册建筑师。

　　2. 注册建筑师的考试

　　(1)一级注册建筑师考试的条件

　　根据《中华人民共和国注册建筑师条例》第8条的规定,符合下列条件之一的,可以申请参加一级注册建筑师考试:

　　① 取得建筑学硕士以上学位或者相近专业工学博士学位,并从事建筑设计或者相关业务2年以上的;

　　② 取得建筑学学士学位或者相近专业工学硕士学位,并从事建筑设计或者相关业务3年以上的;

　　③ 具有建筑学专业大学本科毕业学历并从事建筑设计或者相关业务5年以上的或者具有建筑学相近专业大学本科毕业学历并从事建筑设计或者相关业务7年以上的;

　　④ 取得高级工程师技术职称并从事建筑设计或者相关业务3年以上的,或者取得工程师技术职称并从事建筑设计或者相关业务5年以上的;

　　⑤ 不具有前4项规定的条件,但设计成绩突出,经全国注册建筑师管理委员会认定达到前4项规定的专业水平的。

　　(2)二级注册建筑师考试的条件

　　根据《中华人民共和国注册建筑师条例》第九条的规定,符合下列条件之一的,可以申请参加二级注册建筑师考试:

　　① 具有建筑学或者相近专业大学本科毕业以上学历,从事建筑设计或者相关业务2年以上;

　　② 具有建筑设计技术专业或者相近专业大专毕业以上学历,并从事建筑设计或者相关业务3年以上的;

　　③ 具有建筑设计技术专业4年制中专毕业学历,并从事建筑设计或者相关业务5年以上的;

　　④ 具有建筑设计技术相近专业中专毕业学历,并从事建筑设计或者相关业务7年以上的;

　　⑤ 取得助理工程师以上技术职称,并从事建筑设计或者相关业务3年以上的。

（3）考试合格证书的颁发

经一级注册建筑师考试，全部科目在有效期内考试合格，由全国注册建筑师管理委员会核发《中华人民共和国一级注册建筑师执业资格考试合格证书》。

经二级注册建筑师考试，全部科目在有效期内考试合格，由省、自治区、直辖市注册建筑师管理委员会核发《中华人民共和国二级注册建筑师执业资格考试合格证书》。

3. 注册建筑师的注册

（1）注册的条件

注册建筑师考试合格，取得相应的注册建筑师资格的，除《中华人民共和国注册建筑师条例》第 13 条规定的不予注册的情形外，均可申请注册。

不予注册的情形有：

① 不具有完全民事行为能力的；

② 因受刑事处罚，自刑罚执行完毕之日起至申请注册之日止不满 5 年的；

③ 因在建筑设计或者相关业务中犯有错误受行政处罚或者撤职以上行政处分，自处罚、处分决定之日起至申请注册之日止不满 2 年的；

④ 受吊销注册建筑师证书的行政处罚，自处罚决定之日起至申请注册之日止不满 5 年的；

⑤ 有国务院规定不予注册的其他情形的。

（2）注册的申请程序与机构

具有注册建筑师资格者申请注册，按下列程序办理：

① 申请人向聘用单位提交申请报告、填写注册建筑师注册申请表；

② 聘用单位审核同意签字盖章后，连同《注册建筑师条例实施细则》第 19 条规定的其他材料一并上报有关部门；

③ 申请一级注册建筑师注册的有关材料，按隶属关系分别报国务院有关负责勘察设计工作的部门或省、自治区、直辖市注册建筑师管理委员会进行汇总，并签署意见后，送交全国注册建筑师管理委员会审核；

④ 申请二级注册建筑师注册的有关材料报地、市建设行政主管部门进行汇总，并签署意见后，送交省、自治区、直辖市注册建筑师管理委员会审核；

⑤ 注册建筑师管理委员会审核认定该申请注册者无《注册建筑师条例》第 13 条规定的不予注册的情形，即可为其办理注册手续。

全国注册建筑师管理委员会对批准注册的一级注册建筑师核发《中华人民共和国一级注册建筑师证书》和《中华人民共和国一级注册建筑师执业专用章》。

省、自治区、直辖市注册建筑师管理委员会对批准注册的二级注册建筑师核发《中华人民共和国二级注册建筑师证书》和《中华人民共和国二级注册建筑师执业专用章》。

4. 注册建筑师的执业

（1）注册建筑师的执业范围

① 建筑设计；

② 建筑设计技术咨询；

③ 建筑物调查与鉴定；

④ 对本人主持设计的项目进行施工指导和监督；

⑤ 国务院建设行政主管部门规定的其他业务。

注册建筑师执行业务,应当加入建筑设计单位。建筑设计单位的资质等级及其业务范围,由国务院建设行政主管部门规定。一级注册建筑师的执业范围不受建筑规模和工程复杂程度的限制;二级注册建筑师的执业范围不得超越国家规定的建筑规模和工程复杂程度。

(2) 注册建筑师的权利

① 专有名称权

注册建筑师有权以注册建筑师的名义执行注册建筑师业务。非注册建筑师不得以注册建筑师的名义执行注册建筑师业务。二级注册建筑师不得以一级注册建筑师的名义执行业务,也不得超越国家规定的二级注册建筑师的执业范围执行业务。

② 设计文件签字权

国家规定的一定跨度、跨径和高度以上的房屋建筑应当由注册建筑师进行设计。

③ 独立设计权

任何单位和个人修改注册建筑师的设计图纸都应当征得该注册建筑师同意;因特殊情况不能征得该注册建筑师同意的除外。

(3) 注册建筑师的义务

① 遵守法律、法规和职业道德,维护社会公共利益。

② 保证建筑设计的质量,并在其负责的设计图纸上签字。

③ 保守在执业中知悉的单位和个人的秘密。

④ 不得同时受聘于 2 个以上建筑设计单位执行业务。

⑤ 不得准许他人以本人名义执行业务。

5. 法律责任

(1) 以不正当手段取得注册建筑师考试合格资格或者注册建筑师证书的,由全国注册建筑师管理委员会或者省、自治区、直辖市注册建筑师管理委员会取消考试合格资格或者吊销注册建筑师证书;对负有直接责任的主管人员和其他直接责任人员,依法给予行政处分。

(2) 未经注册擅自以注册建筑师名义从事注册建筑师业务的,由县级以上人民政府建设行政主管部门责令停止违法活动,没收违法所得,并可以处以违法所得 5 倍以下的罚款;造成损失的,应当承担赔偿责任。

(3) 注册建筑师违反本条例规定,有下列行为之一的,由县级以上人民政府建设行政主管部门责令停止违法活动,没收违法所得,并可以处以违法所得 5 倍以下的罚款;情节严重的,可以责令停止执行业务或者由全国注册建筑师管理委员会或者省、自治区、直辖市注册建筑师管理委员会吊销注册建筑师证书:

① 以个人名义承接注册建筑师业务、收取费用的;

② 同时受聘于 2 个以上建筑设计单位执行业务的;

③ 在建筑设计或者相关业务中侵犯他人合法权益的;

④ 准许他人以本人名义执行业务的;

⑤ 二级注册建筑师以一级注册建筑师的名义执行业务或者超越国家规定的执业范围执行业务的。

(4) 因建筑设计质量不合格发生重大责任事故,造成重大损失的,对该建筑设计负有直接责任的注册建筑师,由县级以上人民政府建设行政主管部门责令停止执行业务;情节严重的,由全国注册建筑师管理委员会或者省、自治区、直辖市注册建筑师管理委员会吊销注册建筑师证书。

(5)违反《中华人民共和国注册建筑师条例》规定,未经注册建筑师同意擅自修改其设计图纸的,由县级以上人民政府建设行政主管部门责令纠正;造成损失的,应当承担赔偿责任。

(6)违反《中华人民共和国注册建筑师条例》规定,构成犯罪的,依法追究刑事责任。

2.2.2　注册建造师

1. 注册建造师的概念

注册建造师是指通过考核认定或考试合格取得中华人民共和国建造师资格证书(以下简称资格证书),并按照规定注册,取得中华人民共和国建造师注册证书(以下简称注册证书)和执业印章,担任施工单位项目负责人及从事相关活动的专业技术人员。建造师分为一级建造师和二级建造师。

2. 注册建造师的考试

一级建造师执业资格实行统一大纲、统一命题、统一组织的考试制度,由人事部、住房和城乡建设部共同组织实施,原则上每年举行一次考试。二级建造师执业资格实行全国统一大纲,各省、自治区、直辖市命题并组织考试的制度。住房和城乡建设部负责拟定二级建造师执业资格考试大纲,人事部负责审定考试大纲。各省、自治区、直辖市人事厅(局)和建设厅(委)按照国家确定的考试大纲和有关规定,在本地区组织实施二级建造师执业资格考试。

(1)一级建造师的考试条件

具备下列条件之一者,可以申请参加一级建造师执业资格考试:

① 取得工程类或工程经济类大学专科学历,工作满 6 年,其中从事建设工程项目施工管理工作满 4 年;

② 取得工程类或工程经济类大学本科学历,工作满 4 年,其中从事建设工程项目施工管理工作满 3 年;

③ 取得工程类或工程经济类双学士学位或研究生班毕业,工作满 3 年,其中从事建设工程项目施工管理工作满 2 年;

④ 取得工程类或工程经济类硕士学位,工作满 2 年,其中从事建设工程项目施工管理工作满 1 年;

⑤ 取得工程类或工程经济类博士学位,从事建设工程项目施工管理工作满 1 年。

(2)二级建造师的考试条件

凡遵纪守法并具备工程类或工程经济类中等专科以上学历并从事建设工程项目施工管理工作满 2 年,可报名参加二级建造师执业资格考试。具体的报考条件参照各省、自治区、直辖市有关部门确定的相关规定执行。

(3)考试合格证书颁发

参加一级建造师执业资格考试合格,由各省、自治区、直辖市颁发人事部统一印制的,人事部与住房和城乡建设部用印的《中华人民共和国一级建造师执业资格证书》。该证书在全国范围内有效。

二级建造师执业资格考试合格者,由省、自治区、直辖市人事部门颁发由人事部、建设部统一格式的《中华人民共和国二级建造师执业资格证书》。该证书在所在行政区域内有效。

3. 注册建造师的注册

1）申请初始注册时应当具备以下条件

（1）经考核认定或考试合格取得资格证书；

（2）受聘于一个相关单位；

（3）达到继续教育要求；

（4）没有《注册建造师管理规定》第15条所列情形。

《注册建造师管理规定》第15条所列不予注册的情形：

① 不具有完全民事行为能力的；

② 申请在两个或者2个以上单位注册的；

③ 未达到注册建造师继续教育要求的；

④ 受到刑事处罚，刑事处罚尚未执行完毕的；

⑤ 因执业活动受到刑事处罚，自刑事处罚执行完毕之日起至申请注册之日止不满5年的；

⑥ 因前项规定以外的原因受到刑事处罚，自处罚决定之日起至申请注册之日止不满3年的；

⑦ 被吊销注册证书，自处罚决定之日起至申请注册之日止不满2年的；

⑧ 在申请注册之日前3年内担任项目经理期间，所负责项目发生过重大质量和安全事故的；

⑨ 申请人的聘用单位不符合注册单位要求的；

⑩ 年龄超过65周岁的；

⑪ 法律、法规规定不予注册的其他情形。

2）注册建造师的注册程序

（1）一级建造师的注册程序

取得一级建造师资格证书并受聘于一个建设工程勘察、设计、施工、监理、招标代理、造价咨询等单位的人员，应当通过聘用单位向单位工商注册所在地的省、自治区、直辖市人民政府建设主管部门提出注册申请。

省、自治区、直辖市人民政府建设主管部门受理后提出初审意见，并将初审意见和全部申报材料报国务院建设主管部门审批；涉及铁路、公路、港口与航道、水利水电、通信与广电、民航专业的，国务院建设主管部门应当将全部申报材料送同级有关部门审核。符合条件的，由国务院建设主管部门核发《中华人民共和国一级建造师注册证书》，并核定执业印章编号。

（2）二级建造师的注册程序

取得二级建造师资格证书的人员申请注册，由省、自治区、直辖市人民政府建设主管部门负责受理和审批，具体审批程序由省、自治区、直辖市人民政府建设主管部门依法确定。对批准注册的，核发由国务院建设主管部门统一样式的《中华人民共和国二级建造师注册证书》和执业印章，并在核发证书后30日内送国务院建设主管部门备案。

4. 注册建造师的执业

（1）注册建造师的执业的范围

注册建造师应当在其注册证书注明的专业范围内从事建设工程施工管理活动，具体执业按照本办法附件《注册建造师执业工程范围》执行。未列入或新增工程范围由国务院建设主管部门会同国务院有关部门另行规定。

　　大中型工程施工项目负责人必须由本专业注册建造师担任。一级注册建造师可担任大、中、小型工程施工项目负责人，二级注册建造师可以承担中、小型工程施工项目负责人。

　　一级注册建造师可在全国范围内以一级注册建造师名义执业。通过二级建造师资格考核认定，或参加全国统考取得二级建造师资格证书并经注册的人员，可在全国范围内以二级注册建造师名义执业。工程所在地各级建设主管部门和有关部门不得增设或者变相设置跨地区承揽工程项目执业准入条件。

　　注册建造师不得同时担任两个及以上建设工程施工项目负责人，发生下列情形之一除外：

　　① 同一工程相邻分段发包或分期施工的；

　　② 合同约定的工程验收合格的；

　　③ 非承包方原因致使工程项目停工超过 120 天（含），经建设单位同意的。

　　注册建造师担任施工项目负责人期间原则上不得更换。如发生下列情形之一的，应当办理书面交接手续后更换施工项目负责人：

　　① 发包方与注册建造师受聘企业已解除承包合同的；

　　② 发包方同意更换项目负责人的；

　　③ 因不可抗力等特殊情况，必须更换项目负责人的。

　　建设工程合同履行期间变更项目负责人的，企业应当于项目负责人变更 5 个工作日内报建设行政主管部门和有关部门及时进行网上变更。

　　（2）注册建造师的权利

　　① 使用注册建造师名称；

　　② 在规定范围内从事执业活动；

　　③ 在本人执业活动中形成的文件上签字并加盖执业印章；

　　④ 保管和使用本人注册证书、执业印章；

　　⑤ 对本人执业活动进行解释和辩护；

　　⑥ 接受继续教育；

　　⑦ 获得相应的劳动报酬；

　　⑧ 对侵犯本人权利的行为进行申述。

　　（3）注册建造师的义务

　　① 遵守法律、法规和有关管理规定，恪守职业道德；

　　② 执行技术标准、规范和规程；

　　③ 保证执业成果的质量，并承担相应责任；

　　④ 接受继续教育，努力提高执业水准；

　　⑤ 保守在执业中知悉的国家秘密和他人的商业、技术等秘密；

　　⑥ 与当事人有利害关系的，应当主动回避；

　　⑦ 协助注册管理机关完成相关工作。

5. 法律责任

　　（1）隐瞒有关情况或者提供虚假材料申请注册的，建设主管部门不予受理或者不予注册，并给予警告，申请人 1 年内不得再次申请注册。

　　（2）以欺骗、贿赂等不正当手段取得注册证书的，由注册机关撤销其注册，3 年内不得再次申请注册,并由县级以上地方人民政府建设主管部门处以罚款。其中,没有违法所得的,处以1万元以下的罚款;有违法所得的,处以违法所得3倍以下且不超过3万元的罚款。

(3) 未取得注册证书和执业印章,担任大中型建设工程项目施工单位项目负责人,或者以注册建造师的名义从事相关活动的,其所签署的工程文件无效,由县级以上地方人民政府建设主管部门或者其他有关部门给予警告,责令停止违法活动,并可处以1万元以上3万元以下的罚款。

(4) 未办理变更注册而继续执业的,由县级以上地方人民政府建设主管部门或者其他有关部门责令限期改正;逾期不改正的,可处以5 000元以下的罚款。

(5) 注册建造师在执业活动中有下列行为之一的,由县级以上地方人民政府建设主管部门或者其他有关部门给予警告,责令改正,没有违法所得的,处以1万元以下的罚款;有违法所得的,处以违法所得3倍以下且不超过3万元的罚款:

① 不履行注册建造师义务;

② 在执业过程中,索贿、受贿或者谋取合同约定费用外的其他利益;

③ 在执业过程中实施商业贿赂;

④ 签署有虚假记载等不合格的文件;

⑤ 允许他人以自己的名义从事执业活动;

⑥ 同时在两个或者两个以上单位受聘或者执业;

⑦ 涂改、倒卖、出租、出借或以其他形式非法转让资格证书、注册证书和执业印章;

⑧ 超出执业范围和聘用单位业务范围内从事执业活动;

⑨ 法律、法规、规章禁止的其他行为。

2.2.3　注册监理工程师

1. 注册监理工程师的概念

注册监理工程师是指经考试取得中华人民共和国监理工程师资格证书(以下简称资格证书),并按照本规定注册,取得中华人民共和国注册监理工程师注册执业证书(以下简称注册证书)和执业印章,从事工程监理及相关业务活动的专业技术人员。

2. 注册监理工程师的考试

(1) 注册监理工程师的考试条件

凡中华人民共和国公民,具有工程技术或工程经济专业大专(含)以上学历,遵纪守法并符合以下条件之一者,均可报名参加监理工程师执业资格考试:

① 具有按照国家有关规定评聘的工程技术或工程经济专业中级专业技术职务,并任职满3年;

② 具有按照国家有关规定评聘的工程技术或工程经济专业高级专业技术职务。

对从事工程建设监理工作并同时具备下列4项条件的报考人员可免试《工程建设合同管理》和《工程建设质量、投资、进度控制》2个科目:

① 1970年(含)以前工程技术或工程经济专业大专(含)以上毕业;

② 具有按照国家有关规定评聘的工程技术或工程经济专业高级专业技术职务;

③ 从事工程设计或工程施工管理工作15年(含)以上;

④ 从事监理工作1年(含)以上。

根据《关于同意香港、澳门居民参加内地统一组织的专业技术人员资格考试有关问题的通知》(国人部发[2005]9号),凡符合注册监理工程师执业资格考试相应规定的香港、澳门居民均可按照文件规定的程序和要求报名参加考试。

(2) 考试合格证书颁发

监理工程师执业资格考试合格者,由各省、自治区、直辖市人事(职改)部门颁发人事部统一印制的、人事部与住房和城乡建设部用印的中华人民共和国《监理工程师执业资格证书》。该证书在全国范围内有效。

3. 注册监理工程师的注册

注册监理工程师实行注册执业管理制度。取得资格证书的人员经过注册方能以注册监理工程师的名义执业。注册监理工程师依据其所学专业、工作经历、工程业绩,按照《工程监理企业资质管理规定》划分的工程类别,按专业注册。每人最多可以申请两个专业注册。

1) 申请初始注册应当具备的条件

(1) 经全国注册监理工程师执业资格统一考试合格,取得资格证书;

(2) 受聘于一个相关单位;

(3) 达到继续教育要求;

(4) 没有《注册监理工程师管理规定》第13条所列情形。

《注册监理工程师管理规定》第13条所列不予初始注册、延续注册或者变更注册的情形:

① 不具有完全民事行为能力的;

② 刑事处罚尚未执行完毕或者因从事工程监理或者相关业务受到刑事处罚,自刑事处罚执行完毕之日起至申请注册之日止不满2年的;

③ 未达到监理工程师继续教育要求的;

④ 在两个或者两个以上单位申请注册的;

⑤ 以虚假的职称证书参加考试并取得资格证书的;

⑥ 年龄超过65周岁的;

⑦ 法律、法规规定不予注册的其他情形。

2) 注册监理工程师的注册程序

取得资格证书的人员申请注册,由省、自治区、直辖市人民政府建设主管部门初审,国务院建设主管部门审批。

取得资格证书并受聘于一个建设工程勘察、设计、施工、监理、招标代理、造价咨询等单位的人员,应当通过聘用单位向单位工商注册所在地的省、自治区、直辖市人民政府建设主管部门提出注册申请;省、自治区、直辖市人民政府建设主管部门受理后提出初审意见,并将初审意见和全部申报材料报国务院建设主管部门审批;符合条件的,由国务院建设主管部门核发注册证书和执业印章。

4. 注册监理工程师的执业

(1) 注册监理工程师的执业的范围

从事工程监理执业活动的,应当受聘并注册于一个具有工程监理资质的单位。注册监理工程师可以从事工程监理、工程经济与技术咨询、工程招标与采购咨询、工程项目管理服务以及国务院有关部门规定的其他业务。

（2）注册监理工程师的权利

① 使用注册监理工程师称谓；

② 在规定范围内从事执业活动；

③ 依据本人能力从事相应的执业活动；

④ 保管和使用本人的注册证书和执业印章；

⑤ 对本人执业活动进行解释和辩护；

⑥ 接受继续教育；

⑦ 获得相应的劳动报酬；

⑧ 对侵犯本人权利的行为进行申诉。

（3）注册监理工程师的义务

① 遵守法律、法规和有关管理规定；

② 履行管理职责，执行技术标准、规范和规程；

③ 保证执业活动成果的质量，并承担相应责任；

④ 接受继续教育，努力提高执业水准；

⑤ 在本人执业活动中形成的工程监理文件上签字、加盖执业印章；

⑥ 保守在执业中知悉的国家秘密和他人的商业、技术秘密；

⑦ 不得涂改、倒卖、出租、出借或者以其他形式非法转让注册证书或者执业印章；

⑧ 不得同时在 2 个或者 2 个以上单位受聘或者执业；

⑨ 在规定的执业范围和聘用单位业务范围内从事执业活动；

⑩ 协助注册管理机构完成相关工作。

5. 法律责任

（1）隐瞒有关情况或者提供虚假材料申请注册的，建设主管部门不予受理或者不予注册，并给予警告，1 年之内不得再次申请注册。

（2）以欺骗、贿赂等不正当手段取得注册证书的，由国务院建设主管部门撤销其注册，3 年内不得再次申请注册，并由县级以上地方人民政府建设主管部门处以罚款，其中没有违法所得的，处以 1 万元以下罚款，有违法所得的，处以违法所得 3 倍以下且不超过 3 万元的罚款；构成犯罪的，依法追究刑事责任。

（3）未经注册，擅自以注册监理工程师的名义从事工程监理及相关业务活动的，由县级以上地方人民政府建设主管部门给予警告，责令停止违法行为，处以 3 万元以下罚款；造成损失的，依法承担赔偿责任。

（4）未办理变更注册仍执业的，由县级以上地方人民政府建设主管部门给予警告，责令限期改正；逾期不改的，可处以 5 000 元以下的罚款。

（5）注册监理工程师在执业活动中有下列行为之一的，由县级以上地方人民政府建设主管部门给予警告，责令其改正，没有违法所得的，处以 1 万元以下罚款，有违法所得的，处以违法所得 3 倍以下且不超过 3 万元的罚款，造成损失的，依法承担赔偿责任，构成犯罪的，依法追究刑事责任：

① 以个人名义承接业务的；

② 涂改、倒卖、出租、出借或者以其他形式非法转让注册证书或者执业印章的；

③ 泄露执业中应当保守的秘密并造成严重后果的；

④ 超出规定执业范围或者聘用单位业务范围从事执业活动的;

⑤ 弄虚作假提供执业活动成果的;

⑥ 同时受聘于 2 个或者 2 个以上的单位,从事执业活动的;

⑦ 其他违反法律、法规、规章的行为。

2.2.4　注册造价工程师

1. 注册造价工程师的概念

注册造价工程师是指通过全国造价工程师执业资格统一考试或者资格认定、资格互认,取得中华人民共和国造价工程师执业资格(以下简称执业资格),并按照本办法注册,取得中华人民共和国造价工程师注册执业证书(以下简称注册证书)和执业印章,从事工程造价活动的专业人员。

2. 注册造价工程师的考试

(1) 注册造价工程师的考试条件

凡中华人民共和国公民,遵纪守法并具备以下条件之一者,均可参加造价工程师执业资格考试:

① 工程造价专业大专毕业后,从事工程造价业务工作满 5 年;工程或工程经济类大专毕业后,从事工程造价业务工作满 6 年。

② 工程造价专业本科毕业后,从事工程造价业务工作满 4 年;工程或工程经济类本科毕业后,从事工程造价业务工作满 5 年。

③ 获上述专业第二学士学位或研究生班毕业和取得硕士学位后,从事工程造价业务工作满 3 年。

④ 获上述专业博士学位后,从事工程造价业务工作满 2 年。

根据《关于同意香港、澳门居民参加内地统一组织的专业技术人员资格考试有关问题的通知》(国人部发[2005]9 号),凡符合造价工程师执业资格考试相应规定的香港、澳门居民均可按照文件规定的程序和要求报名参加考试。

(2) 考试合格证书颁发

造价工程师执业资格考试合格者,由各省、自治区、直辖市人事(职改)部门颁发人事部统一印制的、人事部与建设部用印的《造价工程师执业资格证书》。该证书在全国范围内有效。

3. 注册造价工程师的注册

注册造价工程师实行注册执业管理制度。取得执业资格的人员经过注册方能以注册造价工程师的名义执业。

1) 注册造价工程师的注册条件

(1) 取得执业资格;

(2) 受聘于一个工程造价咨询企业或者工程建设领域的建设、勘察设计、施工、招标代理、工程监理、工程造价管理等单位;

(3) 无《注册造价工程师管理办法》第 12 条规定不予注册的情形。

《注册造价工程师管理办法》第 12 条有下列情形之一的,不予注册:

① 不具有完全民事行为能力的;

② 申请在 2 个或者 2 个以上单位注册的;

③ 未达到造价工程师继续教育合格标准的;

④ 前一个注册期内工作业绩达不到规定标准或未办理暂停执业手续而脱离工程造价业务岗位的;

⑤ 受刑事处罚,刑事处罚尚未执行完毕的;

⑥ 因工程造价业务活动受刑事处罚,自刑事处罚执行完毕之日起至申请注册之日止不满5年的;

⑦ 因前项规定以外原因受刑事处罚,自处罚决定之日起至申请注册之日止不满3年的;

⑧ 被吊销注册证书,自被处罚决定之日起至申请注册之日止不满3年的;

⑨ 以欺骗、贿赂等不正当手段获准注册被撤销,自被撤销注册之日起至申请注册之日止不满3年的;

⑩ 法律、法规规定不予注册的其他情形。

2) 注册造价工程师的注册程序

取得执业资格的人员申请注册的,应当向聘用单位工商注册所在地的省、自治区、直辖市人民政府建设主管部门(以下简称省级注册初审机关)或者国务院有关部门(以下简称部门注册初审机关)提出注册申请。准予注册的,由注册机关核发注册证书和执业印章。

注册证书和执业印章是注册造价工程师的执业凭证,应当由注册造价工程师本人保管、使用。造价工程师注册证书由注册机关统一印制。

4. 注册造价工程师的执业

(1) 注册造价工程师的执业范围

① 建设项目建议书、可行性研究投资估算的编制和审核,项目经济评价,工程概、预、结算、竣工结(决)算的编制和审核;

② 工程量清单、标底(或者控制价)、投标报价的编制和审核,工程合同价款的签订及变更、调整、工程款支付与工程索赔费用的计算;

③ 建设项目管理过程中设计方案的优化、限额设计等工程造价分析与控制,工程保险理赔的核查;

④ 工程经济纠纷的鉴定。

(2) 注册造价工程师的权利

① 使用注册造价工程师名称;

② 依法独立执行工程造价业务;

③ 在本人执业活动中形成的工程造价成果文件上签字并加盖执业印章;

④ 发起设立工程造价咨询企业;

⑤ 保管和使用本人的注册证书和执业印章;

⑥ 参加继续教育。

(3) 注册造价工程师的义务

① 遵守法律、法规和有关管理规定,恪守职业道德;

② 保证执业活动成果的质量;

③ 接受继续教育,提高执业水平;

④ 执行工程造价计价标准和计价方法;

⑤ 与当事人有利害关系的,应当主动回避;

⑥ 保守在执业中知悉的国家秘密和他人的商业、技术秘密。

5. 法律责任

(1) 隐瞒有关情况或者提供虚假材料申请造价工程师注册的,不予受理或者不予注册,并给予警告,申请人在 1 年内不得再次申请造价工程师注册。

(2) 聘用单位为申请人提供虚假注册材料的,由县级以上地方人民政府建设主管部门或者其他有关部门给予警告,并可处以 1 万元以上 3 万元以下的罚款。

(3) 以欺骗、贿赂等不正当手段取得造价工程师注册的,由注册机关撤销其注册,3 年内不得再次申请注册,并由县级以上地方人民政府建设主管部门处以罚款。其中,没有违法所得的,处以 1 万元以下罚款;有违法所得的,处以违法所得 3 倍以下且不超过 3 万元的罚款。

(4) 未经注册而以注册造价工程师的名义从事工程造价活动的,所签署的工程造价成果文件无效,由县级以上地方人民政府建设主管部门或者其他有关部门给予警告,责令停止违法活动,并可处以 1 万元以上 3 万元以下的罚款。

(5) 未办理变更注册而继续执业的,由县级以上人民政府建设主管部门或者其他有关部门责令限期改正;逾期不改的,可处以 5 000 元以下的罚款。

(6) 注册造价工程师有《注册造价工程师管理办法》第 21 条规定行为之一的,由县级以上地方人民政府建设主管部门或者其他有关部门给予警告,责令改正,没有违法所得的,处以 1 万元以下罚款,有违法所得的,处以违法所得 3 倍以下且不超过 3 万元的罚款。

二维码内含精彩案例及解析,快来扫一扫吧!

案例 2-2

2.3　建设工程报建制度

 **工程应用**

知识点	项目应用阶段	典型工作事件	主要涉及的岗位	要求
建设工程报建的范围和时间	项目准备阶段	项目报建的时间	建设方项目主管、报建员	了解
建设工程报建的内容和程序	项目准备阶段	项目报建的内容和程序	建设方项目主管、报建员	理解

 **学习内容**

工程报建制度是指建设单位在工程项目通过建设立项、可行性研究、项目评估、选址定点、立项审批、建设用地、规划许可等前期筹备工作结束后,向建设行政主管部门报告工程前期筹备工作结束,申请转入工程建设的实施阶段;建设行政主管部门依法对建设工程是否具备发包条件进行审查,对符合条件的,准许该工程进行发包的一项制度。

工程报建标志着工程建设的前期准备工作已经结束,工程项目可以进入建筑市场,转入工程建设的实施阶段。为了防止不具备条件的工程项目进入建筑市场,有效地控制建筑规模,规范工程建设实施阶段的程序管理,建设部于 1994 年 8 月 13 日发布了《工程建设项目报建管理办法》,就报建的内容、程序、时间、范围等做出了规定。

2.3.1 建设工程报建的范围和时间

1. 报建的范围

所有的工程建设项目都必须报建。工程建设项目是指各类房屋建筑、土木工程、设备安装、管道线路铺设、装饰装修等固定资产投资的新建、扩建、改建以及技改等建设项目,统称为工程建设项目。凡在我国境内投资兴建的项目,包括外国独资、合资、合作的工程项目,都必须实行报建制度,接受当地建设行政主管部门或其授权机构的监督管理。

2. 报建的时间

报建的时间是在工程建设项目的可行性研究报告或其他立项文件批准后、建设工程发包前。由建设单位或其代理机构,向工程所在地建设行政主管部门或其授权机构进行报建。报建时要交验工程项目立项的批准文件,包括银行出具的资信证明以及批准的建设用地等其他文件。

2.3.2 建设工程报建的内容和程序

1. 报建的内容

工程建设项目报建的主要内容有:工程名称;建设地点;投资规模;资金来源,当年投资额;工程规模;开工、竣工日期;发包方式;工程筹建情况。

2. 报建程序

工程项目的报建按照下列程序进行:

① 建设单位或项目法人以及工程管理的代理机构到有相应管辖权的工程所在地的建设行政主管部门或其授权机构领取《工程建设项目报建表》。

② 工程项目的报建单位按《工程建设项目报建表》的要求认真填写内容,不得马虎、漏填或虚报。

③ 工程项目的报建单位向接受报建的建设行政主管部门或其授权机构报送已填好的《工程建设项目报建表》,并按照要求进行招标准备。

④ 接受报建的建设行政主管部门或其授权机构,对报建的文件、资料进行认真核验、审查,合格后,发给《工程发包许可证》。

在建设过程中,工程建设的投资和建设规模发生变化时,建设单位或项目法人应及时到原接受报建的建设行政主管部门或其授权机构进行补充登记。筹建负责人变更时,应重新登记。

凡未报建的工程建设项目,不得办理招标手续和发放施工许可证,设计、施工单位不得承接该项工程的设计和施工任务。

 ## 建设工程项目报建表范例

建设工程项目报建表

编号:　招第(　)号

建设单位	
工程名称	
工程地点	

工程规模(结构、层数、面积)	

项目总投资	总投资约　万	当年投资	万
资金来源	政府投资　%;自筹　%;贷款　%;外资　%		
批准文件名称			
批准立项机关		文号	
发包方式			

工程筹建情况:(城建手续、施工图、资金、现场情况)

法定代表人: 经　办　人: 电　　话:	建设单位: (章) 年　月　日

报建管理机构审核意见:

年　　月　　日

2.4 建筑工程施工许可证制度

 **工程应用**

知识点	项目应用阶段	典型工作事件	主要涉及的岗位	要求
建筑工程施工许可证的概念	项目准备阶段	施工许可证的办理	建设方项目主管、报建员	熟悉
建筑工程施工许可证申领的时间与范围	项目准备阶段		建设方项目主管、报建员	熟悉
申请领取施工许可证的条件	项目准备阶段		建设方项目主管、报建员	理解
施工许可证的时间效力	项目准备阶段	工程开工延期	建设方项目主管	掌握
中止施工和恢复施工	项目准备阶段、实施阶段	工程中止施工和恢复施工	建设方项目主管、施工方项目经理	熟悉

 **学习内容**

2.4.1 建筑工程施工许可证的概念

建筑工程施工许可证是建筑工程开工前建设单位向建设行政主管部门申请的可以施工的证明。

建筑工程施工许可证制度是行政许可证制度的一种。行政许可证制度涉及两个方面的主体,即行政机关和申请人。就建筑工程许可证制度而言,这两个方面主体分别是建设行政主管部门或有关专业部门和建设单位。

2.4.2 建筑工程施工许可证申领的时间与范围

1. 施工许可证的申领时间

根据《建筑法》第7条规定,施工许可证应在建筑工程开工前申请领取。由此可以看出,建筑工程施工许可证应当在施工准备工作基本就绪后,组织施工之前申请领取。

2. 施工许可证的申请范围

根据《建筑法》第7条规定,国务院建设行政主管部门确立的限额以下的小型工程,以及国务院规定的权限和程序批准开工报告的建筑工程外,均应领取施工许可证;未领取施工许可证的,不得开工。

3. 施工许可证的申领程序

(1) 建设单位向发证机关领取《建筑工程施工许可证申请表》。

(2) 建设单位持加盖单位及法定代表人印鉴的《建筑工程施工许可证申请表》,并附本办法第四条规定的证明文件,向发证机关提出申请。

（3）发证机关在收到建设单位报送的《建筑工程施工许可证申请表》和所附证明文件后，对于符合条件的，应当自收到申请之日起十五日内颁发施工许可证；对于证明文件不齐全或者失效的，应当当场或者五日内一次告知建设单位需要补正的全部内容，审批时间可以自证明文件补正齐全后作相应顺延；对于不符合条件的，应当自收到申请之日起十五日内书面通知建设单位，并说明理由。

建筑工程在施工过程中，建设单位或者施工单位发生变更的，应当重新申请领取施工许可证。

4. 施工许可证的审批权限

根据《建筑法》及其相关规定，建筑工程开工前，建设单位应当按照国家有关规定向工程所在地县级以上人民政府住房和城乡建设主管部门申请领取施工许可证。

2.4.3　申请领取施工许可证的条件

根据《建筑工程施工许可管理办法》第 4 条的规定，建设单位申请领取施工许可证，应当具备下列条件，并提交相应的证明文件：

（1）依法应当办理用地批准手续的，已经办理该建筑工程用地批准手续。

（2）在城市、镇规划区的建筑工程，已经取得建设工程规划许可证。

（3）施工场地已经基本具备施工条件，需要征收房屋的，其进度符合施工要求。

（4）已经确定施工企业。按照规定应当招标的工程没有招标，应当公开招标的工程没有公开招标，或者肢解发包工程，以及将工程发包给不具备相应资质条件的企业的，所确定的施工企业无效。

（5）有满足施工需要的技术资料，施工图设计文件已按规定审查合格。

（6）有保证工程质量和安全的具体措施。施工企业编制的施工组织设计中有根据建筑工程特点制定的相应质量、安全技术措施。建立工程质量安全责任制并落实到人。专业性较强的工程项目编制了专项质量、安全施工组织设计，并按照规定办理了工程质量、安全监督手续。

（7）按照规定应当委托监理的工程已委托监理。

（8）建设资金已经落实。建设工期不足一年的，到位资金原则上不得少于工程合同价的 50%，建设工期超过一年的，到位资金原则上不得少于工程合同价的 30%。建设单位应当提供本单位截至申请之日无拖欠工程款情形的承诺书或者能够表明其无拖欠工程款情形的其他材料，以及银行出具的到位资金证明，有条件的可以实行银行付款保函或者其他第三方担保。

（9）法律、行政法规规定的其他条件。

2.4.4　施工许可证的时间效力

建设单位应当自领取施工许可证之日起三个月内开工。因故不能按期开工的，应当在期满前向发证机关申请延期，并说明理由；延期以两次为限，每次不超过三个月。既不开工又不申请延期或者超过延期次数、时限的，施工许可证自行废止。

2.4.5　中止施工和恢复施工

1. 中止施工

在建的建筑工程因故中止施工的，建设单位应当自中止施工之日起一个月内向发证机关报告,报告内容包括中止施工的时间、原因、在施部位、维修管理措施等,并按照规定做好建筑工程的维护管理工作。

2. 恢复施工

建筑工程恢复施工时,应当向发证机关报告;中止施工满一年的工程恢复施工前,建设单位应当报发证机关核验施工许可证。

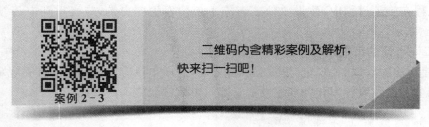

二维码内含精彩案例及解析,
快来扫一扫吧!

案例 2-3

二维码内含本章习题及答案,
快来扫一扫吧!

习题 2

模块 3 建设工程招标投标法律制度

扫一扫可见
本章电子资源

 学习目标

　　了解建设工程承发包、建设工程招标及投标的概念,熟悉建设工程承发包规则,掌握建设工程招标、投标、开标、评标及中标的相关法律规定。

3.1 建设工程承发包制度

 工程应用

知识点	项目应用阶段	典型工作事件	主要涉及的岗位	要求
建设工程承发包概述	工程招投标阶段	勘察、设计、施工、监理承发包	招标师、承包方投标负责人	了解
建设工程发包与承包的一般规定	工程招投标阶段	勘察、设计、施工、监理承发包	招标师、承包方投标负责人	了解
建设工程发包的相关规则	工程招投标阶段	勘察、设计、施工、监理发包	招标师	熟悉
建设工程承包的相关规则	工程招投标阶段、工程实施阶段	勘察、设计、施工、监理业务承接	承包方投标负责人	熟悉

 学习内容

3.1.1 建设工程承发包概述

1. 建设工程承发包的概念

　　建设工程承发包是发包方与承包方之间进行的交易活动。

　　建设工程发包是指建设工程的建设单位(或总承包单位)将建设工程任务(包括勘察、设计、施工等)的全部或部分通过招标或其他方式,交付给具有从事相应建设活动的法定从业资格的单位完成,并按合同约定支付报酬的行为。

　　建设工程承包是指具有从事建设活动的法定从业资格的单位,通过投标或其他方式承揽建设工程任务,并签订合同,确定双方的权利与义务,按约定取得报酬的行为。

2. 建设工程承发包的方式

（1）根据获取任务的途径不同，发包可分为直接发包与招标发包。

建筑工程依法实行招标发包，对不适于招标发包的可以直接发包。根据住房与城乡建设部发布的《建筑工程方案设计招标投标管理办法》规定可以不实行招标发包，采用直接发包方式的工程有：

① 涉及国家安全、国家秘密或者抢险救灾而不宜招标的；

② 使用扶贫资金实行以工代赈、需要使用农民工的；

③ 建设工程的设计，采用特定专利技术、专有技术，或者其建筑艺术造型有特殊要求的；

④ 施工所需的主要技术、材料、设备属专利性质，并且在专利保护期内的；

⑤ 停建或者缓建后恢复建设的工程，且承包人未发生变更的；

⑥ 施工企业自建自用的工程，且该施工企业资质等级符合工程要求的；

⑦ 在建工程追加的附属小型工程（追加投资低于原投资总额的10％）或者主体加层工程，且承包人未发生变更的；

⑧ 技术复杂或专业性强，能够满足条件的勘察设计单位少于3家，不能形成有效竞争的；

⑨ 法律、法规、规章规定可以不招标的。

（2）按范围和内容的不同，承包可以分为全过程承包、阶段承包和专项承包。

① 全过程承包又称统包、一揽子承包或交钥匙，指承包单位按照发包单位提出的使用要求和竣工期限，对建筑工程全过程实行总承包，直到建筑工程达到交付使用要求；

② 阶段承包指承包单位承包建设过程中某一阶段或某些阶段工程的承包形式，如勘察设计阶段、施工阶段等；

③ 专项承包，又称专业承包，指承包单位对建设阶段中某一专业工程进行的承包，如勘察设计阶段的工程地质勘察、施工阶段的分部分项工程施工等。

（3）按相互结合的关系的不同，承包可分为总承包、分承包、独家承包、联合承包等。

① 总承包指由一个施工单位全部、全过程承包一个建筑工程的承包方式；

② 分包指总包单位将总包工程中若干专业性工程项目分包给专业施工企业施工的方式；

③ 独家承包指承包单位必须依靠自身力量完成施工任务，而不实行分包的承包方式；

④ 联合承包指由2个以上承包单位联合向发包单位承包一项建设工程，由参加联合的各单位统一与发包单位签订承包合同，共同对发包单位负责的承包方式。

（4）按合同类型和计价方法的不同，承包可分为施工图预算包干、平方米造价包干、成本加酬金包干、中标价包干等。

① 施工图预算包干指以建设单位提供的施工图纸和工程说明书为依据编制的预算，一次包死的承包方式。这种方式通常适用于规模较小，技术不太复杂的工程。

② 平方米造价包干也称单价包干，指按每平方米最终建筑产品的单价承包的承包方式。

③ 成本加酬金包干指按工程实际发生的成本，加上商定的管理费和利润来确定包干价格的承包方式。

④ 中标价包干指投标人按中标的价格和内容进行承包的承发包方式。

不同的承发包方式有不同的特点。不论采取哪一种方式，均应遵循公开、公正、平等竞争的原则，协商一致，互惠互利。

3.1.2　建设工程发包与承包的一般规定

建设工程的发包单位与承包单位应当依法订立书面合同,明确双方的权利和义务。发包单位和承包单位应当全面履行合同约定的义务。不按照合同约定履行义务的,依法承担违约责任。

建设工程发包与承包的招标投标活动,应当遵循公开、公正、平等竞争的原则,择优选择承包单位。

发包单位及其工作人员在建设工程发包中不得收受贿赂、回扣或者索取其他好处。承包单位及其工作人员不得利用向发包单位及其工作人员行贿、提供回扣或者给予其他好处等不正当手段承揽工程。

建设工程造价应当按照国家有关规定,由发包单位与承包单位在合同中约定。公开招标发包的,其造价的约定,须遵守招标投标法律的规定。发包单位应当按照合同的约定,及时拨付工程款项。

3.1.3　建设工程发包的相关规则

1. 发包方式必须合法

建设工程发包方式可采用招标发包和直接发包的方式进行。招标发包又分为公开招标和邀请招标。除某些不适宜招标的特殊工程外,政府和公有制企业、事业单位投资的新建、改建、扩建和技术改造工程项目的施工均应实行招标投标。

2. 对发包行为的规定

发包单位和工作人员在建设工程发包中不得收受贿赂、回扣或者其他好处。建设工程实行招标发包的,发包单位应当将建设工程发包给依法中标的承包单位。建设工程实行直接发包的,发包单位应当将建设工程发包给具有相应资质条件的承包单位。

3. 禁止肢解发包

提倡对建设工程实行总承包,禁止将建设工程肢解发包。建设工程的发包单位可以将建设工程的勘察、设计、施工、设备采购一并发包给一个工程总承包单位,也可以将建设工程勘察、设计、施工、设备采购中的一项或多项发包给一个工程总承包单位,但是不得将应当由一个承包单位完成的建设工程肢解成若干部分发包给几个承包单位。

3.1.4　建设工程承包的相关规则

承包单位承包工程应当依法取得资质,并在其资质等级许可范围内从业。建设行政主管部门对建筑企业实行资质管理,在建筑企业依法取得法人地位,取得营业执照之后,按照企业的建设业绩、人员素质、管理水平、资金装备等对建筑企业给予不同的等级评定。

不得超过本企业资质等级许可的业务范围承揽工程。

不得以其他企业名义承揽工程,也不得允许其他单位或个人以本企业名义承揽工程。

关于分包,有以下规定:

① 总承包单位只能将部分工程分包给具有相应资质条件的单位;对于分包单位同样要符合资质条件要求。

② 分包必须取得建设单位同意,可视为取得建设单位同意的情形有:已经在总承包合同

中约定许可总承包单位分包的；在履行承包合同中，建设单位认可总承包单位分包的；总承包单位在投标文件中已声明中标后准备分包的项目，且该声明未被拒绝而经合法程序中标的。

③ 分包的范围必须合法，实行施工总承包的，建设工程的主体结构必须由总承包单位自行完成，不得分包。

④ 禁止分包单位再行分包。

建设工程项目转包是指承包方不履行承包合同约定的义务，将其承包的工程项目倒手转让给他人，不对工程承担技术、质量、经济等责任的行为。关于转包，有以下规定：

① 禁止工程项目转包。建设工程合同的签订往往建立在发包人对承包人工作能力的全面考察的基础上，特别是采用招标方式签订的合同，发包方是按照公开、公平、公正的原则，经过一系列严格程序后，择优选定中标人作为承包人，与其订立合同的。转包合同的行为，损害了发包人的合法权益。

② 承包单位转包的表现形式是将全部工程转包和将全部工程肢解后以分包名义进行转包。

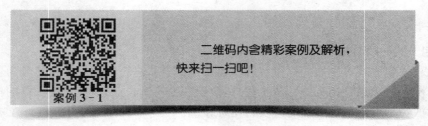

二维码内含精彩案例及解析，快来扫一扫吧！

案例 3 - 1

3.2　建设工程招标与投标

 **工程应用**

知识点	项目应用阶段	典型工作事件	主要涉及的岗位	要求
建设工程招标投标的目的、特点及应遵循的原则	工程招投标阶段	勘察、设计、施工、监理承发包	招标师、承包方投标负责人	了解
建设工程招标投标程序	工程招投标阶段	勘察、设计、施工、监理招标投标	招标师、承包方投标负责人	熟悉
建设工程招标投标的监督管理	工程招投标阶段	招标备案、对招标投标过程中的违法行为进行查处	招标师	了解
建设工程招标	工程招投标阶段	设计、施工、监理招标	招标师	熟悉
建设工程投标	工程招投标阶段	设计、施工、监理业务承接	承包方投标负责人	熟悉

 学习内容

3.2.1　建设工程招标投标的目的、特点及应遵循的原则

1. 建设工程招标投标的目的和特点

建设工程招标投标是在市场经济条件下进行建设工程、货物买卖、财产租售和中介服务等经济活动的一种竞争和交易形式。其特征是引入竞争机制以求达成交易协议和订立合同,兼有经济活动和民事法律行为的性质。

（1）建设工程招标投标的目的

将工程项目建设任务委托纳入市场管理,通过竞争择优选定项目的勘察、设计、设备安装、施工、装饰装修、材料设备供应、监理和工程总承包等单位,达到保证工程质量、缩短建设周期、控制工程造价、提高投资效益的目的。

（2）建设工程招标投标的特点

通过竞争机制,实行交易公开;鼓励竞争、防止垄断、优胜劣汰,可较好地实现投资效益;通过科学合理和规范化的监管制度与运作程序,可有效地杜绝不正之风,保证交易的公正和公平。

2. 建设工程招标投标的原则

《中华人民共和国招标投标法》第 5 条规定,招标投标活动应当遵循公开、公平、公正和诚实信用的原则。

（1）公开原则

公开原则是指招标投标活动应有较高的透明度,招标人应当将招标信息公布于众,以招引投标人做出积极反应。在招标采购制度中,公开原则要贯穿于整个招标投标程序中,具体表现在建设工程招标投标的信息公开、条件公开、程序公开和结果公开,避免暗箱操作。

（2）公平原则

招标投标属于民事法律行为,公平是指民事主体的平等。因此,应当杜绝一方把自己的意志强加于对方,招标压价或订合同前无理压价以及投标人恶意串通、提高标价损害对方利益等违反平等原则的行为。

（3）公正原则

公正是指按招标文件中规定的统一标准,实事求是地进行评标和决标,不偏袒任一方。

（4）诚实信用原则

诚实是指真实和合法,不可用歪曲或隐瞒真实情况去欺骗对方。违反诚实原则的行为是无效的,且应对由此造成的损失和损害承担责任。信用是指遵守承诺,履行合约,不见利忘义,弄虚作假,甚至损害他人、国家和集体的利益。诚实信用原则是市场经济的基本前提。在社会主义条件下,一切民事权利的行使和民事义务的履行,均应遵循这一原则。

3.2.2 建设工程招标投标程序

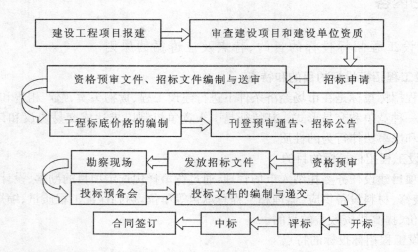

3.2.3 建设工程招标投标的监督管理

国务院发展改革部门指导和协调全国招标投标工作,对国家重大建设项目的工程招标投标活动实施监督检查。国务院工业和信息化、住房城乡建设、交通运输、铁道、水利、商务等部门,按照规定的职责分工对有关招标投标活动实施监督。

县级以上地方人民政府发展改革部门指导和协调本行政区域的招标投标工作。县级以上地方人民政府有关部门按照规定的职责分工,对招标投标活动实施监督,依法查处招标投标活动中的违法行为。县级以上地方人民政府对其所属部门有关招标投标活动的监督职责分工另有规定的,从其规定。

财政部门依法对实行招标投标的政府采购工程建设项目的预算执行情况和政府采购政策执行情况实施监督。

监察机关依法对与招标投标活动有关的监察对象实施监察。

设区的市级以上地方人民政府可以根据实际需要,建立统一规范的招标投标交易场所,即为招标投标活动提供服务,又可以使行政主管部门对招标投标活动进行有效的监督。

1. 招标备案

《招标投标法》第 12 条规定,依法必须进行招标的项目,招标人自行办理招标事宜的,应当向有关行政监督机关备案。

依法必须招标的建设工程项目,无论是招标人招标还是委托代理招标,均应当按照法规,在发布招标公告或者发出招标邀请书前,持有关资料到县级以上人民政府建设行政主管部门备案。

招标人自行办理招标的,招标人在发布招标公告或投标邀请书 5 日前,应向建设行政主管部门办理招标备案,建设行政主管部门自收到备案资料之日起 5 个工作日内没有异议的,招标人可以发布招标公告或投标邀请书;不具备条件的,责令其停止办理招标事宜。

2. 对招标有关文件的核查备案

（1）对投标人资格审查文件的核查。

（2）对招标文件的核查。

3. 中标后向有关行政监督部门提交书面报告

《招标投标法》第 47 条规定,依法必须进行招标的项目,招标人应当在确定中标人之日起 15 日内,向有关行政监督部门提交招标投标情况的书面报告。书面报告必须包括下列内容:

① 招标范围;

② 招标方式和发布招标公告的媒介;

③ 招标文件中投标人须知、技术条款、评标标准和方法、合同主要条款等内容;

④ 评标委员会的组成和评标报告;

⑤ 中标结果。

4. 对招标投标过程中的违法行为进行查处

《招标投标法》第 7 条规定,招标投标活动及其当事人应当接受依法实施的监督。有关行政监督部门依法对招标投标活动实施监督,依法查处招标投标活动中的违法行为。

3.2.4　建设工程招标

1. 必须进行招标的工程建设项目的具体范围和规模标准

《中华人民共和国招投标法》第 3 条规定,在中华人民共和国境内进行下列工程建设项目包括项目的勘察、设计、施工、监理以及与工程建设有关的重要设备、材料等的采购,必须进行招标:大型基础设施、公用事业等关系社会公共利益、公众安全的项目;全部或者部分使用国有资金投资或者国家融资的项目;使用国际组织或者外国政府贷款、援助资金的项目。前款所列项目的具体范围和规模标准,由国务院发展计划部门会同国务院有关部门制订,报国务院批准。

为了确定必须进行招标的工程建设项目的具体范围和规模标准,规范招标投标活动,根据《中华人民共和国招标投标法》第 3 条的规定,国家发展计划委员会制定了《工程建设项目招标范围和规模标准规定》。

(1) 关系社会公共利益、公众安全的基础设施项目的范围

① 煤炭、石油、天然气、电力、新能源等能源项目。

② 铁路、公路、管道、水运、航空等交通运输项目。

③ 邮政、电信枢纽、通信、信息网络等邮电通讯项目。

④ 防洪、灌溉、排涝、引(供)水、滩涂治理、水土保持、水利枢纽等水利项目。

⑤ 道路、桥梁、地铁和轻轨交通、污水排放及处理、垃圾处理、地下管道、公共停车场等城市设施项目。

⑥ 生态环境保护项目。

⑦ 其他基础设施项目。

(2) 关系社会公共利益、公众安全的公用事业项目的范围

① 供水、供电、供气、供热等市政工程项目。

② 科技、教育、文化等项目。

③ 体育、旅游等项目。

④ 卫生、社会福利等项目。

⑤ 商品住宅,包括经济适用住房。

⑥ 其他公用事业项目。

（3）使用国有资金投资项目的范围

① 使用各级财政预算资金的项目。

② 使用纳入财政管理的各种政府性专项建设基金的项目。

③ 使用国有企业事业单位自有资金,并且国有资产投资者实际拥有控制权的项目。

（4）国家融资项目的范围

① 使用国家发行债券所筹资金的项目。

② 使用国家对外借款或者担保所筹资金的项目。

③ 使用国家政策性贷款的项目。

④ 国家授权投资主体融资的项目。

⑤ 国家特许的融资项目。

（5）使用国际组织或者外国政府资金的项目的范围

① 使用世界银行、亚洲开发银行等国际组织贷款资金的项目。

② 使用外国政府及其机构贷款资金的项目。

③ 使用国际组织或者外国政府援助资金的项目。

（6）《工程建设项目招标范围和规模标准规定》第 2 条至第 6 条规定范围内的各类工程建设项目,包括项目的勘察、设计、施工、监理以及与工程建设有关的重要设备、材料等的采购,达到下列标准之一的,必须进行招标:

① 施工单项合同估算价在 200 万元人民币以上的;

② 重要设备、材料等货物的采购,单项合同估算价在 100 万元人民币以上的;

③ 勘察、设计、监理等服务的采购,单项合同估算价在 50 万元人民币以上的;

④ 单项合同估算价低于第①、②、③项规定的标准,但项目总投资额在 3 000 万元人民币以上的。

2. 可以不进行施工招标的建设项目范围

依据《招标投标法》第 66 条和 2003 年 3 月 8 日国家发改委、建设部等 7 个部委令第 30 号发布的《工程建设项目施工招标投标办法》第 12 条的规定,需要审批的工程建设项目,有下列情形之一的,由审批部门批准,可以不进行施工招标:

（1）涉及国家安全、国家秘密或者抢险救灾而不适宜招标的;

（2）属于利用扶贫资金实行以工代赈需要使用农民工的;

（3）施工主要技术采用特定的专利或者专有技术的;

（4）施工企业自建自用的工程,且该施工企业资质等级符合工程要求的;

（5）在建工程追加的附属小型工程或者主体加层工程,原中标人仍具备承包能力的;

（6）法律、行政法规规定的其他情形。

不需要审批但依法必须招标的工程建设项目,有前款规定情形之一的,可以不进行施工招标。

3. 建设工程招标的条件

建设工程招标必须具备一定的条件。招标项目按照国家有关规定需要履行项目审批手续的,应当先履行审批手续,取得批准。招标人应当有进行招标项目的相应资金或者资金来源已经落实,并应当在招标文件中如实载明。

根据《工程建设项目施工招标投标办法》,依法必须招标的工程建设项目,应当具备下列条件才能进行施工招标:

（1）招标人已经依法成立；

（2）初步设计及概算应当履行审批手续的，已经批准；

（3）招标范围、招标方式和招标组织形式等应当履行核准手续的，已经核准；

（4）有相应资金或资金来源已经落实；

（5）有招标所需的设计图纸及技术资料。

依法必须进行施工招标的工程建设项目，按工程建设项目审批管理规定，凡应报送项目审批部门审批的，招标人必须在报送的可行性研究报告中将招标范围、招标方式、招标组织形式等有关招标内容报项目审批部门核准。

4. 建设工程招标的方式

《中华人民共和国招投标法》第 10 条规定，招标分为公开招标和邀请招标。

（1）公开招标

公开招标是指招标人以招标公告的方式邀请不特定的法人或者其他组织投标。招标人是依法提出招标项目、进行招标的法人或者其他组织。依法必须进行招标的项目的招标公告，应当通过国家指定的报刊、信息网络或者其他媒介发布。

《工程建设项目施工招标投标办法》规定，依法应当公开招标的建设工程项目有：

① 国务院发展计划部门确定的国家重点建设项目；

② 省、自治区、直辖市人民政府确定的地方重点建设项目；

③ 全部使用国有资金投资或者国有资金投资占控股或者主导地位的工程建设项目。

（2）邀请招标

邀请招标是指招标人以投标邀请书的方式邀请特定的法人或者其他组织投标。为了保证邀请招标的竞争性，《招标投标法》规定，招标人采用邀请招标方式的，应当向 3 个以上具备承担招标项目的能力，资信良好的特定的法人或者其他组织发出投标邀请书。

《工程建设项目施工招标投标办法》规定，对于应当公开招标的建设工程招标项目，有下列情形之一的，经批准可以进行邀请招标：

① 项目技术复杂或有特殊要求，只有少量几家潜在投标人可供选择的；

② 受自然地域环境限制的；

③ 涉及国家安全、国家秘密或者抢险救灾，适宜招标但不宜公开招标的；

④ 拟公开招标的费用与项目的价值相比，不值得的；

⑤ 法律、法规规定不宜公开招标的情形。

5. 建设工程招标的程序

（1）成立招标组织，由招标人自行招标或招标人委托招标

① 招标人自行招标

招标人是依照法律规定，提出招标项目、进行招标的法人或者其他组织。招标人具有编制招标文件和组织评标能力的，可以自行办理招标事宜。招标人具有编制招标文件和组织评标能力，具体包括：具有法人资格；具有与招标项目规模和复杂程度相适应的工程技术、概预算、财务和工程管理等方面专业技术力量；有从事同类工程建设招标的经验；设有专门的招标机构或者有 3 名以上专职招标业务人员；熟悉和掌握招标投标法及有关法规、规章。

② 招标人委托招标

招标人不具备自行招标能力的，必须委托具备相应资质的招标代理机构代为办理招标事

宜。招标人有权自行选择招标代理机构,委托其办理招标事宜。任何单位和个人不得强制其委托招标代理机构办理招标事宜。

招标代理机构是依法设立、从事招标代理业务并提供相关服务的社会中介组织。招标代理机构应当具备下列条件:有从事招标代理业务的营业场所和相应资金;有能够编制招标文件和组织评标的相应专业力量;有可以作为评标委员会成员人选的技术、经济等方面的专家库。

从事工程建设项目招标代理业务的招标代理机构,其资格由国务院或者省、自治区、直辖市人民政府的建设行政主管部门认定。具体办法由国务院建设行政主管部门会同国务院有关部门制定。从事其他招标代理业务的招标代理机构,其资格认定的主管部门由国务院规定。招标代理机构与行政机关和其他国家机关不得存在隶属关系或者其他利益关系。

招标代理机构应当在招标人委托的范围内承担招标事宜。招标代理机构可以在其资格等级范围内承担下列招标事宜:拟订招标方案,编制和出售招标文件、资格预审文件;审查投标人资格;编制标底;组织投标人踏勘现场;组织开标、评标,协助招标人定标;草拟合同;招标人委托的其他事项。

招标代理机构不得无权代理、越权代理,不得明知委托事项违法而进行代理。招标代理机构不得接受同一招标项目的投标代理和投标咨询业务;未经招标人同意,不得转让招标代理业务。

工程招标代理机构与招标人应当签订书面委托合同,并按双方约定的标准收取代理费;国家对收费标准有规定的,依照其规定。

(2) 招标公告的发布或投标邀请书的发出

① 招标公告的发布

招标人采用公开招标方式的,应当发布招标公告。依法必须进行招标的项目的招标公告,应当通过国家指定的报刊、信息网络或者其他媒介发布。

招标公告应当载明招标人的名称和地址、招标项目的性质、数量、实施地点和时间以及获取招标文件的办法等事项。

② 投标邀请书的发出

招标人采用邀请招标方式的,应当向 3 个以上具备承担招标项目的能力、资信良好的特定的法人或者其他组织发出投标邀请书。

投标邀请书应当载明招标人的名称和地址、招标项目的性质、数量、实施地点和时间以及获取招标文件的办法等事项。

(3) 资格审查

资格审查分为资格预审和资格后审。资格预审是指在投标前对潜在投标人进行的资格审查。资格后审是指在开标后对投标人进行的资格审查。进行资格预审的,一般不再进行资格后审,但招标文件另有规定的除外。

资格审查应主要审查潜在投标人或者投标人是否符合下列条件:

① 具有独立订立合同的权利;

② 具有履行合同的能力,包括专业、技术资格和能力,资金、设备和其他物质设施状况,管理能力,经验、信誉和相应的从业人员;

③ 没有处于被责令停业,投标资格被取消,财产被接管、冻结,破产状态;

④ 在最近 3 年内没有骗取中标和严重违约及重大工程质量问题;

⑤ 法律、行政法规规定的其他资格条件。

资格审查时，招标人不得以不合理的条件限制、排斥潜在投标人或者投标人，不得对潜在投标人或者投标人实行歧视待遇。任何单位和个人不得以行政手段或者其他不合理方式限制投标人的数量。

经资格预审后，招标人应当向资格预审合格的潜在投标人发出资格预审合格通知书，告知获取招标文件的时间、地点和方法，并同时向资格预审不合格的潜在投标人告知资格预审结果。资格预审不合格的潜在投标人不得参加投标。经资格后审不合格的投标人的投标应作废标处理。

（4）招标文件和标底（如果设有）的编制

① 招标文件的编制

招标人应当根据招标项目的特点和需要编制招标文件。招标文件应当包括招标项目的技术要求、对投标人资格审查的标准、投标报价要求和评标标准等所有实质性要求和条件以及拟签订合同的主要条款。招标文件一般包括下列内容：投标邀请书；投标人须知；合同主要条款；投标文件格式；采用工程量清单招标的，应当提供工程量清单；技术条款；设计图纸；评标标准和方法；投标辅助材料。

招标人应当在招标文件中规定实质性要求和条件，并用醒目的方式标明。

国家对招标项目的技术、标准有规定的，招标人应当按照其规定在招标文件中提出相应要求。招标项目需要划分标段、确定工期的，招标人应当合理划分标段、确定工期，并在招标文件中载明。

招标文件不得要求或者标明特定的生产供应者以及含有倾向或者排斥潜在投标人的其他内容。招标人应当确定投标人编制投标文件所需要的合理时间；但是，依法必须进行招标的项目，自招标文件开始发出之日起至投标人提交投标文件截止之日止，最短不得少于 20 日。

招标文件应当规定一个适当的投标有效期，以保证招标人有足够的时间完成评标和与中标人签订合同。投标有效期从投标人提交投标文件截止之日起计算。

在原投标有效期结束前，出现特殊情况的，招标人可以书面形式要求所有投标人延长投标有效期。投标人同意延长的，不得要求或被允许修改其投标文件的实质性内容，但应当相应延长其投标保证金的有效期；投标人拒绝延长的，其投标失效，但投标人有权收回其投标保证金。因延长投标有效期造成投标人损失的，招标人应当给予补偿，但因不可抗力需要延长投标有效期的除外。

② 标底的编制

招标人可根据项目特点决定是否编制标底。编制标底的，标底编制过程和标底必须保密。招标项目编制标底的，应根据批准的初步设计、投资概算，依据有关计价办法，参照有关工程定额，结合市场供求状况，综合考虑投资、工期和质量等方面的因素合理确定。标底由招标人自行编制或委托中介机构编制。一个工程只能编制一个标底。任何单位和个人不得强制招标人编制或报审标底，或干预其确定标底。招标项目可以不设标底，进行无标底招标。

（5）招标文件的发售

招标人应当按招标公告或者投标邀请书规定的时间、地点出售招标文件或资格预审文件。自招标文件或者资格预审文件出售之日起至停止出售之日止，不得少于 5 个工作日。

招标人可以通过信息网络或者其他媒介发布招标文件，通过信息网络或者其他媒介发布的招标文件与书面招标文件具有同等法律效力，但出现不一致时以书面招标文件为准。招标人应当保持书面招标文件原始正本的完好。

对招标文件或者资格预审文件的收费应当合理,不得以营利为目的。对于所附的设计文件,招标人可以向投标人酌收押金;对于开标后投标人退还设计文件的,招标人应当向投标人退还押金。

招标文件或者资格预审文件售出后,不予退还。招标人在发布招标公告、发出投标邀请书后或者售出招标文件或资格预审文件后不得擅自终止招标。

（6）招标文件的答疑

招标人对已发出的招标文件进行必要的澄清或者修改的,应当在招标文件要求提交投标文件截止时间至少 15 日前,以书面形式通知所有招标文件收受人。该澄清或者修改的内容为招标文件的组成部分。

对于潜在投标人在阅读招标文件和现场踏勘中提出的疑问,招标人可以书面形式或召开投标预备会的方式解答,但需同时将解答以书面方式通知所有购买招标文件的潜在投标人。该解答的内容为招标文件的组成部分。

（7）投标文件的签收

招标人收到投标文件后,应当向投标人出具标明签收人和签收时间的凭证,在开标前任何单位和个人不得开启投标文件。在招标文件要求提交投标文件的截止时间后送达的投标文件,为无效的投标文件,招标人应当拒收。招标人应当如实记载投标文件的送达时间和密封情况,并存档备查。

3.2.5 建设工程投标

1. 投标人

（1）投标人的概念

投标人是响应招标、参加投标竞争的法人或者其他组织。投标人的任何不具独立法人资格的附属机构（单位）,或者为招标项目的前期准备或者监理工作提供设计、咨询服务的任何法人及其任何附属机构（单位）,都无资格参加该招标项目的投标。

投标人应当具备承担招标项目的能力;国家有关规定对投标人资格条件或者招标文件对投标人资格条件有规定的,投标人应当具备规定的资格条件。

（2）联合体投标

联合体投标是两个以上法人或者其他组织可以组成一个联合体,以一个投标人的身份共同投标。联合体各方均应当具备承担招标项目的相应能力;国家有关规定或者招标文件对投标人资格条件有规定的,联合体各方均应当具备规定的相应资格条件。由同一专业的单位组成的联合体,按照资质等级较低的单位确定资质等级。

联合体各方必须指定牵头人,授权其代表所有联合体成员负责投标和合同实施阶段的主办、协调工作,并应当向招标人提交由所有联合体成员法定代表人签署的授权书。

联合体投标应当以联合体各方或者联合体中牵头人的名义提交投标保证金。以联合体中牵头人名义提交的投标保证金,对联合体各成员具有约束力。

联合体各方应当签订共同投标协议,明确约定各方拟承担的工作和责任,并将共同投标协议连同投标文件一并提交招标人。联合体中标的,各方应当共同与招标人签订合同,就中标项目向招标人承担连带责任。

联合体各方在同一招标项目中以自己名义单独投标或者参加其他联合体投标的,相关投标均无效。

招标人不得强制投标人组成联合体共同投标,不得限制投标人之间的竞争。

2. 投标文件

(1) 投标文件的编制

投标人应当按照招标文件的要求编制投标文件。投标文件应当对招标文件提出的实质性要求和条件做出响应。

招标项目属于建设施工的,投标文件的内容应当包括拟派出的项目负责人与主要技术人员的简历、业绩和拟用于完成招标项目的机械设备等。

施工投标文件一般包括下列内容:投标函;投标报价;施工组织设计;商务和技术偏差表。

投标人根据招标文件载明的项目实际情况,拟在中标后将中标项目的部分非主体、非关键性工作进行分包的,应当在投标文件中载明。

(2) 投标文件的提交

投标人应当在招标文件要求提交投标文件的截止时间前,将投标文件密封送达投标地点。在招标文件要求提交投标文件的截止时间后送达的投标文件,为无效的投标文件,招标人应当拒收。

提交投标文件的投标人少于 3 个的,招标人应当依法重新招标。重新招标后投标人仍少于 3 个的,属于必须审批的工程建设项目,报经原审批部门批准后可以不再进行招标;其他工程建设项目,招标人可自行决定不再进行招标。

(3) 投标文件补充、修改和撤回

投标人在招标文件要求提交投标文件的截止时间前,可以补充、修改或者撤回已提交的投标文件,并书面通知招标人。补充、修改的内容为投标文件的组成部分。

在提交投标文件截止时间后到招标文件规定的投标有效期终止之前,投标人不得补充、修改、替代或者撤回其投标文件。投标人补充、修改、替代投标文件的,招标人不予接受;投标人撤回投标文件的,其投标保证金将被没收。

在开标前,招标人应妥善保管好已接收的投标文件、修改或撤回通知、备选投标方案等投标资料。

(4) 招标人不予受理的投标文件

未通过资格预审的申请人提交的投标文件,以及逾期送达或者不按照招标文件要求密封的投标文件,招标人应当拒收。

3. 投标保证金

投标保证金是投标人保证其在投标有效期内不随意撤回投标文件或中标后提交履约保证和签署合同而提交的担保金。

招标人可以在招标文件中要求投标人提交投标保证金。投标保证金除现金外,可以是银行出具的银行保函、保兑支票、银行汇票或现金支票。

投标保证金一般不得超过投标总价的 2%,但最高不得超过 80 万元人民币。投标保证金有效期应当超出投标有效期 30 天。

投标人应当按照招标文件要求的方式和金额,将投标保证金随投标文件提交给招标人。

投标人不按招标文件要求提交投标保证金的,该投标文件将被拒绝,作废标处理。

4. 投标人的禁止行为

《工程建设项目施工招标投标办法》第 46 条、47 条、第 48 条对投标人的禁止行为进行了明确的规定。

（1）禁止投标人之间串通投标

下列行为均属投标人串通投标报价：

① 投标人之间相互约定抬高或压低投标报价；

② 投标人之间相互约定，在招标项目中分别以高、中、低价位报价；

③ 投标人之间先进行内部竞价，内定中标人，然后再参加投标；

④ 投标人之间其他串通投标报价的行为。

（2）禁止投标人与招标人之间串通投标

下列行为均属招标人与投标人串通投标：

① 招标人在开标前开启投标文件，并将投标情况告知其他投标人，或者协助投标人撤换投标文件，更改报价；

② 招标人向投标人泄露标底；

③ 招标人与投标人商定，投标时压低或抬高标价，中标后再给投标人或招标人额外补偿；

④ 招标人预先内定中标人；

⑤ 其他串通投标行为。

（3）投标人不得以他人名义投标

以他人名义投标指投标人挂靠其他施工单位，或从其他单位通过转让或租借的方式获取资格或资质证书，或者由其他单位及其法定代表人在自己编制的投标文件上加盖印章和签字等行为。

二维码内含精彩案例及解析，
快来扫一扫吧！

案例 3-2

3.3 建设工程开标、评标、中标

 工程应用

知识点	项目应用阶段	典型工作事件	主要涉及的岗位	要求
建设工程开标	工程招投标阶段	开标会及相关事宜	招标师、承包方投标负责人	熟悉
建设工程评标	工程招投标阶段	评标委员会及工作程序	招标师、承包方投标负责人	熟悉
建设工程中标	工程招投标阶段	中标人的确定	招标师、承包方投标负责人	熟悉

 学习内容

3.3.1　建设工程开标

开标是由投标截止之后,招标人按招标文件所规定的时间和地点,开启投标人提交的投标文件,公开宣布投标人的名称投标价格及投标文件中的其他主要内容的活动。开标应当在招标文件确定的提交投标文件截止时间的同一时间公开进行;开标地点应当为招标文件中预先确定的地点。开标由招标人主持,邀请所有投标人参加。

开标时,由投标人或者其推选的代表检查投标文件的密封情况,也可以由招标人委托的公证机构检查并公证;经确认无误后,由工作人员当众拆封,宣读投标人名称、投标价格和投标文件的其他主要内容。

招标人在招标文件要求提交投标文件的截止时间前收到的所有投标文件,开标时都应当当众拆封、宣读。开标过程应当记录,并存档备查。

3.3.2　建设工程评标

评标就是由评标委员会依据招标文件的要求和规定,对投标文件进行审查、评审和比较。

1. 评标委员会

(1)评标委员会的组成

评标委员会依法组建,负责评标活动,向招标人推荐中标候选人或者根据招标人的授权直接确定中标人。评标委员会由招标人负责组建。

依法必须进行招标的项目,其评标委员会由招标人的代表和有关技术、经济等方面的专家组成,成员人数为 5 人以上单数,其中技术、经济等方面的专家不得少于成员总数的 2/3。

(2)评标委员会专家的选取

评标委员会专家,由招标人从国务院有关部门或者省、自治区、直辖市人民政府有关部门提供的专家名册或者招标代理机构的专家库内的相关专业的专家名单中确定;一般招标项目可以采取随机抽取方式,特殊招标项目可以由招标人直接确定。

评标专家应符合下列条件:

① 从事相关专业领域工作满 8 年并具有高级职称或者同等专业水平;

② 熟悉有关招标投标的法律法规,并具有与招标项目相关的实践经验;

③ 能够认真、公正、诚实、廉洁地履行职责。

有下列情形之一的,不得担任评标委员会成员:

① 投标人或者投标人主要负责人的近亲属;

② 项目主管部门或者行政监督部门的人员;

③ 与投标人有经济利益关系,可能影响对投标公正评审的;

④ 曾因在招标、评标以及其他与招标投标有关活动中从事违法行为而受过行政处罚或刑事处罚的。

评标委员会成员有前款规定情形之一的,应当主动提出回避。与投标人有利害关系的人不得进入相关项目的评标委员会;已经进入的应当更换。评标委员会成员的名单在中标结果

确定前应当保密。

（3）评标委员会及成员的权利、义务与责任

① 评标委员会的权利

a. 独立评审权。评标委员会的评标活动不受外界的非法干预与影响。

b. 要求澄清权。评标委员会可以要求投标人对投标文件中含义不明确的内容作必要的澄清或者说明，以确认其正确内容，但不得超出投标文件的范围或改变投标文件的实质内容。

c. 推荐权或确定权。评标委员会可在评标报告中推荐 1~3 个中标候选人或根据招标人的授权在评标报告中直接确定中标人。

d. 否决权。评标委员会经评审，认为所有投标都不符合招标文件的要求，可以否决所有投标。这时，强制招标的项目应重新招标。

② 评标委员会的义务

a. 评标委员会完成评标后向招标人提出书面评标报告，并抄送有关行政监督部门。评标报告应当如实记载以下内容：基本情况和数据表；评标委员会成员名单；开标记录；符合要求的投标一览表；废标情况说明；评标标准、评标方法或者评标因素一览表；经评审的价格或者评分比较一览表；经评审的投标人排序；推荐的中标候选人名单与签订合同前要处理的事宜；澄清、说明、补正事项纪要。

b. 必须严格按照招标文件确定的评标标准和方法评标，对投标文件进行评审和比较；设有标底的，应当参考标底。

③ 评标委员会成员的责任

a. 评标委员会成员应当客观、公正地履行职务，遵守职业道德，对所有的评审意见承担个人责任。

b. 评标委员会成员不得私下接触投标人，不得收受投标人的财物或其他好处。

c. 不得透露对投标文件的评审和比较，中标候选人的推荐情况以及与评标有关的其他情况。

2. 评标标准

2001 年 7 月 5 日国家计委、建设部等 7 个部委联合发布了《评标委员会和评标方法暂行规定》。根据该暂行规定及有关规定，评标应遵守如下法律规定：评标委员会应当根据招标文件规定的评标标准和方法，对投标文件进行系统的评审和比较；招标文件中没有规定的标准和方法不得作为评标的依据；招标文件中规定的评标标准和评标方法应当合理，不得含有倾向或者排斥潜在投标人的内容，不得妨碍或者限制投标人之间的竞争。

评标方法包括经评审的最低投标价法、综合评估法或者法律、行政法规允许的其他评标方法。

3. 应作为废标处理的几种情况

《工程建设项目施工招标投标办法》第 50 条规定，投标文件有下列情形之一的，由评标委员会初审后按废标处理：

① 无单位盖章并无法定代表人或法定代表人授权的代理人签字或盖章的；

② 未按规定的格式填写，内容不全或关键字迹模糊、无法辨认的；

③ 投标人递交 2 份或多份内容不同的投标文件，或在一份投标文件中对同一招标项目报有 2 个或多个报价，且未声明哪一个有效，按招标文件规定提交备选投标方案的除外；

④ 投标人名称或组织结构与资格预审时不一致的；

⑤ 未按招标文件要求提交投标保证金的；

⑥ 联合体投标未附联合体各方共同投标协议的。

3.3.3　建设工程中标

1. 中标的条件

《中华人民共和国招标投标法》第 41 条规定,中标人的投标应当符合下列条件之一：

（1）能够最大限度地满足招标文件中规定的各项综合评价标准；

（2）能够满足招标文件的实质性要求,并且经评审的投标价格最低；但是投标价格低于成本的除外。

2. 中标通知书的发出

中标人确定后,招标人应当向中标人发出中标通知书,并同时将中标结果通知所有未中标的投标人。中标通知书对招标人和中标人具有法律效力。中标通知书发出后,招标人改变中标结果的,或者中标人放弃中标项目的,应当依法承担法律责任。

招标人和中标人应当自中标通知书发出之日起 30 日内,按照招标文件和中标人的投标文件订立书面合同。招标人和中标人不得再行订立背离合同实质性内容的其他协议。招标人与中标人签订合同后 5 个工作日内,应当向未中标的投标人退还投标保证金。

3. 履约保证金

招标文件要求中标人提交履约保证金或者其他形式履约担保的,中标人应当提交；拒绝提交的,视为放弃中标项目。招标人要求中标人提供履约保证金或其他形式履约担保的,招标人应当同时向中标人提供工程款支付担保。招标人不得擅自提高履约保证金,不得强制要求中标人垫付中标项目建设资金。

4. 中标无效的情形

根据《招标投标法》的规定,中标无效有如下几种情况：

（1）招标代理机构违反招标投标法规定,泄漏应当保密的与招标投标活动有关的情况和资料的,或与招标人、投标人串通损害国家利益、社会公共利益或者他人的合法权益,影响中标结果的,中标无效；

（2）依法必须进行招标的项目的招标人向他人透露已获取招标文件的潜在投标人的名称、数量或者可能影响公平竞争的有关招标投标的其他情况的,或者泄漏标底的,影响中标结果的,中标无效；

（3）投标人相互串通投标或者与招标人串通投标的,投标人以向招标人或者评标委员会成员行贿的手段谋取中标的,中标无效；

（4）投标人以他人名义投标或者以其他方式弄虚作假,骗取中标的,中标无效；

（5）依法必须进行招标的项目,招标人违反法律规定,与投标人就投标价格、投标方案等实质性内容进行谈判,影响中标结果的,中标无效；

（6）招标人在评标委员会依法推荐的中标候选人以外确定中标人的,或依法必须进行招标的项目的所有投标被评标委员会否决后自行确定中标人的,中标无效。

二维码内含精彩案例及解析，
快来扫一扫吧！

案例 3-3

3.4　建设工程招标投标中的法律责任

 **工程应用**

知识点	项目应用阶段	典型工作事件	主要涉及的岗位	要求
必须进行招标而未招标的法律责任	工程招投标阶段	对必须招标而未招标项目的处罚	招标师、承包方投标负责人	了解
招标代理机构的法律责任	工程招投标阶段	与投标方串标的法律责任	招标师	了解
招标人的法律责任	工程招投标阶段	暗箱指定投标人的法律责任	招标师	熟悉
投标人的法律责任	工程招投标阶段	投标人按规定编制投标书	承包方投标负责人	熟悉
评标委员会成员的法律责任	工程投标阶段	如何确定中标候选人	评标专家	了解
中标人的法律责任	工程招投标阶段	合同签署的时间要求	承包方投标负责人	熟悉
有关行政监督部门的法律责任	工程招投标阶段	不得违反干预招投标事宜	政监督部门的工作人员	了解
国家工作人员的法律责任	工程招投标阶段		国家工作人员	了解

学习内容

　　在建设工程招投标过程中，招标人、投标人及相关参与人违反了法定义务，应承担相应的法律责任。《中华人民共和国招投标法》《中华人民共和国招投标法实施细则》中有关于法律责任的具体规定。

3.4.1　必须进行招标而未招标的法律责任

　　必须进行招标的项目而不招标的，将必须进行招标的项目化整为零或者以其他任何方式规避招标的,责令限期改正,可以处项目合同金 5‰以上 10‰以下的罚款;对全部或者部分使用国有资金的项目,可以暂停项目执行或者暂停资金拨付;对单位直接负责的主管人员和其他直接责任人员依法予处分。

3.4.2　招标代理机构的法律责任

招标代理机构泄露应当保密的与招标投标活动有关的情况和资料的,或者与招标人、投标人串通损害国家利益、社会公共利益或者他人合权益的,处 5 万元以上 25 万元以下的罚款,对单位直接负责的主管人员和其他直接责任人员处单位罚款数额 5%以上 10%以下的罚款;有违法所得的,并处没收违法所得;情节严重的,暂停直至取消招标代理资格;构成犯罪的,依法追究刑事责任。给他人造成损失的,依法承担赔偿责任。前款所列行为影响中标结果的,中标无效。

招标代理机构在所代理的招标项目中投标、代理投标或者向该项目投标人提供咨询的,接受委托编制标底的中介机构参加受托编制标底项目的投标或者为该项目的投标人编制投标文件、提供咨询的,依照招标投标法第 50 条的规定追究法律责任。

3.4.3　招标人的法律责任

招标人以不合理的条件限制或者排斥潜在投标人的,对潜在投标人实行歧视待遇的,强制要求投标人组成联合体共同投标的,或者限制投标人之间竞争的,责令改正,可以处 1 万元以上 5 万元以下的罚款。招标人有下列行为之一的,属于以不合理条件限制、排斥潜在投标人或者投标人:

① 就同一招标项目向潜在投标人或者投标人提供有差别的项目信息;

② 设定的资格、技术、商务条件与招标项目的具体特点和实际需要不相适应或者与合同履行无关;

③ 依法必须进行招标的项目以特定行政区域或者特定行业的业绩、奖项作为加分条件或者中标条件;

④ 对潜在投标人或者投标人采取不同的资格审查或者评标标准;

⑤ 限定或者指定特定的专利、商标、品牌、原产地或者供应商;

⑥ 依法必须进行招标的项目非法限定潜在投标人或者投标人的所有制形式或者组织形式;

⑦ 以其他不合理条件限制、排斥潜在投标人或者投标人。

依法必须进行招标的项目的招标人向他人透露已获取招标文件的潜在投标人的名称、数量或者可能影响公平竞争的有关招标投标的其他情况的,或者泄露标底的,给予警告,可以并处 1 万元以上 10 万元以下的罚款;对单位直接负责的主管人员和其他直接责任人员依法给予处分;构成犯罪的,依法追究刑事责任。前款所列行为影响中标结果的,中标无效。

招标人有下列情形之一的,由有关行政监督部门责令改正,可以处 10 万元以下的罚款:

① 依法应当公开招标而采用邀请招标;

② 招标文件、资格预审文件的发售、澄清、修改的时限,或者确定的提交资格预审申请文件、投标文件的时限不符合招标投标法和本条例规定;

③ 接受未通过资格预审的单位或者个人参加投标;

④ 接受应当拒收的投标文件。

招标人有前款第①、③、④项所列行为之一的，对单位直接负责的主管人员和其他直接责任人员依法给予处分。

依法必须进行招标的项目的招标人不按照规定组建评标委员会，或者确定、更换评标委员会成员违反招标投标法和相关条例规定的，由有关行政监督部门责令改正，可以处10万元以下的罚款，对单位直接负责的主管人员和其他直接责任人员依法给予处分；违法确定或者更换的评标委员会成员做出的评审结论无效，依法重新进行评审。

依法必须进行招标的项目的招标人与投标人就投标价格、投标方案等实质性内容进行谈判的，给予警告，对单位直接负责的主管人员和其他直接责任人员依法给予处分。前款所列行为影响中标结果的，中标无效。

招标人在评标委员会依法推荐的中标候选人以外确定中标人的，依法必须进行招标的项目在所有投标被评标委员会否决后自行确定中标人的，中标无效。责令改正，可以处中标项目金额5‰以上10‰以下的罚款；对单位直接负责的主管人员和其他直接责任人员依法给予处分。

招标人与中标人不按照招标文件和中标人的投标文件订立合同的，或者招标人、中标人订立背离合同实质性内容的协议的，责令改正；可以处中标项目金额5‰以上10‰以下的罚款。

3.4.4 投标人的法律责任

投标人相互串通投标或者与招标人串通投标的，投标人以向招标人或者评标委员会成员行贿的手段谋取中标的，中标无效，处中标项目金额5‰以上10‰以下的罚款，对单位直接负责的主管人员和其他直接责任人员处单位罚款数额5%以上10%以下的罚款；有违法所得的，并处没收违法所得；情节严重的，取消其1年至2年内参加依法必须进行招标的项目的投标资格并予以公告，直至由工商行政管理机关吊销营业执照；构成犯罪的，依法追究刑事责任。给他人造成损失的，依法承担赔偿责任。

投标人有下列行为之一的，属于上述规定的情节严重行为，由有关行政监督部门取消其1年至2年内参加依法必须进行招标的项目的投标资格：

① 以行贿谋取中标；

② 3年内2次以上串通投标；

③ 串通投标行为损害招标人、其他投标人或者国家、集体、公民的合法利益，造成直接经济损失30万元以上；

④ 其他串通投标情节严重的行为。

投标人自本条第②款规定的处罚执行期限届满之日起3年内又有该款所列违法行为之一的，或者串通投标、以行贿谋取中标情节特别严重的，由工商行政管理机关吊销营业执照。

投标人以他人名义投标或者以其他方式弄虚作假，骗取中标的，中标无效，给招标人造成损失的，依法承担赔偿责任；构成犯罪的，依法追究刑事责任。

依法必须进行招标的项目的投标人有前款所列行为尚未构成犯罪的，处中标项目金额5‰以上10‰以下的罚款，对单位直接负责的主管人员和其他直接责任人员处单位罚款数额5%以上10%以下的罚款；有违法所得的，并处没收违法所得；情节严重的，取消其1年至3年内参加依法必须进行招标的项目的投标资格并予以公告，直至由工商行政管理机关吊销营业执照。

投标人有下列行为之一的,属于上述规定的情节严重行为,由有关行政监督部门取消其 1 年至 3 年内参加依法必须进行招标的项目的投标资格:

① 伪造、变造资格、资质证书或者其他许可证件骗取中标;

② 3 年内 2 次以上使用他人名义投标;

③ 弄虚作假骗取中标给招标人造成直接经济损失 30 万元以上;

④ 其他弄虚作假骗取中标情节严重的行为。

投标人自本条第②款规定的处罚执行期限届满之日起 3 年内又有该款所列违法行为之一的,或者弄虚作假骗取中标情节特别严重的,由工商行政管理机关吊销营业执照。

出让或者出租资格、资质证书供他人投标的,依照法律、行政法规的规定给予行政处罚;构成犯罪的,依法追究刑事责任。

3.4.5　评标委员会成员的法律责任

评标委员会成员有下列行为之一的,由有关行政监督部门责令改正;情节严重的,禁止其在一定期限内参加依法必须进行招标的项目的评标;情节特别严重的,取消其担任评标委员会成员的资格:

① 应当回避而不回避;

② 擅离职守;

③ 不按照招标文件规定的评标标准和方法评标;

④ 私下接触投标人;

⑤ 向招标人征询确定中标人的意向或者接受任何单位或者个人明示或者暗示提出的倾向或者排斥特定投标人的要求;

⑥ 对依法应当否决的投标不提出否决意见;

⑦ 暗示或者诱导投标人做出澄清、说明或者接受投标人主动提出的澄清、说明;

⑧ 其他不客观、不公正履行职务的行为。

评标委员会成员收受投标人的财物或者其他好处的,评标委员会成员或者参加评标的有关工作人员向他人透露对投标文件的评审和比较、中标候选人的推荐以及与评标有关的其他情况的,给予警告,没收收受的财物,可以并处 3 000 元以上 5 万元以下的罚款,对有所列违法行为的评标委员会成员取消担任评标委员会成员的资格,不得再参加任何依法必须进行招标的项目的评标;构成犯罪的,依法追究刑事责任。

3.4.6　中标人的法律责任

中标人将中标项目转让给他人的,将中标项目肢解后分别转让给他人的,违反本法规定将中标项目的部分主体、关键性工作分包给他人的,或者分包人再次分包的,转让、分包无效,处转让、分包项目金额 5‰以上 10‰以下的罚款;有违法所得的,并处没收违法所得;可以责令停业整顿;情节严重的,由工商行政管理机关吊销营业执照。

中标人不履行与招标人订立的合同的,履约保证金不予退还,给招标人造成的损失超过履约保证金数额的,还应当对超过部分予以赔偿;没有提交履约保证金的,应当对招标人的损失承担赔偿责任。

中标人不按照与招标人订立的合同履行义务,情节严重的,取消其 2 至 5 年内参加依法必须进行招标的项目的投标资格并予以公告,直至由工商行政管理机关吊销营业执照。

因不可抗力不能履行合同的,不适用前两款规定。

3.4.7　有关行政监督部门的法律责任

有关行政监督部门不依法履行职责,对违反招标投标法和本条例规定的行为不依法查处,或者不按照规定处理投诉、不依法公告对招标投标当事人违法行为的行政处理决定的,对直接负责的主管人员和其他直接责任人员依法给予处分。

项目审批、核准部门和有关行政监督部门的工作人员徇私舞弊、滥用职权、玩忽职守,构成犯罪的,依法追究刑事责任。

3.4.8　国家工作人员的法律责任

国家工作人员利用职务便利,以直接或者间接、明示或者暗示等任何方式非法干涉招标投标活动,有下列情形之一的,依法给予记过或者记大过处分(情节严重的,依法给予降级或者撤职处分;情节特别严重的,依法给予开除处分;构成犯罪的,依法追究刑事责任):

① 要求对依法必须进行招标的项目不招标,或者要求对依法应当公开招标的项目不公开招标;

② 要求评标委员会成员或者招标人以其指定的投标人作为中标候选人或者中标人,或者以其他方式非法干涉评标活动,影响中标结果;

③ 以其他方式非法干涉招标投标活动。

二维码内含精彩案例及解析,
快来扫一扫吧!

案例 3 - 4

二维码内含本章习题及答案,
快来扫一扫吧!

习题 3

模块 4 建设工程合同法律制度

扫一扫可见
本章电子资源

 学习目标

　　了解合同的概念、种类以及合同法的基本原则,熟悉合同的订立、效力、变更、转让及终止,掌握合同的履行以及建设工程合同的相关规定。

4.1 合同法的概述

 工程应用

知识点	工程应用阶段	典型工作事件	主要涉及的施工岗位	要求
合同的概念	工程前期阶段	合同的编写,合同的签订等	企业合同部门工作人员,工程各参建方招(投)标部门相关人员	了解
合同的种类				
合同法的基本原则				

 学习内容

　　建设工程合同是《合同法》分则中 15 大类合同中的一种,因此,《合同法》中总则的规定适用于建设工程合同。

4.1.1 合同的概念

1. 合同的定义

　　《中华人民共和国合同法》第 2 条规定,本法所称合同是平等主体的自然人、法人、其他组织之间设立、变更、终止民事权利义务关系的协议。婚姻、收养、监护等有关身份关系的协议,适用其他法律的规定。

　　从合同的概念可以看出,合同必定是平等主体之间设立一种法律关系。自然人与自然人之间、自然人与法人之间、法人与法人之间是平等主体。自然人与自然人、自然人与法人、法人与法人之间设立的这种权利义务关系,主要与财产有关。

2. 合同的法律特征

　　合同是一种法律行为。

　　合同的当事人法律地位一律平等,双方自愿协商,任何一方不得将自己的观点、主张强加

给另一方。

合同的目的性在于设立、变更、终止民事权利义务关系。

合同的成立必须有 2 个以上当事人；2 个以上当事人不仅做出意思表示，而且意思表示是一致的。

4.1.2　合同的种类

《中华人民共和国合同法》由总则、分则、附则 3 个部分构成；共 23 章，428 条；仅在分则当中，就有 15 大类合同。合同作为法律形式的存在，其类型由于合同内容的多样化和复杂化而各不相同。这里只根据我国《合同法》的一般规定，简单予以介绍。

1. 双务合同和单务合同

根据当事人双方权利义务的分担方式不同，可把合同分为双务合同与单务合同。

双务合同是指当事人双方相互享有权利、承担义务的合同。如买卖、互易、承揽、运送、保险等合同为双务合同。又如租赁合同，出租人负有将租赁物交付承租人的义务，享有收取租金的权利，承租人享有使用租赁物的权利，负有支付租金的义务。

单务合同，是指当事人一方只享有权利，另一方只承担义务的合同。如赠予合同就是单务合同。在赠予合同中赠予人承担交付赠予物的义务，受赠人享有受领赠予物的权利，受赠人与赠予人没有债务关系。

2. 有偿合同与无偿合同

根据当事人取得权利是否以偿付为代价不同，可以将合同分为有偿合同与无偿合同。

有偿合同是指当事人一方享有合同规定的权益，必向对方偿付相应代价的合同。

无偿合同是指当事人一方只享有合同规定的权益，不必向对方偿付任何代价的合同。

有些合同只能是有偿的，如买卖、互易、租赁等合同；有些合同只能是无偿的，如赠予等合同；有些合同既可以是有偿的也可以是无偿的，由当事人协商确定，如委托、保管等合同。双务合同都是有偿合同，单务合同原则上为无偿合同，但有的单务合同也可为有偿合同，如有息贷款合同。

3. 有名合同与无名合同

根据法律是否设有规范并赋予一个特定名称为标准，合同可分为有名合同与无名合同。

有名合同又称典型合同，是指法律设有规范，并赋予一定的名称的合同。如我国《合同法》规定的买卖、借款、租赁、建设工程合同等 15 大类合同均为有名合同。

无名合同又称非典型合同，是指法律尚未特别规定，未赋予一定名称的合同。合同法信奉合同自由原则，在不违反社会公德和社会公共利益以及强制规范的前提下，允许当事人订立任何内容的合同。

此种区分的法律意义在于，对于有名合同，由于专门法律对其有详细的规定，因而首先适用这些规定；没有规定的，才适用一般的原则性规定。对于无名合同，只能在适用我国《合同法》总则的同时，根据合同的性质，比照适用近似的有名合同的规定。

4. 诺成合同与实践合同

根据合同的成立是否以交付标的物为要件，可将合同分为诺成合同与实践合同。

诺成合同又称不要物合同，是指当事人意思表示一致即可成立的合同。这种合同双方意思表示达成合意，合同即告成立，不需要其他形式和手续，也不需要以物的交付为成立条件。如雇用合同。

实践合同又称要物合同,是指除当事人意思表示一致外,还须交付标的物方能成立的合同。换句话说,这种合同是在当事人达成合意之后,还必须由当事人交付标的物和完成其他给付以后才能成立。如寄存合同,寄存人将寄存物交付保管人后,寄存合同方为成立。自然人之间的借贷为实践性合同。

5. 要式合同与不要式合同

根据合同的成立是否需要特定的形式,可将合同分为要式合同与不要式合同。

要式合同是指法律要求必须具备一定的形式和手续的合同。如书面合同属于要式合同。而书面合同又分为一般书面合同和特殊书面合同,一般书面合同指当事人之间自行订立即发生法律效力的书面合同,特殊书面合同指当事人订立的合同经批准、登记等程序方发生法律效力的书面合同。建设工程合同应当采用书面形式,属于要式合同。

不要式合同是指法律不要求必须具备一定形式和手续的合同,如口头合同。但也必须说明,不要式合同并非排斥合同采取书面、公证等形式,只不过法律不强求特定的形式,允许当事人自由选择合同形式,当事人完全可以约定合同采取书面、公证等形式,如简单商品买卖。

6. 主合同与从合同

根据合同间是否有主从关系,可将合同分为主合同与从合同。

主合同是指不依赖其他合同的存在即可独立存在的合同。

从合同是指须以其他合同的存在为前提而存在的合同。从合同的主要特点在于其附属性,它必须以主合同的存在并生效为前提。主合同不能成立,从合同就不能有效成立;主合同转让,从合同也不能单独存在;主合同被宣告无效或被撤销,从合同也将失去效力;主合同终止,从合同亦随之终止。例如保证合同与设立主债务的合同之间的关系,主债务合同是主合同,保证合同即为从合同;甲建设单位与乙施工单位签订工程建设施工承包合同,乙为保证在工程建设完成后,甲能及时付款,要求甲提供担保,那么甲、乙之间所签订的工程施工承包合同即为主合同,甲、乙之间所签订的担保合同即为从合同。

7. 为订约当事人利益的合同与为第三人利益的合同

根据订立的合同是为谁的利益,可将合同分为为订约当事人利益的合同与为第三人利益的合同。

为订约当事人利益的合同是指仅为了订约当事人自己享有合同权利和直接取得利益的合同。这种合同,第三人与合同当事人相互之间不得主张合同权利和追究合同责任。

为第三人利益的合同,是指订约的一方当事人不是为了自己,而是为第三人设定权利,使其获得利益的合同。在这种合同中,第三人既不是缔约人,也不通过代理人参加订立合同,但可以直接享有合同的某些权利,可直接基于合同取得利益,合同不得为第三人设定任何义务。合同生效后,第三人可以接受该合同权利,也可以拒绝接受该项合同权利。如为第三人利益订立的保险合同。

8. 格式合同与非格式合同

格式合同又称定型化合同、标准合同、定式合同,是指当事人一方为了重复使用而预先拟定,并在订立合同时未与对方协商的条款。采用格式条款订立的合同就是格式合同,也如保险合同,商品房买卖合同、银行借贷。

非格式合同是指合同条款全部由双方当事人在订立合同时协商确定的合同。

对于格式合同,对方当事人只能对格式条款表示愿意或不愿意接受,一般不能对其进行修改。因此,对方当事人在签订此类合同时往往处于不利地位。签订格式合同,双方当事人对于合同内容有不同理解的,应当做出不利于格式条款提供人的解释。

4.1.3　合同法的基本原则

合同法基本原则为合同平等、自愿、公平、诚实信用原则,保护公序良俗原则。这些原则是合同法的基本准则,它适用于合同法的各个方面,自然也适用于建设工程合同的各个方面。

1. 平等原则

民法调整的是平等主体之间的财产关系和人身关系,这决定了民法的根本原则是平等原则。其含义为:

① 民事主体的法律地位平等;

② 民事主体平等地享有权利、承担义务;

③ 民事主体的合法权益受法律的平等保护;

④ 民事主体的民事责任平等。

《合同法》规定,合同当事人的法律地位平等,一方不得将自己的意志强加给另一方。这一原则包括 3 个方面的内容:

① 合同当事人的法律地位一律平等。不论所有制性质,单位大小和经济实力强弱,其法律地位都是平等的。

② 合同中的权利义务对等。享有权利的同时就应当承担义务,而且彼此的权利、义务是对等的。

③ 合同当事人必须就合同条款充分协商,在互利互惠基础上取得一致,合同方能成立。任何一方都不得将自己的意志强加给另一方,更不得以强迫、命令、胁迫等手段签订合同。

2. 自愿原则

自愿原则又称为意思自治原则,是指民事主体依照自己的理性判断,自主参与民事活动,管理自己的私人事务,不受国家权力和其他民事主体的非法干预。

《合同法》规定,当事人依法享有自愿订立合同的权利,任何单位和个人不得非法干预。自愿原则贯穿于合同活动的全过程,包括订不订立合同自愿,与谁订立合同自愿,合同内容由当事人在不违法的情况下自愿约定,在合同履行过程中当事人可以协议补充、协议变更有关内容,双方也可以协议解除合同,可以约定违约责任,以及自愿选择解决争议的方式。

3. 公平原则

公平原则包含了等价有偿的意思,即在民事活动中,除法律另有规定或当事人另有约定外,当事人取得他人财产利益应向他方给付相应的对价。

《合同法》规定,当事人应当遵循公平原则确定各方的权利和义务。公平原则主要包括:

(1) 订立合同时,要根据公平原则确定双方的权利和义务,不得欺诈,不得假借订立合同恶意进行磋商;

(2) 根据公平原则确定风险的合理分配;

(3) 根据公平原则确定违约责任。

4. 诚实信用原则

民事主体在从事民事活动中应诚实可信,以善意的方式行使权利和履行义务。

《合同法》规定,当事人行使权利、履行义务应当遵循诚实信用原则。诚实信用原则主要包括:

（1）订立合同时，不得有欺诈或其他违背诚实信用的行为；

（2）履行合同义务时，当事人应当根据合同的性质、目的和交易习惯，履行及时通知、协助、提供必要条件、防止损失扩大、保密等义务；

（3）合同终止后，当事人应当根据交易习惯，履行通知、协助、保密等义务，也称为后契约义务。

5. 保护公序良俗原则

民事主体的行为应当遵守公共秩序，符合善良风俗，不得违反国家的公共秩序和社会的公共道德。

《合同法》规定，当事人订立、履行合同，应当遵守法律、行政法规，尊重社会公德，不得扰乱社会经济秩序，损害社会公共利益。

如果合同法有规定或者合同有约定，首先按照合同约定进行，当合同法没有规定，合同又没有约定的情况下，双方当事人又达不成协议，可以按照合同的基本原则解决。

二维码内含精彩案例及解析，快来扫一扫吧！

案例 4-1

4.2　合同的订立

工程应用

知识点	工程应用阶段	典型工作事件	主要涉及的施工岗位	要求
合同订立的程序	工程前期阶段	合同的谈判与签订	企业合同部门工作人员，工程各参建方招（投）标部门相关人员	掌握
合同的成立	工程前期阶段			
合同的形式	工程前期阶段			
合同的内容	工程前期阶段			
合同缔约过失责任	工程全过程	合同缔约过失责任的处理		

学习内容

4.2.1　合同订立的程序

合同的订立又称缔约，是当事人为设立、变更、终止财产权利义务关系而进行协商、达成协议的过程。《合同法》第 13 条规定，当事人订立合同采取要约、承诺方式。依此规定，合同的订立包括要约和承诺 2 个阶段,当事人为要约和承诺的意思表示均为合同订立的程序。

1. 要约

(1) 要约的概念

要约指一方当事人向他人做出的以一定条件订立合同并表明一经对方同意即受其约束的意思表示。前者称为要约人,后者称为受要约人。

(2) 要约的有效要件

① 要约必须是特定人的意思表示。

② 要约必须是向相对人发出的意思表示。

③ 要约必须是具备合同成立必要内容的意思表示,即要约必须是对方经过同意即可成立合同的意思表示。

④ 要约必须是表明一经对方同意即可成立合同的意思表示,即要约必须是将最终决定合同成立的权利交给对方的意思表示。

(3) 要约生效的时间

要约在到达受要约人时生效,具体情形为:

① 以对话形式做出的要约,自受要约人了解时发生效力。

② 以书面形式做出的要约,自到达受要约人时发生效力。

③ 采用数据电子形式做出的要约,收件人指定特定系统接收数据电文的,该数据电文进入该特定系统的时间视为要约生效时间;未指定特定系统的,该数据电文进入收件人的任何系统的首次时间视为要约生效时间。

(4) 要约的法律效力

要约对要约人的法律效力主要是指在要约有效期限内,要约人不得随意改变要约的内容,不得任意撤销要约。

依据我国合同法的规定要约人在受要约人承诺之前可以撤销要约,但是有下列情形之一的不得撤销(即撤销的意思表示不生效,对方进行承诺的,仍然成立合同):

① 要约人在要约中确定了承诺期限。

② 要约人明确表明要约不可撤销。

③ 受要约人有理由认为要约是不可撤销的,并已经为履行合同作了准备工作。

(5) 要约的撤回

撤回要约的通知应在要约到达受要约人之前或同时到达受要约人,如果要约已到达受要约人,该要约由于已经生效则不得撤回。但是,若该要约不是不可撤销的要约则撤回的意思表示可以构成要约的撤销。

(6) 要约邀请

要约邀请又称要约引诱,是指行为人邀请他人向其发出要约的意思表示。

对要约邀请的同意,不构成承诺,不能成立合同。因此,区分一项意思表示是要约还是要约邀请意义至关重大。

① 法律有规定的,直接依据法律规定来认定。

价目表的寄送、拍卖广告、招标公告、招股说明书、商业广告属于要约邀请,也有例外。商业广告的内容符合要约规定的,视为要约。商品房的销售广告和宣传资料为要约邀请,但是出卖人就商品房开发规划范围内的房屋及相关设施所做的说明和允诺,并对商品房买卖合同的订立以及房屋价格的确定有重大影响的,应当视为要约。该说明和允诺即使未载入商品房买卖合同,亦应当视为合同内容,当事人违反的,应当承担违约责任。(《最高人民法院关于审理商品房买卖合同纠纷案件适用法律若干问题的解释》第 3 条)

② 法律没有规定的,要审查该意思表示是否完全符合要约的要件,凡不符合要约的要件,但又希望和他人订立合同的意思表示,即为要约邀请。具体为:合同成立的全部必备条款具备,则为要约,若不全具备则为要约邀请;表意人是否表明受该意思表示的约束,如表明对方同意即成立合同的为要约,反之为要约邀请;是否向特定之当事人做出,若向不特定多数人做出的意思表示则为要约邀请,但有例外,如商业广告构成要约的以及悬赏广告。

2. 承诺

(1) 承诺的概念

承诺是指受要约人同意接受要约的条件以缔结合同的意思表示。

(2) 承诺的有效要件

① 承诺须由受要约人或其代理人做出。

② 承诺必须向要约人或其代理人做出。

③ 承诺须在要约的有效期内做出。对此认定应依据如下情形具体确定:要约规定承诺期限的,必须在承诺期限内到达;要约没有规定承诺期限的,应当在合理的期限内到达。

④ 承诺须与要约的实质内容一致。

受要约人对要约的内容进行实质性变更而进行承诺的为新要约。有关合同标的、数量、质量、价款或报酬、履行期限、履行地点和方式、违约责任和解除争议方法等的变更,是对要约内容的实质性变更。

非实质性变更的,除要约人及时表示反对或要约表明承诺不得对要约的内容做出任何变更的以外,该承诺有效,合同的内容以承诺的内容为准。

(3) 承诺的方式

① 承诺应以通知的方式做出,但根据交易习惯或要约表明可以通过行为做出承诺的除外。

② 单纯的沉默不构成承诺。例如,甲向乙发出要约,要求乙在 16 日内做出答复,并表明若 16 日内乙未进行答复的视为接受,若乙未在 16 日内答复的,仍然不构成承诺,合同不能成立。

③ 沉默作为承诺的情形

法律有特别规定时。例如,在试用买卖中,试用期间届满,买受人对是否购买标的物未作表示的,视为购买。(《合同法》第 171 条)

当事人之间有特别约定时。例如,甲和乙事先约定甲对乙发出要约,若乙未在指定的期限内拒绝的视为接受,那么乙对甲的要约未表示拒绝的视为承诺。

(4) 承诺的生效时间

① 要约有效期间的起算

要约人对于要约有效期间起算有规定的,自其规定之日起算。没有规定的,以邮寄的方式发出要约的,以寄出时的邮戳日期为起算时间;以传真、电子有价等即时通讯方式发出的要约以到达的时间为起算时间;以电报发出的自交寄时起算。

② 承诺的生效时间

承诺需要通知的,承诺在承诺期限内到达要约人时生效。其达到的认定与要约的认定完全相同,在此不再赘述。

承诺不需要通知的,根据交易惯例或要约的要求做出承诺行为时生效。

(5) 承诺的撤回

① 承诺可以撤回,但不能撤销,因为承诺一旦到达要约人合同即成立。

② 撤回承诺的通知应先于承诺到达要约人或与承诺同时到达要约人才能发生效力。

(6) 承诺的迟到与迟延

① 承诺迟到。承诺迟到是指迟发迟到的承诺。受要约人超过承诺期限发出承诺的,除要约人及时通知受要约人该承诺有效的以外,为新要约。(《合同法》第28条)

② 承诺迟延。承诺迟延是指未迟发但是迟到的情形。受要约人在承诺期限内发出承诺,按照通常情形能够及时到达要约人,但因其他原因承诺到达要约人时超过承诺期限的,除要约人及时通知受要约人因承诺超过期限不接受该承诺的以外,该承诺有效。(《合同法》第29条)

4.2.2 合同的成立

《合同法》规定,承诺生效时合同成立,承诺生效的地点为合同成立的地点。具体有以下一些情况:

① 当事人采用合同书形式订立合同的,自双方当事人签字或者盖章时合同成立。当事人采用合同书形式订立合同的,双方当事人签字或者盖章的地点为合同成立的地点。

② 采用合同书形式订立合同,在签字或者盖章之前,当事人一方已经履行主要义务,对方接受的,该合同成立。

③ 当事人采用信件、数据电文等形式订立合同的,在合同成立之前要求签订确认书的,签订确认书时合同成立。采用数据电文形式订立合同的,收件人的主营业地为合同成立的地点;没有主营业地的,其经常居住地为合同成立的地点。当事人另有约定的,按照其约定。

④ 法律、行政法规规定或者当事人约定采用书面形式订立合同,当事人未采用书面形式,但一方已经履行主要义务,对方接受的,该合同成立。

通过直接发包方式订立的建设工程合同,自双方当事人签字或者盖章时合同成立,若当事人未采用书面形式但一方已经履行主要义务,对方接受的,该合同成立。若采用合同书形式订立合同,在签字或者盖章之前,当事人一方已经履行主要义务,对方接受的,该合同成立。

通过招标投标方式订立的建设工程合同的成立时间主要有2种观点。一种认为,自中标通知书发出之日合同成立;另一种认为,自双方在合同上签字或盖章时合同成立。多数学者持后者,本书也采用此说。

4.2.3 合同的形式

《合同法》规定,当事人订立合同,有书面形式、口头形式和其他形式。法律、行政法规规定采用书面形式的,应当采用书面形式。当事人约定采用书面形式的,应当采用书面形式。凡当事人的意思表示采用口头形式而订立的合同,称为口头合同;凡当事人的意思表示采用书面形式而订立的合同,称为书面合同。

以口头形式订立合同具有简便、迅速、易行的特点,是实际生活中大量存在的合同形式。

如消费者在市场购物时与商店营业员之间产生的货物买卖合同关系,就是典型的口头合同。但是口头合同由于没有必要的凭证,一旦发生合同纠纷,往往举证困难,容易产生推卸责任,相互扯皮的现象,不易分清责任。

书面形式的合同由于对当事人之间约定的权利义务都有明确的文字记载,能够提示当事人适时地正确履行合同义务,当发生合同纠纷时,也便于分清责任,正确、及时地解决纠纷。建设工程合同一般具有合同标的额大,合同内容复杂、履行期较长等特点,为慎重起见,更应当采用书面形式。

书面形式是指合同书、信件以及数据电文(包括电报、电传、传真、电子数据交换和电子邮件)等可以有形地表现所载内容的形式。在实践中,较大工程建设一般采用的是合同书的形式订立合同。通过合同书,当事人写明各自的名称、地址,工程的名称和工程范围,明确规定履行内容、方式、期限,违约责任以及解决争议的方法等。工程承包合同,还应当明确承包的内容以及承包方式。勘察、设计合同,还应当明确提交勘察或者设计基础资料、设计文件(包括概预算)的期限,设计的质量要求、勘察或者设计费用以及其他协作条件等内容。施工合同,还应当明确工程范围、建设工期、中间交工工程的开工和竣工时间、工程质量、工程造价、技术资料交付时间、材料和设备供应责任、拨款和结算、交工验收、质量保证期、双方互相协作等内容。当事人也可以选择有关的合同示范文本作为参照订立建设工程合同。

4.2.4　合同的内容

合同的内容即合同当事人的权利、义务,除法律规定的以外,主要由合同的条款确定。合同的内容由当事人约定,一般包括以下条款:

1. 当事人的名称或姓名和住所

当事人是合同权利和合同义务的承受者,没有当事人,合同权利义务就失去存在的意义,给付和受领给付也无从谈起,因此,订立合同必须有当事人这一条款。当事人由其名称或姓名和住所加以特定化、固定化,所以,具体合同条款的拟定必须写清当事人的名称或姓名和住所。

2. 标的

标的是合同权利义务指向的对象。合同不规定标的,就会失去目的,失去意义。可见,标的是一切合同的主要条款。目前,多数学说认为合同关系的标的为给付行为,而《合同法》第12条所规定的标的,时常不是学说所指的标的,而是标的物,于是才有所谓标的的质量、标的的数量等用语。所以,对于《合同法》及有关司法解释所说的标的,时常需要按标的物理解。

3. 质量和数量

标的(物)的质量和数量是确定合同标的(物)的具体条件,是这一标的(物)区别于同类另一标的(物)的具体特征。标的(物)的质量需规定得详细具体,如标的(物)的技术指标、质量要求、规格、型号等都要明确。标的(物)的数量要确切。首先应选择双方共同接受的计量单位,其次要确定双方认可的计量方法,最后应允许规定合理的磅差或尾差。标的(物)的质量和数量若能通过有关规则及方式推定出来,则合同欠缺这样的条款也不影响成立。

4. 价款或酬金

价款是取得标的物所应支付的代价,酬金是获得服务所应支付的代价。价款通常指标的物本身的价款,但因商业上的大宗买卖一般是异地交货,便产生了运费、保险费、装卸费、保管费、报关费等一系列额外费用。它们由哪一方支付,需在价款条款中写明。

5. 履行的期限

履行期限直接关系到合同义务完成的时间,涉及当事人的期限利益,关系到履行期尚未届至的抗辩权和履行期尚未届满的抗辩权,也是确定违约与否的因素之一,十分重要。履行期限可以规定为即时履行,也可以规定为定时履行,还可以规定为在一定期限内履行。如果是分期履行,应写明每期的准确时间。履行期限若能通过有关规则及方式推定出来,则合同欠缺它也不影响成立。

6. 履行地点和方式

履行地点是确定验收地点的依据,是确定运输费用由谁负担、风险由谁承受的依据,有时是确定标的物所有权是否转移、何时转移的依据,还是确定诉讼管辖的依据之一,对于涉外合同纠纷,它是确定法律适用的一项依据,十分重要。

履行方式是一次交付还是分期分批交付,是交付实物还是交付标的物的所有权凭证,是铁路运输还是空运、水运等,同样事关当事人的物质利益,合同应写明,但对于大多数合同来说,它不是主要条款。履行的地点、方式若能通过有关方式推定,则合同即使欠缺它们也不影响成立。

7. 违约责任

违约责任是促使当事人履行债务,使守约方免受或少受损失的法律措施,对当事人的利益关系重大,合同对此应予明确。例如,明确规定违约致损的计算方法、赔偿范围等,对于将来及时地解决违约问题,很有意义。当然,违约责任是法律责任,即使合同中没有违约责任条款,只要未依法免除违约责任,违约方仍应负责。

8. 解决争议的方法

解决争议的方法,含有解决争议运用什么程序、适用何种法律、选择哪家检验或鉴定的机构等内容。当事人双方在合同中约定的仲裁条款、选择诉讼法院的条款、选择检验或鉴定机构的条款、涉外合同中的法律适用条款、协商解决争议的条款等,均属解决争议的方法的条款。

4.2.5 合同缔约过失责任

1. 缔约过失责任的概念

缔约过失责任是指在合同缔结过程中,当事人一方或双方因自己的过失而导致合同不成立、无效或被撤销,应对信赖其合同为有效成立的相对人赔偿基于此项信赖而发生的损害。

订立合同的当事人之间,在合同成立之前,原本无权利、义务关系,但自双方相互接触商定合同起,就会产生相互协助、相互保护、相互通知等义务,双方都应遵循诚实信用原则,尽量达成协议,促使合同成立。违反上述义务的当事人,必须对对方的损失承担赔偿责任,这即是缔约过失责任。

2. 缔约过失责任的构成

缔约过失责任是针对合同尚未成立应当承担的责任,其成立必须具备一定的要件,否则将极大地损害当事人协商订立合同的积极性。

缔约过失责任的构成:缔约一方受有损失;缔约当事人过错;合同尚未成立;缔约当事人的

过错行为与该损失之间有因果关系。

3.《合同法》规定的订立合同过程中，应当承担的损害赔偿责任

《合同法》第 42 条规定，当事人在订立合同过程中有下列情形之一，给对方造成损失的，应当承担损害赔偿责任：

（1）假借订立合同，恶意进行磋商；

（2）故意隐瞒与订立合同有关的重要事实或者提供虚假情况；

（3）有其他违背诚实信用原则的行为。

此外，《合同法》第 43 条规定，当事人在订立合同过程中知悉的商业秘密，无论合同是否成立，不得泄露或者不正当地使用。泄露或者不正当地使用该商业秘密给对方造成损失的，应当承担损害赔偿责任。

二维码内含精彩案例及解析，快来扫一扫吧！

案例 4 - 2

4.3　合同的效力

工程应用

知识点	工程应用阶段	典型工作事件	主要涉及的施工岗位	要求
合同的有效要件	工程前期、实施阶段	合同效力的认定与处置	企业合同部门工作人员，工程各参建方招（投）标部门相关人员	掌握
无效合同	工程前期、实施阶段			
可变更或可撤销的合同	工程前期、实施阶段			
效力待定的合同	工程前期、实施阶段			
附条件与附期限的合同	工程实施阶段			

学习内容

合同的效力又称合同的法律效力，是指法律赋予依法成立的合同具有拘束当事人各方乃至第三人的强制力。

合同对当事人各方的拘束力包括：当事人负有适当履行合同的义务；违约方依法承担违约责任；当事人不得擅自变更、解除合同，不得擅自转让合同权利义务；当事人享有请求给付的权利、保有给付的权利、自力实现债权的权利、处分债权的权利、同时履行抗辩权、不安抗辩权、保全债权的代位权和撤销权、担保权等；法律规定的附随义务也成为合同效力的内容。

合同对第三人的效力，在一般情况下，表现为任何第三人不得侵害合同债权，在合同债权人行使撤销权或代位权时涉及第三人，在涉他合同中可以向第三人履行或由第三人履行的效力。

4.3.1　合同的有效要件

合同有效是指已经成立的合同在当事人之间产生了一定的法律约束力，也就是通常所说的法律效力。我国《合同法》第8条规定："依法成立的合同，对当事人具有法律约束力。""依法成立的合同，受法律保护。"已经成立的合同，必须具备一定的法律要件，才能产生法律约束力，合同有效要件是判断合同是否具有法律效力的标准。根据《民法通则》和《合同法》的有关规定，合同有效的要件有：

1. 行为人具有相应的行为能力

自然人签订合同，原则上须有完全行为能力，限制行为能力人和无行为能力人不得亲自缔约，由其法定代理人代为签订。但有如下例外：(1) 可独立签订接受奖励、赠予、报酬等纯获利益或被免除义务的合同；(2) 限制行为能力人可以签订与其年龄、智力和精神健康状况相适应的合同；(3) 可独立签订日常生活中的格式合同或事实合同，如利用自动售货机、乘坐交通工具、进入游园场所；(4) 签订处分自由财产的合同，如学费、旅费等由法定代理人预定使用目的的财产和处分；(5) 其他征得法定代理人同意的合同。

法人签订合同严格地受其宗旨、目的、章程及经营范围的制约，超过经营范围的合同无效。这种做法受到了学说的批评，而且有相当数量的判决甚至司法解释也已转变立场，认定在合同内容不违反强行性规范时合同有效。

2. 意思表示真实

意思表示真实是合同有效的重要构成要件。因为合同在本质上是当事人之间的一种合意，此种合意符合法律规定，依法律可以产生法律约束力；而当事人的意思表示能否产生此种约束力，则取决于此种意思表示是否同行为人的真实意思相符，也就是说意思表示是否真实。

3. 不违反法律、行政法规和社会公共利益

这里的法律是狭义的法律，即全国人民代表大会及其常务委员会依法通过的规范性文件。这里的行政法规是国务院依法制定的规范性文件。社会公共利益是一个抽象的概念，内涵丰富、范围宽泛，包含了政治基础、社会秩序、社会公共道德要求，可以弥补法律、行政法规明文规定的不足。

4. 合同标的确定和可能

合同标的是当事人权利和义务共同指向的对象。标的的确定与可能是合同有效的重要条件。

4.3.2　无效合同

无效合同是指由于无效事由，虽已成立但自始不具有法律约束力的合同，即当事人不受合同条款的约束，也不能请求法院保护合同的履行，同时，不管合同有没有实际履行，也不管当事人是否知道无效,合同自成立时就没有法律效力。

1. 导致合同无效的法定情形

（1）一方以欺诈、胁迫的手段订立的损坏国家利益的合同

一方以欺诈、胁迫的手段订立的损坏国家利益的合同按无效合同处理,如果损害了集体利益或他人利益,按可撤销合同、可变更合同处理。例如,以国家禁止流通物为标的订立的合同是损害国家利益的合同。

（2）恶意串通,损害国家、集体或者第三人利益的合同

这一无效的原因有主观因素和客观因素。主观因素为恶意串通,即当事人双方具有共同的目的,即通过订立合同损害国家、集体或第三人的利益。它可以表现为双方当事人事先达成的协议,也可以是一方当事人做出意思表示,对方当事人明知其目的非法而用默示的方式接受。它可以是双方当事人相互配合,也可以是双方共同的作为。客观因素为损害国家、集体或者第三人利益。

（3）以合法的形式掩盖非法目的的合同

以合法的形式掩盖非法的目的的合同,是指当事人在订立的合同形式上是合法的,但缔约目的和内容上是非法的。例如订立联营合同,目的在于非法拆借资金。

（4）损害社会公共利益的合同

损害社会公共利益的合同,例如,以从事犯罪或帮助犯罪作为内容的合同,规避课税的合同,危害社会秩序的合同,对婚外同居人所做出的赠予和遗赠等违反道德的合同,危害家庭关系的合同,限制经济自由的合同,违反公平竞争的合同,违反劳动者保护的合同等。

（5）违反法律、行政法规的强制性规定的合同

这里的违反法律、行政法规的强制性规定,是指违反全国人民代表大会及其常务委员会颁布的强制性规定以及国务院颁布的行政法规中的强制性规范,不得任意扩大范围。从合同自身看,缔约目的、合同内容和形式违法了强制性规范,但有时形式违法不导致合同无效。

强制性规定与任意性规定相对,是指直接规定人们的意思表示或事实行为,不允许人们依其意思加以变更或排除其适用,否则,将受到法律制裁的法律规定。

2. 合同中无效的免责条款

免责条款是指当事人在合同中约定免除或者限制其未来责任的合同条款;免责条款无效是指没有法律约束力的免责条款。

《合同法》规定,合同中的下列免责条款无效:

（1）造成对方人身伤害的;

（2）因故意或者重大过失造成对方财产损失的。

生命健康权是不可转让、不可放弃的权利,因此不允许当事人以免责条款的方式先约定免除这种责任。财产权是一种重要的民事权利,不允许当事人预先约定免除一方故意或重大过失而给对方造成的损失,否则会给一方当事人提供滥用权力的机会。

4.3.3　可变更或可撤销的合同

1. 合同的撤销

合同的撤销是指意思表示不真实,通过撤销权人行使撤销权,使已经生效的合同归于消

灭。它具有如下特征：

（1）可撤销的合同是指意思表示不真实的合同，现行法律把因欺诈、胁迫而成立的合同一分为二，将其中具有"损害国家利益"的特点作为无效的对象，缩小了可撤销的原因。

（2）合同的撤销是指通过撤销权人行使撤销权利来实现的。

（3）撤销权不行使，合同继续有效；撤销权行使，合同自始归于无效。

2. 可变更、可撤销的合同

根据《合同法》的规定，可变更或可撤销的合同有：

（1）因重大误解订立的合同；

（2）在订立合同是显失公平的合同；

（3）一方以欺诈、胁迫的手段或者乘人之危，使对方在违背真实意思的情况下订立的合同。

3. 撤销权及其行使

撤销权是指撤销权人以其单方的意思表示使合同等法律行为溯及既往地消灭的权利。它在性质上属于形成权。

重大误解的合同与显失公平的合同任何一方当事人，以欺诈、胁迫或乘人之危使对方在违背真实意思的情况下订立合同的，受损害方有权请求人民法院或者仲裁机构变更或者撤销合同。当事人请求变更的，人民法院或者仲裁机构不得撤销。

撤销权须在除斥期内行使。我国现行法律规定该除斥期间为 1 年，自撤销权人知道或者应当知道撤销事由之日起计算。但知道撤销事由后明确表示或以自己的行为放弃撤销权的，该撤销权消灭。

4. 合同被确认无效或被撤销的法律后果

《合同法》第 56 条规定，无效的合同或者被撤销的合同自始没有法律约束力。因此，合同被确认无效或被撤销后，自合同成立之日起就是没有效力的。

合同无效或者被撤销后，因该合同取得的财产应当予以返还；不能返还或者没有必要返还的，应当折价补偿。有过错的一方应当赔偿对方因此所受到的损失；双方都有过错，应当各自承担相应的责任。

当事人恶意串通，损害国家、集体或者第三人利益，取得的财产收归国家所有或者返还集体、第三人。

二维码内含精彩案例及解析，快来扫一扫吧！

案例 4-3

4.3.4　效力待定的合同

效力待定的合同是指合同成立之后，是否具有效力还未确定，有待于其他行为或者事实使之确定的合同。

1. 限制行为能力人订立的合同

限制民事行为能力人订立的合同,经法定代理人追认后,该合同有效,但纯获利益的合同或者与其年龄、智力、精神健康状况相适应而订立的合同,不必经法定代理人追认。

相对人可以催告法定代理人在 1 个月内予以追认。法定代理人未作表示的,视为拒绝追认。合同被追认之前,善意相对人有撤销的权利。撤销应当以通知的方式做出。

2. 无权代理人以被代理人名义订立的合同

行为人没有代理权、代理权终止以后以被代理人名义订立的合同,未经被代理人追认,对被代理人不发生法律效力,由行为人承担责任。

相对人可以催告被代理人在 1 个月内予以追认。被代理人未作表示的,视为拒绝追认。合同被追认之前,善意相对人有撤销的权利。撤销应当以通知的方式做出。

但是,行为人没有代理权、超越代理权或者代理权终止以后以被代理人名义订立的合同,善意相对人有理由相信行为人有代理权的,该代理行为有效。

3. 无处分权人擅自处分他人财产的合同

财产的处分权是财产所有权的一项重要权能,一般应由所有权人来行使,也可以授权他人行使。他人在处分所有人的财产时,必须经所有人的授权,否则构成无权处分行为。无权处分行为是对他人财产权的严重侵害。

《合同法》第 51 条规定,无处分权的人处分他人财产,经权利人追认或者无处分权的人订立合同后取得处分权的,该合同行为有效。

但是,法人或者其他组织的法定代表人、负责人超越权限订立合同,除相对人知道或应当知道其超越权限以外,该代表行为有效。

4.3.5　附条件与附期限的合同

1. 附条件的合同

《合同法》第 45 条是对附条件合同的效力规定。《合同法》第 45 条规定:"当事人对合同的效力可以约定附条件。附生效条件的合同,自条件成就时生效。附解除条件的合同,自条件成就时失效。当事人为自己的利益不正当地阻止条件成就的,视为条件已成就;不正当地促成条件成就的,视为条件不成就。"根据本条规定,双方当事人可以对合同的效力约定条件,就是附条件合同。所附条件是合同当事人自己约定的、在合同履行过程中有可能发生的、用来限定合同效力的某种合法事实。

2. 附期限的合同

《合同法》第 46 条是对附期限合同的效力规定。《合同法》第 46 条规定:"当事人对合同的效力可以约定附期限。附生效期限的合同,自期限届至时生效。附终止期限的合同,自期限届满时失效。"根据本条规定,双方当事人可以对合同的效力约定期限,就是附期限合同。附期限合同的特征在原则上与附条件合同是相同的,但是两者又不完全相同。

当事人在订立合同时,对于确定的事实只能附期限不能附条件。例如,建设工程施工合同中,双方当事人依照有关规定,约定的到期发包人应当支付的工程应付款、工程进度款,工程竣工验收后应当支付的工程竣工结算款等均应当属于附期限合同。

附期限合同的履行期限到来之前当事人之间没有债权、债务,只有期限到来之后合同的当事人之间才产生债权、债务。

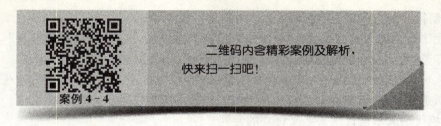

案例4-4

二维码内含精彩案例及解析，
快来扫一扫吧！

4.4 合同的履行

 工程应用

知识点	工程应用阶段	典型工作事件	主要涉及的施工岗位	要求
合同履行的原则	工程实施阶段	合同的履行	企业合同部门工作人员，工程各参建方相关工作人员	掌握
合同履行的具体规则	工程实施阶段			
合同履行中的抗辩权	工程实施阶段			
合同履行中的代位权和撤销权	工程实施阶段			
合同履行的担保	工程前期、实施阶段	合同担保		

学习内容

《合同法》规定，当事人应当按照约定全面履行自己的义务。当事人应当遵循诚实信用原则，根据合同的性质、目的和交易习惯履行通知、协助、保密等义务。

合同生效后，当事人不得因姓名、名称的变更或者法定代表人、负责人、承办人的变动而不履行合同义务。

4.4.1 合同履行的原则

1. 适当履行原则

适当履行原则又称正确履行原则或全面履行原则，是指当事人按照合同规定的标的及其质量、数量，由适当的主体在适当的履行期限、履行地点、履行方式，全面完成合同义务的履行原则。

适当履行与实际履行既有区别又有联系。实际履行强调债务人按照合同约定交付标的物或者提供服务，至于交付的标的物或提供的服务是否适当，则无力顾及。适当履行既要求债务人实际履行，交付标的物或提供服务，也要求这些交付标的物、提供服务符合法律和合同的约定。可见，适当履行必然是实际履行，而实际履行未必是适当履行。适当履行场合不会存在违约责任，实际履行不适当则产生违约责任。

2. 协作履行原则

协作履行原则是指当事人不仅适当履行自己的合同债务,而且应基于诚实信用原则要求对方当事人协助其履行债务的履行原则。其内容是:

(1) 债务人履行合同债务,债权人应适当受领给付;

(2) 债务人履行债务,债权人应当为债务人创造必要的条件,提供方便;

(3) 债务人因故不能履行或不能完全履行,债权人应积极采取措施,避免或减少损失;

(4) 债务人应根据合同性质、目的和交易习惯,履行通知、协助、保密等附随义务。

3. 情势变更原则

情势变更原则是一项重要的合同法原则,是对于合同必须信守原则的例外。在当今世界经济的动荡时期,情势变更原则的适用有着重要的价值。将此原则正式录入我国法律体系具有重要的时代价值。

情势变更是指合同成立以后客观情况发生了当事人在订立合同时无法预见的、非不可抗力造成的不属于商业风险的重大变化,继续履行合同对于一方当事人明显不公平或者不能实现合同目的,受不利影响的一方当事人有权请求法院或仲裁机构变更或解除合同的法律制度。

4.4.2　合同履行的具体规则

1. 合同履行的具体要求

(1) 履行合同的主体资格

履行合同的主体是指履行合同义务和接受合同权利的当事人。在一般情况下,订立合同的主体就是履行合同的主体。在特殊情况下,合同的权利人可以要求合同义务人向其指定的第三人履行义务,由该第三人代为接受合同权利,而无须征得合同义务人同意,但不得使合同义务因此而遭受损失或增加履行费用。委托第三人代为履行合同义务的,应当征得权利人的同意或者具有法律依据。《民法通则》第63条第3款规定,依照法律规定或者按照双方当事人约定,应当由本人实施的民事法律行为,不得代理。建设工程承包合同的承包人,应当亲自组织实施施工作业,不得将工程转包、非法分包。

(2) 履行合同的标的合格

合同标的是指合同义务人履行合同义务而向合同权利人交付的,可以是价款、实物或者劳务。建设工程承包合同的发包方应当按合同的规定支付价款,承包方应当交付质量符合合同规定的设计成果或建筑产品。

(3) 在合同规定的期限内完成义务

履行期限是指义务人履行合同义务的时间界线,是衡量义务是否适当履行的依据。在一般情况下,提前履行合同义务是允许的,但必须征得对方同意;而迟延履行,除非具有法律规定或合同约定的事由可以免除责任的以外,行为人应当承担因此而产生的违约责任。

严格遵守履行合同的时间要求,对于建设工程承包合同的履行十分重要。履行此类合同的环节较多,当事人双方的履行互为条件,一方没有在合同约定的时间内履行合同义务,会影响另一方的正确履行。

(4) 履行方式

履行方式是指义务人履行合同义务采取的方法。合同内容和性质不同,履行合同的方式要求有所差异。对于建设工程承包合同的承包方而言,应当以施工组织设计(或施工方案)为纲,按图施工。合同或施工规范对施工工艺或施工流程有特殊要求的,应当执行该要求。

（5）履行地点

履行地点是指债务人应为履行行为的地点。在履行地点为履行,只要适当,即发生合同消灭的效力。当事人在合同中明确约定履行地点时,依其约定。该约定既可以在合同订立当时为之,也可在合同成立后履行债务前进行。

建设工程承包合同的承包方履行合同义务的地点毫无疑问应为建设工程项目所在地。发包方应当将其自行采购的建筑材料、设备运送到工地或合同特别约定的地点或场所。

2. 合同条款不明确时的履行方法

《合同法》第 61 条规定,合同生效后,当事人就质量、价款或者报酬、履行地点等内容没有约定或者约定不明确的,可以协议补充;不能达成补充协议的,按照合同有关条款或者交易习惯确定。

《合同法》第 62 条规定,当事人就有关合同内容约定不明确。依照《合同法》第 61 条的规定仍不能确定的,适用下列规定:

① 质量要求不明确的,按照国家标准、行业标准履行;没有国家标准、行业标准的,按照通常标准或者符合合同目的的特定标准履行。

② 价款或者报酬不明确的,按照订立合同时履行地的市场价格履行;依法应当执行政府定价或者政府指导价的,按照规定履行。执行政府定价或者政府指导价的,在合同约定的交付期限内政府价格调整时,按照交付时的价格计价。逾期交付标的物的,遇价格上涨时,按照原价格执行;价格下降时,按照新价格执行。逾期提取标的物或者逾期付款的,遇价格上涨时,按照新价格执行;价格下降时,按照原价格执行。

③ 履行地点不明确,给付货币的,在接受货币一方所在地履行;交付不动产的,在不动产所在地履行;其他标的,在履行义务一方所在地履行。

④ 履行期限不明确的,债务人可以随时履行,债权人也可以随时要求履行,但应当给对方必要的准备时间。

⑤ 履行方式不明确的,按照有利于实现合同目的的方式履行。

⑥ 履行费用的负担不明确的,由履行义务一方负担。

4.4.3　合同履行中的抗辩权

抗辩权是与请求权相对应的权利,以对抗权利人行使请求权并否认其权利为目的,具有防御的性质。抗辩权可分为永久抗辩权和一时抗辩权(延期抗辩权)。前者的作用在于使请求权因抗辩权的行使而消灭,例如,债务人超过诉讼时效期间才主张权利,债务人可以以其主张已超过诉讼时效期间为抗辩理由,拒绝履行债务,此时债权人的请求权则归于消灭;后者的作用则不能消灭请求权,仅能使权利人暂时未能行使请求,例如,甲、乙双方订立钢材买卖合同,但未约定谁先履行债务,甲可以以乙未付款为由拒绝交货。

1. 同时履行抗辩权

同时履行抗辩权也称不履行抗辩权,是指在法律未规定或合同未约定哪一方当事人先履行义务的情况下,任何一方当事人在对方未开始履行或未提出履行之前,有权拒绝履行自己的合同义务。行使同时履行抗辩权属于合法行为。同时履行抗辩权的法律基础为诚实信用的原则,其意义在于公平维护当事人的权益,维护正常的交易秩序。

行使同时履行抗辩权必须符合下列条件:

(1) 当事人互负义务。同时履行抗辩权存在的基础在于双务合同,当事人在义务上的关联性,如果当事人并非互负义务,则不能行使同时履行抗辩权。建设工程合同总的来说属于双务合同,但基于合同的约定,在特定情况下有些是单务合同,如施工单位无偿赠建,则该合同就属于单务合同,施工单位只有负有义务而无权利,受赠单位则正好相反。

(2) 当事人所负义务的履行期均已届满。同时履行抗辩权适用的目的在于使双方所负的义务均得履行,双方同时实现债权。如果有先后履行顺序的,双方履行债务的期限并非均已届满,不产生同时履行抗辩的问题。如在建设工程合同中,施工方如未先行施工至一定的进度,不能请求发包方支付该部分的工程进度款。当事人互负债务,有先后履行顺序,先履行一方未履行的,后履行一方有权拒绝其履行要求。

(3) 对方未履行到期债务。同时履行抗辩权的行使必须以对方未履行到期债务为前提,如果对方已经履行债务,不能行使该抗辩权。

另外,同时履行抗辩权的行使应以对方未履行的债务具有履行的现实条件为前提,如果一方已经开始履行而另一方因某种原因不能履行,则不存在行使同时履行抗辩权的问题,因为该抗辩权行使的目的在于促使对方也履行自身义务。显然,在对方之履行不具有可能性的情况下,行使该抗辩权已失去基础,已经履行的一方可视对方不能履行的原因采取适当的法律救济挽回或减少自身的损失。

2. 先履行抗辩权

先履行的抗辩权是指在双务合同中,当事人互负债务,有先后履行顺序,先履行一方未履行的,后履行一方有权拒绝其履行要求。先履行一方履行债务不符合约定的,后履行一方有权拒绝其相应的履行要求。

先履行抗辩权的发生,需具备以下条件:

(1) 需基于同一双务合同。双方当事人因同一合同互负债务,在履行上存在关联性,形成对价关系。单务合同无对价关系,不发生后履行抗辩权。如果当事人互负的债务不是基于同一双务合同,亦不发生后履行抗辩权。

(2) 该合同需由一方当事人先为履行。在双务合同中,双方当事人的履行,多是有先后的。这种履行顺序的确立或依法律规定,或按当事人约定,或按交易习惯。很多法律对双务合同的履行顺序都有规定。当事人在双务合同中也可以约定履行顺序,谁先履行,谁后履行。在法律未有规定、合同未有约定的情况下,双务合同的履行顺序可依交易习惯确立。例如,在饭馆用餐,先吃饭后交钱。旅店住宿,先住宿后结账。乘飞机、火车,先购票,后乘坐。

(3) 应当先履行的当事人不履行合同或者不适当履行合同。

3. 不安抗辩权

(1) 不安抗辩权的概念

不安抗辩权是指先履行合同的当事人一方因后履行合同一方当事人欠缺履行债务能力或信用,而拒绝履行合同的权利。

(2) 不安抗辩权的成立要件

① 双方当事人基于同一双务合同而互负债务。

不安抗辩权存在于双务合同,而非单务合同。不安抗辩权的双方债务应基于同一合同。

② 债务履行有先后顺序,且由履行顺序在先的当事人行使。

如果债务履行没有先后顺序,则只能适用同时履行抗辩权。在履行债务有先后顺序的情况下,先履行一方可能行使不安抗辩权,后履行一方只可能行使先履行抗辩权。

③ 履行顺序在后的一方履行能力明显下降,有丧失或者可能丧失履行债务能力的情形。

根据《合同法》第 68 条规定:"应当先履行债务的当事人,有确切证据证明对方有下列情形之一的,可以中止履行:经营状况严重恶化;转移财产、抽逃资金,以逃避债务;丧失商业信誉;有丧失或者可能丧失履行债务能力的其他情况。当事人没有确切证据中止履行的,应当承担违约责任。"

④ 履行顺序在后的当事人未提供适当担保。

履行顺序在后的当事人履行能力明显下降,可能严重危及履行顺序在先当事人的债权。但是,如果后履行方提供适当担保,则先履行方的债权不会受到损害,所以就不得行使不安抗辩权。

(3) 不安抗辩权的行使与效力

中止履行的一方,即行使不安抗辩权的一方负有对相对人欠缺信用、欠缺履行能力的举证责任。

《合同法》第 69 条规定:"当事人依照本法第 68 条的规定中止履行的,应当及时通知对方。对方提供适当担保时,应当恢复履行。中止履行后,对方在合理期限内未恢复履行能力并且未提供适当担保的,中止履行的一方可以解除合同。"

4.4.4 合同履行中的代位权和撤销权

1. 代位权

代位权是指因债务人怠于行使其到期债权对债权人造成损害的,债权人可以向人民法院请求以自己的名义代位行使债务人的债权的权利。但是,按照《合同法》的规定,债权专属于债务人自身的除外。

代位权的行使范围以债权人的债权为限。债权人行使代位权的必要费用由债务人负担。

2. 撤销权

撤销权是指因债务人放弃其到期债权或者无偿转让财产对债权人造成损害的,债权人可以请求人民法院撤销债务人的行为。债务人以明显不合理的低价转让财产,对债权人造成损害,并且受让人知道该情形的,债权人也可以请求人民法院撤销债务人的行为。

撤销权的行使范围以债权人的债权为限。债权人行使撤销权的必要费用由债务人负担。撤销权自债权人知道或者应当知道撤销事由之日起 1 年内行使。自债务人的行为发生之日起5 年内没有行使撤销权的,该撤销权消灭。

二维码内含精彩案例及解析,快来扫一扫吧!

案例 4-5

4.4.5　合同履行的担保

合同履行的担保是保证合同履行的一项法律制度,是合同当事人为全面履行合同及避免因对方违约遭受损失而设定的保障措施。合同履行的担保是通过签订担保合同或是在合同中设立担保条款来实现。担保合同是从合同,被担保合同是主合同。担保合同将随着被担保合同的履行而消失。而当被担保人不履行其义务且不承担相应责任时,担保人则应承担其担保责任。《担保法》规定的担保形式主要有保证、抵押、质押、留置和定金。

1. 保证

保证是指保证人和债权人约定,当债务人不履行债务时,保证人按照约定履行债务或者承担责任的行为。

(1) 保证人的主体资格

具有代位清偿债务能力的法人、其他组织或者公民都可以作保证人。

国家机关、学校、幼儿园、医院等以公益为目的的事业单位、社会团体和企业法人的分支机构、职能部门不得作保证人。企业法人的分支机构有法人书面授权的,可以在授权范围内提供保证。

(2) 保证责任

保证担保的范围包括主债务及利息、违约金、损害赔偿金和实现债权的费用。保证合同另有约定的,按照约定。当事人对保证担保的范围没有约定或者约定不明的,保证人应当对全部债务承担责任。

保证责任的内容包括代为履行和承担赔偿责任,具体应由当事人约定。代为履行即双方约定,在债务人不履行债务时,由保证人代其履行。只有在保证人履行不能时,才可以承担赔偿责任替代债务的实际履行。

保证期间,债权人依法将主债权转让给第三人的,保证人在原保证担保的范围内继续承担保证责任。债权人许可债务人转让债务的,应取得保证人的书面同意,保证人对未经其同意转让的债务,不再承担保证责任。债权人与债务人协议变更主合同的,应取得保证人的书面同意,未经保证人的书面同意,保证人不再承担保证责任。

保证人承担保证责任后,有权向债务人追偿。债务人破产的,保证人可以参加破产财产分配,预先行使追偿权。

(3) 保证责任的方式

① 一般保证责任

当事人在保证合同中约定,在债务人不能履行债务时,由保证人承担保证责任的,为一般保证。一般保证的保证人在主合同纠纷未经审判或者仲裁,并就债务人财产依法强制执行仍不能履行债务前,对债权人可以拒绝承担担保责任。

② 连带责任保证

当事人在保证合同中约定保证人与债务人对债务承担连带责任的,为连责责任保证。在债务人未履行到期债务时,债权人可以要求债务人履行债务,也可以要求保证人在其保证责任范围内承担责任。

保证责任的具体方式由当事人在保证合同中约定,没有约定或约定不明确的,按连带责任保证承担保证责任。保证人在约定的保证期间内承担保证责任。当事人未约定或约定不明确的,保证期间为主债务履行期届满之日起 6 个月。

（4）共同保证

共同保证是指 2 个以上的民事主体担任同一债务的保证人的保证行为,共同保证分为按份共同保证和连带共同保证。

按份共同保证是指 2 个以上的保证人按照约定的份额承担保证责任。

连带共同保证是 2 个以上的保证人分别对全部债务承担保证责任的保证行为。

建设工程合同中最常见的银行为工程承包单位开具的履约保函,即是银行充当保证人为承包单位担保的保证方式。

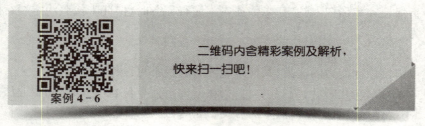

二维码内含精彩案例及解析,快来扫一扫吧!

案例 4-6

2. 抵押

抵押是指债务人或者第三人不转移对抵押财产的占有,将该财产作为债权的担保。债务人不履行债务时,债权人有权依照法律规定以该财产折价或者以拍卖、变卖该财产的价款优先受偿的法律制度。

抵押具有以下法律特征:

① 抵押是担保物权。抵押权人在设定抵押之后,对抵押物享有控制权及支配权。

② 抵押人可以是第三人,也可以是债务人自己。财产必须是债务人或第三人自己所有或依法有权处分,否则不得设定抵押。

③ 抵押物是动产,也可以是不动产。这与质押不同,质物只能是动产。

④ 抵押人不转移抵押物的占有。抵押人可以继续占有、使用抵押物,即抵押不以转移标的物的占有为要件。这也与质押不同,质物必须转移于质权人占有。

⑤ 抵押权人有优先受偿的权利。优先受偿是指当债务人有多个债权人,其财产不足以清偿全部债权时,有抵押权的债权人优先于其他债权人受偿。

下列财产可以抵押:

① 建筑物和其他地上附着物;

② 建设用地使用权;

③ 以招标、拍卖、公开协商等方式取得的荒地等土地承包经营权;

④ 生产设备、原材料、半成品、产品;

⑤ 正在建造的建筑物、船舶、航空器;

⑥ 交通运输工具;

⑦ 法律、行政法规未禁止抵押的其他财产。

下列财产不得抵押:

① 土地所有权;

② 耕地、宅基地、自留地、自留山等集体所有的土地使用权,但法律规定可以抵押的除外;

③ 学校、幼儿园、医院等以公益为目的的事业单位、社会团体的教育设施、医疗卫生设施和其他社会公益设施；

④ 所有权、使用权不明或者有争议的财产；

⑤ 依法被查封、扣押、监管的财产；

⑥ 法律、行政法规规定不得抵押的其他财产。

设立抵押权时，当事人应当采取书面形式订立抵押合同。抵押合同一般包括下列条款：被担保债权的种类和数额；债务人履行债务的期限；抵押财产的名称、数量、质量、状况、所在地、所有权归属或者使用权归属；担保的范围。

3. 质押

（1）质押的概念

按照《担保法》《物权法》的规定，质押是指债务人或者第三人将其动产或权力移交债权人占有。将该动产或权利作为债权的担保。债务人不履行债务时，债权人有权依照法律规定以该动产或权利折价或者以拍卖、变卖该动产或权利的价款优先受偿。质权是一种约定的担保物权，以转移占有为特征。债务人或者第三人为出质人，债权人为质权人，移交的动产或权利为质物。

（2）质押的分类

质押分为动产质押和权利质押。

动产质押是指债务人或者第三人将其动产移交债权人占有，将该动产作为债权的担保。能够用作质押的动产没有限制。

权利质押一般是将权利凭证交付债权人的担保。可以质押的权利包括：汇票、支票、本票、债券、存款单、仓单、提单；依法可以转让的股份、股票；依法可以转让的商标专用权、专利权，著作权中的财产权；依法可以质押的其他权利。

4. 留置

留置是指债权人按照合同约定占有债务人的动产，债务人不按照合同约定的期限履行债务的，债权人有权依照法律（担保法）规定留置该财产，以留置财产折价或者以拍卖、变卖该财产的价款优先受偿的权利。

（1）留置权的特征

留置权除具有担保物权的共有属性外，有其独特的属性。留置权人事先占有留置物；留置权只能是动产；留置权是法定担保物权；留置权具有留置和担保双重效力。

（2）留置权成立的条件

留置权成立的条件有：须债权人占有债务人的动产；须债务人逾期不履行债务；须债权的发生与占有该留置动产有直接的牵连关系。

（3）留置权人享有的权利

留置权人享有的权利包括：留置标的物；收取孳息；优先受偿的权利。

（4）留置权人负有的义务

留置权人负有的义务包括：妥善保管留置物；返还留置物。

根据《担保法》第 82 条的规定，留置权属于法定担保物权，只适用于法律规定可以留置的合同。

留置担保的范围包括:主债权及利息,违约金,损害赔偿金,留置物保管费用和实现留置权的费用。

值得注意的是,发包人未按照约定支付价款的,承包人可以催告发包人在合理期限内支付价款。发包人逾期不支付的,除按照建设工程的性质不宜折价、拍卖的以外,承包人可以与发包人协议将该工程折价,也可以申请人民法院将该工程依法拍卖,建设工程的价款就该工程折价或者拍卖的价款优先受偿。该条款并不是法定留置权,而是特殊的法定优先受偿权。

5. 定金

定金指合同当事人为保证合同履行,由一方当事人预先向对方交纳一定数额的钱款。合同法第 115 条规定:"当事人可以依照《中华人民共和国担保法》约定一方向对方给付定金作为债权的担保。债务人履行债务后,定金应当抵作价款或者收回。给付定金的一方不履行约定的债务的,无权要求返还定金;收受定金的一方不履行约定的债务的,应当双倍返还定金。"这就是我们通常说的定金罚则。第 116 条规定:"当事人既约定违约金,又约定定金的,一方违约时,对方可以选择适用违约金或者定金条款。"《中华人民共和国担保法》第 90 条规定:"定金应当以书面形式约定。当事人在定金合同中应当约定交付定金的期限。定金合同从实际交付定金之日起生效。"第 91 条规定,"定金的数额由当事人约定,但不得超过主合同标的额的 20%"。

定金作为法定的形式,法律对其有具体的要求:形式要件,必须以书面的形式约定;数额的限定,定金的总额不得超过合同标的额的 20%;此外在选择赔偿时只能在定金和违约金中选其一。

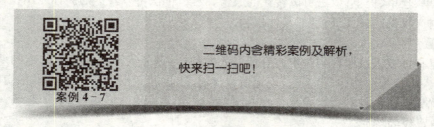

二维码内含精彩案例及解析,快来扫一扫吧!

案例 4-7

4.5 合同的变更、转让与终止

 **工程应用**

知识点	工程应用阶段	典型工作事件	主要涉及的施工岗位	要求
合同的变更	工程实施阶段	工程合同的变更	企业合同部门工作人员,工程各参建方相关工作人员	掌握
合同的转让	工程实施阶段	工程合同的转让		
合同权利义务的终止	工程实施阶段	工程合同的终止		

 学习内容

4.5.1　合同的变更

《合同法》第 77 条规定,当事人协商一致,可以变更合同。法律、行政法规规定变更合同应当办理批准、登记等手续的,依照其规定。第 78 条规定,当事人对合同变更的内容约定不明确的,推定为未变更。

1. 合同的变更须经当事人双方协商一致

如果双方当事人就变更事项达成一致意见,则变更后的内容取代原合同的内容,当事人应当按照变更后的内容履行合同,如果一方当事人未经对方同意就改变合同的内容,不仅变更的内容对另一方没有约束力,其做法还是一种违约行为,应当承担违约责任。

2. 合同变更须遵循法定的程序

法律、行政法规规定变更合同事项应当办理批准、登记手续的,应当依法办理相应手续。如果没有履行法定程序,即使当事人已协议变更了合同,其变更内容也不发生法律效力。

3. 对合同变更内容约定不明确的推定

合同变更的内容必须明确约定。如果当事人对于合同变更的内容约定不明确,则将被推定为未变更。任何一方不得要求对方履行约定不明确的变更内容。

4.5.2　合同的转让

合同的转让就是合同权利、义务的转让,是指在不改变合同关系内容的前提下,合同关系的一方当事人依法将其合同的权利、义务全部或部分地转让给第三人的现象。

按照所转让的内容的不同,合同的转让可以分为合同权利的转让、合同义务的移转、合同权利和义务的概括转让。合同权利和义务的概括转让也称合同权利和义务的一并转让。同时,以上各种类型的合同转让可以是全部转让,也可以是部分转让。不同类型的合同转让的条件和效力不尽相同。

1. 合同权利的转让

债权人可以将合同的权利全部或者部分转让给第三人,但有下列情形之一的除外:根据合同性质不得转让;按照当事人约定不得转让;依照法律规定不得转让。

债权人转让权利的,应当通知债务人。未经通知,该转让对债务人不发生效力。债权人转让权利的通知不得撤销,但经受让人同意的除外。债权人转让权利的,受让人取得与债权有关的从权利,但该从权利专属于债权人自身的除外。

债务人接到债权转让通知后,债务人对让与人的抗辩,可以向受让人主张。债务人接到债权转让通知时,债务人对让与人享有债权,并且债务人的债权先于转让的债权到期或者同时到期的,债务人可以向受让人主张抵销。

2. 合同义务的转让

《合同法》规定,债务人将合同的义务全部或者部分转移给第三人的,应当经债权人同意。

合同义务转移分为两种情况:合同义务的全部转移,在这种情况下,新的债务人完全取代了旧的债务人,新的债务人负责全面履行合同义务;合同义务的部分转移,即新的债务人加入到原

债务中,与原债务人一起向债权人履行义务。债务人不论转移的是全部义务还是部分义务,都需要征得债权人同意。未经债权人同意,债务人转移合同义务的行为对债权人不发生效力。

3. 合同中权利和义务的一并转让

《合同法》规定,当事人一方经对方同意,可以将自己在合同中的权利和义务一并转让给第三人。

权利和义务一并转让又称为概括转让,是指合同一方当事人将其权利和义务一并转移给第三人,由第三人全部地承受这些权利和义务。权利义务一并转让的后果,导致原合同关系的消灭,第三人取代了转让方的地位,产生出一种新的合同关系。只有经对方当事人同意,才能将合同的权利和义务一并转让。如果未经对方同意,一方当事人擅自一并转让权利和义务的,其转让行为无效,对方有权就转让行为对自己造成的损害,追究转让方的违约责任。

4.5.3　合同权利义务的终止

1. 合同权利义务终止的概念

合同权利义务的终止是指合同关系因法定事由或约定事由的出现而消灭,即合同中的民事权利义务停止的情形。

合同权利义务的终止与合同效力的停止不同。合同效力的停止是指债务人基于抗辩权的行使,拒绝债权人的履行请求,以停止债权的行使。抗辩权的作用之一在于阻止债权人请求权的行使,因而它以请求权的存在为前提。也就是说,此时的合同关系并未消灭,只不过效力暂时停止而已。

2. 合同权利义务终止的情形

（1）清偿

清偿也叫合同履行,是指合同义务已按照合同约定履行,合同关系因而终止的情形。合同当事人利益的实现为合同的本来目的。债务一经清偿,债权即因其达到目的而消灭。在双务合同场合,只有债务被清偿时,合同的权利义务才会终止。

（2）解除

合同解除是指合同成立之后,基于双方协商一致或者一方行使合同解除权,而使合同关系也归于消灭的情形。

① 解除合同的条件

解除合同的条件有:约定解除合同的条件成立;协商一致解除;不可抗力事由的出现;预期违约;迟延履行或其他违约行为。

② 解除合同的方法

解除合同的方法有协议解除和解除权行使解除。协议解除是指由合同各方当事人协商一致解除合同。解除权行使解除是指因不可抗力或一方违约等情形,使当事人一方依法取得合同解除权,行使合同解除权而使合同终止的情形。

③ 解除合同的程序

《合同法》规定,主张解除合同的,应当通知对方,合同自通知到达对方时解除。对方有异议的,可以请求人民法院或者仲裁机构确认解除合同的效力。法律、行政法规规定解除合同应当办理批准、登记等手续的,依照其规定,当事人对异议期限有约定的依照约定,没有约定的,最长期3个月。

④ 合同解除的法律后果

合同解除后,尚未履行的,终止履行;已经履行的,根据履行情况和合同性质,当事人可以要求恢复原状、采取其他补救措施,并有权要求赔偿损失。

(3) 抵销

抵销是指 2 个以上的合同中,不同的合同债务相互抵消。作为一种合同终止的方法,抵销是当事人互负到期债务,并且该债务的标的物种类、品质相同时,任何一方将其债务与对方的债务在对等额内相互消灭(此为法定抵销),或者该债务的标的物种类、品质各不相同,经双方协商一致而在各自债务对等额内相互消灭(意定抵销)。

(4) 提存

提存是指合同义务因合同权利人的原因而无法向其交付合同的标的物时,采取一定方法将标的物交存保管,以消灭合同的情形。

① 提存的原因

提存的原因有:债权人无正当理由拒绝受领;债权人下落不明;债权人死亡未确定继承人或者丧失民事行为能力未确定监护人;法律规定的其他情形。

② 提存的标的物

提存的标的物是指债务人依约定应当交付的标的物。提存的标的物,以适于提存者为限。标的物不适于提存或者提存费用过高的,债务人依法可以拍卖或者变卖标的物,提存所得的价款。

③ 提存的效力

标的物提存后,除债权人下落不明的以外,债务人应当及时通知债权人或者债权人的继承人、监护人。

标的物提存后,毁损、灭失的风险由债权人承担。提存期间,标的物的孳息归债权人所有。提存费用由债权人负担。

债权人可以随时领取提存物,但债权人对债务人负有到期债务的,在债权人未履行债务或者提供担保之前,提存部门根据债务人的要求应当拒绝其领取提存物。

债权人领取提存物的权利,自提存之日起 5 年内不行使而消灭,提存物扣除提存费用后归国家所有。

(5) 免除

免除是指合同权利人单方面抛弃其债权,以免去合同义务人履行负担而终止合同的情形。

(6) 混同

混同是指合同当事人中的权利人、义务人因各种原因混同为同一个人,从而引起他们之间已存在的合同归于终止的情形。

(7) 法律规定或者当事人约定终止的其他情形

案例 4-8

二维码内含精彩案例及解析,快来扫一扫吧!

4.6 合同的违约责任

 工程应用

知识点	工程应用阶段	典型工作事件	主要涉及的施工岗位	要求
合同的违约行为	工程实施阶段	工程合同的违约	企业合同部门工作人员，工程各参建方相关工作人员	掌握
合同的违约责任	工程实施阶段	工程合同的违约处罚		

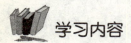 学习内容

4.6.1 合同的违约行为

违约行为是指违反合同债务的行为，即称合同债务不履行。合同债务既包括当事人在合同中约定的义务，又包括法律直接规定的义务，还包括根据法律原则和精神的要求，当事人必须遵守的义务。违约行为一般包括以下几种：

1. 不能履行

不能履行又称给付不能，是指债务人在客观上没有履行能力，或者法律禁止债务履行。在以提供劳务为标的的合同中债务人丧失工作能力，为不能履行。在以特定物为标的的合同中，该特定物毁损灭失，为不能履行。在以种类物为标的的合同中，种类物全部毁损灭失，构成不能履行。

2. 迟延履行

迟延履行又称债务人迟延、逾期履行，它是指债务人能够履行，但在履行期限届满时确未履行债务的现象。构成迟延履行，必须存在有效的债务，能够履行，而且债务履行期期限已过而债务人未履行，债务人未履行不具有正当事由。

3. 不完全履行

不完全履行又称不完全给付或不适当履行，是指债务人虽然履行了债务，但其履行不符合债务的本旨。

4. 拒绝履行

拒绝履行是债务人对债权人表示不履行合同。这种表示一般为明示的，也可以是默示的。《合同法》第108条关于当事人一方明确表示或以自己的行为表明不履行合同义务的规定，即指此类违约行为。

作为构成违约责任要件的拒绝履行，应存在着有效的债务，应有不履行的意思表示，且应有履行的能力，应为违法。

5. 债权人迟延

债权人迟延又称受领迟延，是指债权人对于已提供的给付，未为受领给付完成所必要的协

助的事实。例如,承揽场合债权人对材料的提供,居室装潢作业期间,债权人应容许债务人进入其居室;诊疗场合患者应配合医生的医疗检查并按医生的指示行为;依买卖或承揽合同,债务人交付标的物或者完成作业时,买受人或定作人的受领,等等。如果债权人不予协助或者配合,债务人将无法完成履行。

6. 预期违约

预期违约又称先期违约,是指合同履行期到来之前,一方当事人向另一方明确和坚定地表示将不履行合同,或者以自己的行为或客观事实表明将不履行合同的情况。

4.6.2　合同的违约责任

1. 违约责任的概念

违约责任是合同当事人不履行合同义务或者履行合同义务不符合约定时,依法产生的法律责任。

2. 违约责任的性质

违约责任作为民事责任的一种,具有民事责任的一般属性,包括财产性、补偿性等。

(1) 违约责任基本上是一种财产责任。在当事人不履行合同义务时,应当向另一方给付一定金钱或财物。

(2) 违约责任的补偿性。承担违约责任的主要目的在于填补合同当事人因违约行为所遭受的损失。

(3) 违约责任的相对性。违约责任只能是合同一方当事人向另一方合同当事人承担的民事责任,非合同当事人间一般不发生违约责任的请求与承担问题。

(4) 违约责任的可约定性。可约定性是合同自由原则的必然要求。

3. 违约责任的归责原则

《合同法》第 107 条规定,当事人一方不履行合同义务或者履行合同义务不符合约定的,应当承担继续履行、采取补救措施或者赔偿损失等违约责任。只要当事人履行合同不符合约定,就要承担责任。

根据严格责任原则,过错不是违约责任的构成要件,当事人只要有违约行为一个条件就可认定违约责任。如承运人因他人违章驾驶发生撞车,致使未能按期将货物运到目的地,按过错责任原则,承运人不应承担违约责任;但按严格责任原则,承运人仍应向托运人承担违约责任。

4. 违约责任的免责事由

(1) 免责事由概述

免责事由是免除当事人承担违约责任的法定或约定原因和理由。免责事由可分为法定免责事由与约定免责事由。法定免责事由是直接由法律规定的免责的事由;约定免责事由是由当事人事先在合同中约定的免责事由。

(2) 不可抗力条款

不可抗力在我国《民法通则》上是指不能预见、不能避免和不能克服的客观情况。不可抗力主要包括的情形:自然灾害,如台风、洪水、冰雹;政府行为,如征收、征用;社会异常事件,如罢工、骚乱。

（3）免责条款

免责条款是限制或免除当事人未来违约责任的条款。免责条款必须由当事人明确订入合同并成为合同内容的组成部分，不允许采用默示方式做出或者事后推定；免责条款虽然订入合同，要实际发生免责效果，还必须符合法律规定的有效条件。

5. 违约责任形式及承担

（1）违约补救措施

违约补救措施是指消除或者减轻违约损害后果的特殊的救济措施。违约救济措施是一项极富弹性的违约救济措施，内容极为宽泛。它既可以表现对违约后果的消除或减轻，如修理、重作或更换等；又可以是继续履行合同义务以实现当事人缔约目的，如供方积极组织货源。

（2）强制实际履行

强制实际履行又称特定履行或标的履行，是指在债务人不履行合同义务时，债权人请求法院或仲裁机关以国家强制力强制债务人履行合同义务的违约责任形式。强制实际履行是一种特殊的违约责任形式，其目的不在于强调损害的填补，而是强调债权人订约目的的实现，因为违约行为所导致的损失并非总是可以通过损害赔偿得到完全补偿的，所以强制实际履行有时更有利于对债权人利益的保护。

（3）赔偿损失

赔偿损失也称损害赔偿，是指违约方不履行合同或不完全履行合同而给对方造成损失，依法或依约应向对方承担的补偿责任。赔偿损失的目的是补偿受害人因违约行为所遭受的损害。从本质上讲，赔偿损失是交换关系在违约责任领域的特殊表现，是违约责任的最常见也是最重要的违约责任形式。

（4）违约金责任

违约金责任是当事人事先约定的一方违约后应向对方支付一定数额金钱的责任形式。违约金责任主要以约定而产生。违约金具有惩罚与补偿双重性质。当当事人违反合同但未给对方造成经济损失时，违约金具有惩罚的性质；如果已经给对方造成经济损失，违约金具有补偿的性质。

约定的违约金低于造成的损失的，当事人可以请求人民法院或者仲裁机构予以增加；约定的违约金过分高于造成的损失的，当事人可以请求人民法院或者仲裁机构予以适当减少。当事人就迟延履行约定违约金的，违约方支付违约金后，还应当履行债务。

违约责任与侵权责任不同，侵权责任还有恢复原状，消除影响，恢复名誉等责任承担形式。

二维码内含精彩案例及解析，快来扫一扫吧！

案例 4-9

4.7　建设工程合同

 **工程应用**

知识点	工程应用阶段	典型工作事件	主要涉及的施工岗位	要求
建设工程合同的概念	工程准备阶段	工程建设合同的谈判与订立	企业合同部门工作人员，工程各参建方相关工作人员	掌握
建设工程合同的订立	工程准备阶段			
建设工程合同的具体形态	工程准备阶段			
建设工程合同的履行	工程实施阶段	工程建设合同的履行		
建设工程合同的索赔	工程实施阶段	工期索赔、费用索赔		
建设工程合同争议解决	工程实施阶段	工程建设合同的争议解决流程		

 **学习内容**

4.7.1　建设工程合同的概念

1. 建设工程合同的概念

《合同法》规定，建设工程合同是承包人进行工程建设，发包人支付价款的合同。建设工程合同实质上是一种特殊的承揽合同。《合同法》第16章"建设工程合同"中规定，本章没有规定的，适用承揽合同的有关规定。建设工程合同可分为建设工程勘察合同、建设工程设计合同、建设工程施工合同。

2. 建设工程合同的特点

（1）合同标的的特殊性

建设工程合同的标的涉及建设工程的服务，而建设工程又具有产品固定，不能流动；产品多样，需单个完成；产品所用材料多，所需资金大；产品使用时间长，对社会影响极大的特点。

（2）合同主体的特殊性

建筑法对建设单位、勘察、设计单位、施工单位、监理单位的资质有严格的要求，只有经过建设行政主管部门审查，具有相应资质等级，并经工商行政管理部门登记注册，领取法人营业执照的单位，才具有签订承包合同的民事权利能力和民事行为能力。

（3）合同形式的要式性

由于工程建设周期长、设计因素多、专业技术性强，当事人之间的权利、义务关系十分复杂，建设工程合同必须采用书面形式。

（4）建设工程合同具有较强的国家管理性

由于建设工程对国家和社会生活影响较大，在建设合同的订立和履行上，就具有较强的国家干预色彩。

3. 建设工程合同的分类

（1）按承包方式分

① 勘察、设计合同和施工总承包合同

勘察、设计、施工总承包合同是指建设单位将全部勘察、设计和施工的任务分别发包给一个勘察、设计单位或一个施工单位作为总承包单位，经发包人同意，工程承包单位可以将勘察、设计或施工任务的一部分再分包给其他单位。

② 单位工程施工承包合同

单位工程施工承包合同是指在一些大型、复杂的建设工程中，发包人可以将专业性很强的单位工程发包给不同的承包商，与承包商分别签订土木工程施工合同、电气机械工程承包合同。

③ 工程项目总承包合同

工程项目总承包合同是指建设单位将工程包括设计、施工、材料和设备采购等一系列工作全部发包给一家承包单位，由其进行实质性的设计、施工和采购工作，最后向建设单位交付具有使用功能的工程项目。这种合同一般适用于简单、明确的常规型工程。

④ 工程项目总承包管理合同

工程项目总承包管理合同即 CM 承包方式，是指建设单位将项目设计和施工的主要部分发包给专门从事设计和施工组织管理工作单位，再由后者将其分包给若干家设计、施工单位，并对它们进行项目管理。

⑤ BOT 承包合同

BOT 承包合同是指由政府或政府授权的机构授予承包商在一定的期限内，以自筹资金建设项目并自费经营和维护，向东道国出售项目产品或服务，收取价款或酬金，期满后将项目全部无偿移交东道国政府的工程承包模式。

（2）按工程计价方式分

① 固定价格合同

固定价格合同的工程价格在实施期间不因价格变化而调整。在工程价格中应考虑价格风险因素并在合同中明确固定价格包括的范围。当合同双方在约定价格固定的基础上的，同时约定在图纸不变的情况下，工程量不作调整，则该合同就成了固定总价合同。

② 可调价格合同

可调价格合同的工程价格在实施期间可随市场材料价格等因素变化而调整，调整的范围、方法、幅度在合同中明确约定。

③ 工程成本加酬金合同

工程成本加酬金合同的工程成本按现行计价依据以合同约定的办法计算，酬金按工程成本乘以通过竞争确定的费率计算，从而确定工程竣工结算价。

（3）与建设工程有关的其他合同

严格来讲，如工程监理委托合同、物资采购合同、货物运输合同、机械设备租赁合同、保险合同等，不是建设工程合同，但是这些合同所规定的权利和义务等内容，与建设工程活动密切相关。

4.7.2　建设工程合同的订立

1. 建设工程合同订立的程序

建设工程合同受《合同法》调整,其订立与受《合同法》调整的其他合同的订立基本相同。但是,由于建设工程合同自身的特殊性,其合同的订立也存在特殊性。

对于建设工程合同的订立,当事人可以采取协议的形式。由于当事人之间的权利、义务关系复杂,建设质量、建设周期、工程价款等可变因素较多,为减少和防止国有资产的流失,法律提倡该类合同的签订采用招标、投标形式进行。

一般合同的订立需要经过要约与承诺这 2 个基本程序,建设工程合同的订立也要经过这 2 个程序。但是,依法必须招标的工程必须通过招标与投标活动来完成要约邀请、要约与承诺这 3 个程序。

(1) 招标公告(或投标邀请书)是要约邀请。

招标人通过发布招标公告或者发出投标邀请书向不特定人发出希望他人向自己发出要约的意思表示,即希望潜在投标人向招标人发出“内容明确的订立合同的意思表示”。所以,招标公告(或投标邀请书)是要约邀请。

(2) 投标文件是要约。

投标文件中含有投标人期望订立的建设工程合同的具体内容,表达了投标人期望订立合同的意思。因此,投标文件是要约。

(3) 中标通知书是承诺。

中标通知书是招标人对投标文件(即要约)的肯定答复,因而是承诺。

2. 建设工程合同的形式

《合同法》第 270 条明确规定,建设工程合同应当采用书面形式。书面形式是指以文字表现当事人所订合同的形式。合同书、信件以及数据电文(包括电报、电传、传真、电子数据交换和电子邮件)等可以有形地表现所载内容的形式,都是合同书面形式的具体表现,建设工程合同以上述任何形式订立,都应认定为符合法律的规定。对于没有采取书面形式订立的建筑工程合同的效力,应根据《合同法》第 36 条的规定予以确定,即当事人未采用书面形式但已经履行主要义务,对方接受的,该合同成立;否则,合同不成立。

此外,国家重大建设工程合同,应当按照国家规定的程序和国家批准的投资计划、可行性研究报告等文件订立。

4.7.3　建设工程合同的具体形态

1. 建设勘察、设计合同

(1) 勘察、设计合同的概念

勘察、设计合同是勘察合同和设计合同的统称,指工程的发包人或承包人与勘察人、设计人之间订立的,由勘察人、设计人完成一定的勘察设计工作,发包人或承包人支付相应价款的合同。

(2) 勘察、设计合同的内容

依据《合同法》第 274 条的规定,勘察、设计合同的内容包括以下条款:提交有关基础资料的期限,作为对勘察人、设计人提交勘察、设计成果时间上的要求,超过这一期限,应当承担违约责任;勘察或设计的质量要求,这是此类合同中最为重要的条款,也是勘察或设计所应承担的最重要的义务;勘察或设计费用;其他协作条件。

2. 建设工程施工合同

(1) 建设工程施工合同的概念

建设工程施工合同是建设工程合同中的重要部分,是指施工人(承包人)根据发包人的委托,完成建设工程项目的施工工作,发包人接受工作成果并支付报酬的合同。施工合同的内容包括工程范围、建设工期、中间交工工程的开工和竣工时间、工程质量、工程造价、技术资料交付时间、材料和设备供应责任、拨款和结算、竣工验收、质量保修范围和质量保证期、双方相互协作等条款。

(2) 建设工程施工合同的内容

依据《合同法》第 275 条的规定,建设工程施工合同的主要内容应当包含以下条款:

① 工程范围

当事人应在合同中附上《承揽工程项目一览表》及其工程量,主要包括建筑栋数、结构、层数、资金来源、投资总额以及工程的批准文号等。

② 建设工期

即建设工程的开工和竣工日期。

③ 中间交工工程的开工和竣工日期

中间交工工程是指需要在全部工程完成期限之前完工的工程。

④ 工程质量

发包人、承包人必须遵守《建设工程质量管理条例》的有关规定,保证工程质量符合工程建设强制性标准。

⑤ 工程造价

工程造价在合同条款中的约定,是整个承发包合同最关键的主要条款,应做出周密、明确的约定。

⑥ 技术资料交付时间

发包人应当在合同约定的时间内向承包人按时提供与本工程项目有关的全部技术资料;否则,造成的工期损失或者工程变更应由发包人负责。

⑦ 材料和设备供应责任

在工程建设过程中所需要的材料和设备由哪一方当事人负责提供,并应对材料和设备的验收程序加以约定。

⑧ 拨款和结算

拨款和结算即发包人向承包人拨付工程款和结算的方式和时间。

⑨ 竣工验收

竣工验收是工程建设的最后一道程序,是全面考核设计、施工的关键环节,合同双方还将在该阶段进行决算。竣工验收应当根据《建设工程质量管理条例》第 15 条的有关规定执行。

⑩ 质量保修范围和质量保修期

合同当事人应当根据实际情况确定合理的质量保修范围和质量保修期,但不得低于《建设工程质量管理条例》规定的最低质量保修范围和保修期限。

除以上 10 项基本合同条款以外,当事人还可以约定其他协作条款,如施工准备工作的分工、工程变更时的处理办法等。

3. 建设监理合同

（1）建设监理合同的概念、形式

建设监理合同是指建设单位与取得了监理资质证书的监理公司、监理事务所等监理单位签订的，委托监理单位承担监理业务而明确双方权利、义务关系的协议。

建设工程监理制度是一种先进、科学的管理方式。它的推行对控制建设工程的投资、保证建设工期、确保建设工程质量以及开拓国际建筑市场等都具有重要意义。对于建设监理合同所采用的形式，由于其对整个建设工程的重要性和合同内容本身的复杂性，一般都需要采用书面形式明确双方当事人的权利和义务。

（2）建设监理合同的内容

结合其他法律规定和监理实践，监理合同主要应包括如下几项内容：

① 工程名称，即业主委托监理单位实施监理的工程的名称。

② 工程地点，即所监理的工程位于的具体位置、地点。

③ 监理职责，即监理单位应对业主承担的义务。

④ 费用及其支付方式。监理合同的双方应明确约定监理单位监理酬金的计取方法，支付监理酬金的时间和数额，支付监理酬金所采用的货币币种、汇率等内容。另外，其他与费用有关的事项，如第三人对监理单位的收费、有争议的发票的解决、独立的审计等，也需详细说明。

另外，对发包人与监理人之间的权利、义务和责任，因监理合同为委托合同的一种，可适用委托合同的相关规则予以确定。同时，国家法律（如《建筑法》）和行政法规对监理有明确规定的，则应适用这些法规的规定。

4.7.4　建设工程合同的履行

建设工程合同的履行是指工程建设项目的发包方和承包方根据合同规定的时间、地点、方式、内容及标准等要求，各自完成合同义务的行为。

发包方履行建设工程合同最主要的义务是按约定支付合同价款，承包方履行合同最主要的义务则是按约定交付工作成果，但双方的义务都不是单一的最后的交付行为，而是一系列行为及其后果的总和。例如，发包方不仅要按时支付工程材料款、工程进度款，还要按约定提供由其自行采购的建材、设备，及时参加隐蔽工程的验收等；承包方义务的多样性表现为工程质量必须符合合同约定的等级、工期不能超过合同约定等。

1. 发包人的主要义务

（1）不得违法发包

《合同法》规定，发包人可以与总承包人订立建设工程合同，也可以分别与勘察人、设计人、施工人订立勘察、设计、施工承包合同。发包人不得将应当由一个承包人完成的建设工程肢解成若干部分发包给几个承包人。

（2）提供必要施工条件

如果发包人未按照约定的时间和要求提供原材料、设备、场地、资金、技术资料，承包人可以顺延开工日期，并有权要求赔偿停工、窝工等损失。

（3）及时检查隐蔽工程

隐蔽工程在隐蔽以前，承包人应当通知发包人检查。如果发包人没有及时检查，承包人可以顺延工程日期，并有权要求赔偿停工、窝工等损失。

（4）及时验收工程

建设工程竣工后，发包人应当根据施工图纸及说明书、国家颁发的施工验收规范和质量检验标准及时进行验收。

（5）支付工程价款

发包人应当按照合同约定的时间、地点和方式等，向承包人支付工程价款。发包人未按照约定支付价款的，承包人可以催告发包人在合理期限内支付价款。如果发包人逾期不支付，除按照建设工程的性质不宜折价、拍卖的以外，承包人可以与发包人协议将该工程折价，也可以申请人民法院将该工程依法拍卖。建设工程的价款就该工程折价或者拍卖的价款优先受偿。

2. 承包人的主要义务

（1）不得转包和违法分包工程

承包人不得将其承包的全部建设工程转包给第三人，不得将其承包的全部建设工程肢解以后以分包的名义分别转包给第三人。禁止承包人将工程分包给不具备相应资质条件的单位。禁止分包单位将其承包的工程再分包。

（2）自行完成建设工程主体结构施工

建设工程主体结构的施工必须由承包人自行完成。承包人将建设工程主体结构的施工分包给第三人的，该分包合同无效。

（3）接受发包人有关检查

发包人在不妨碍承包人正常作业的情况下，可以随时对作业进度、质量进行检查。隐蔽工程在隐蔽以前，承包人应当通知发包人检查。

（4）交付施工验收合格的建设工程

建设工程竣工，经验收合格后，方可交付使用；未经验收或者验收不合格的，不得交付使用。

（5）建设工程质量不符合约定的，无偿修理

施工人的原因致使建设工程质量不符合约定的，发包人有权要求施工人在合理期限内无偿修理或者返工、改建。经过修理或者返工、改建后，造成逾期交付的，施工人应当承担违约责任。

建设工程合同的履行适用合同履行的一般规定，这里不再赘述。

4.7.5 建设工程合同的变更、转让

1. 建设工程合同的变更

（1）建设工程程合同变更的概念

建设工程合同变更是指建设工程合同依法成立后，在尚未履行和尚未完全履行之时，因为当事人的协商或者法定原因而使合同权利义务改变的情形。

建设工程合同的变更，一般主要是在合同主体不变的情况下，对合同内容进行 3 个方面的变动：

① 标的条款的变更，主要包括标的本身、标的数量、质量、型号、规格以及标的其他方面的

条款内容发生变更。

②　履行条款的变更，主要包括价款或报酬、履行期限、地点、方式和所附条件等条款内容的变更。

③　合同责任条款变更，主要是担保、违约责任形式、合同救济方式或争议解决方式等条款内容的变更。

当事人协商一致，可以变更合同。

（2）发包人单方变更工程设计与建设工程合同变更的关系问题

在建设工程合同履行过程中，发包人出于各种考虑变更工程设计是常见的现象，而且一般条件下也会得到承包方的同意。这里需要解决 2 个问题：发包人是否有权单方变更工程设计；如果发包人有权单方变更工程设计，那么这种单方变更工程设计与建设工程合同的变更是什么关系。

关于发包人是否可以单方变更工程设计，答案是可以的。其理由在于：

①　建设工程合同就其本质而言，是一种特殊的承揽合同，承包人应按照发包人的要求进行工程建设。我国《合同法》第 258 条规定："定做人中途变更承揽工作的要求，造成承揽人损失的，应当赔偿损失。"依此规定，作为承揽合同的一方当事人的定做人有权变更承揽工作要求，只是应承担承揽人损失而已。我国《合同法》未对建设工程合同的设计变更作明确的规定，但是依《合同法》第 287 条关于"本章没有规定的，适用承揽合同的有关规定"的规定，发包人应有权单方变更工程设计，但要赔偿承包人相应的经济损失。

②　国务院颁布的《建设工程勘察设计管理条例》第 28 条规定："建设单位、施工单位、监理单位不得修改建设工程勘察设计文件；确需修改建设工程勘察、设计文件的，应当由原建设工程勘察、设计单位修改。经原建设工程勘察、设计单位书面同意，建设单位也可以委托具有相应资质的工程勘察、设计单位修改。修改单位对修改的勘察、设计文件承担相应责任。施工单位、监理单位发现建设工程勘察设计文件不符合建设强制性标准、合同约定的质量要求的，应当报告建设单位，建设单位有权要求建设工程勘察、设计单位对建设工程勘察、设计文件进行补充、修改。建设工程勘察、设计文件内容需要作重大修改的，建设单位应报原审批机关批准。"此条规定很明确，作为发包人的建设单位在"确需"的条件下，是有权变更工程设计的，只是这种变更必须遵循法律规定的程序进行。

③　发包人单方变更工程设计不仅要有相应的法律依据，而且在建设工程合同实践中，也应是被承包人认可的事实，由于工程设计上的变更一般会引起合同价款和工程工期等合同重要内容的变化，与发包人、承包人的利益密切，因此，在建设工程合同中双方一般均会对工程设计的变更以及相应的合同价款、工程工期的变更进行约定。

关于发包人单方变更工程设计与建设工程合同变更的关系。发包人单方变更工程设计是建设工程合同变更的重要原因之一，但是它又不同于这里所说的建设工程合同的变更，原因在于：

①　建设工程合同的变更，是发包人与承包人双方协商一致的结果，非经双方协商一致，则不发生变更。但是，发包人单方变更工程设计是发包人的一项法定权利，承包人必须按发包人依法变更后的设计要求进行施工，否则就构成违约。当然，因发包人变更设计给承包人造成的损失必须予以赔偿。

②　建设工程合同的变更，其内容可涉及工程承包范围、工期、合同价款、原材料供应等广

泛的范围,但发包人单方的变更一般仅限于工程设计。

　　③ 建设工程合同变更的原因是多种多样的,发包人单方变更工程设计是其中重要的原因之一。

　　一般而言,工程设计的变更仅为一般的修改完善,而非根本性的推翻原来的设计,如果属于根本性的变更设计,实际上导致建设工程项目的根本性改变,此种情况的后果是属于建设工程合同的解除和新建设工程合同的产生,而非建设工程合同的变更。但是,发包人对工程设计的非根本性变更,也会导致合同价款、工期及质量等重要内容的变更。

　　关于建设工程合同变更的效力,由于建设工程合同的变更是在原合同的基础上将合同内容发生变化,建设工程合同依法变更后,发包人与承包人应按变更后的合同履行义务,任何一方违反变更后的合同内容都将违约。同时,由于建设工程合同的变更只是原合同内容的局部变更而非全部变更,对原合同中未变更的内容,仍然继续有效,双方应继续按原合同约定的内容履行义务。

　　建设工程合同的变更不具有溯及既往的效力,已经履行的债务不因合同的变更而失去法律依据。也就是说,无论是发包人还是承包人,均不得以变更后的合同条款来作为重新调整双方在变更前的权利义务关系的依据。

　　根据我国《民法通则》第 115 条的规定,建设工程合同的变更,不影响当事人要求赔偿损失的权利。

　　2. 建设工程合同的转让

　　(1) 建设工程合同转让的概念

　　建设工程合同的转让是指建设工程合同权利人或义务人将其权利或义务的全部或部分,或者合同权利义务一并让与合同外的第三人的情形。

　　(2) 建设工程合同转让与一般合同转让的区别

　　建设工程合同转让严格受到建筑法、招标投标法等法律、行政法规的规范。如我国建设工程合同权利和义务不能全部转让,建设工程合同部分转让的应当符合对分包的规定。

　　建设工程合同转让与建设工程合同一般债权的转让是有区别的。例如,某公司为某单位建成了一栋住宅楼,且已竣工验收,但某单位仍欠某公司工程款 30 余万元未予清结。后因某公司需改制重组,欲将该项债权转让给 K 公司,经初步商议,K 公司虽同意受让,可是建设单位却表示反对,甚至认为施工合同的债权依法不得转让,故而转让一事暂停。建设施工合同的债权转让是否违法?

　　根据我国《合同法》第 79 条的规定,债权人可以将合同的权利全部或部分转让给第三人,但根据合同性质不得转让的,按照当事人约定不得转让的和依照法律规定不得转让的除外。法律、法规并不禁止建设工程施工合同项下的债权转让,只要建设工程施工合同的当事人没有约定合同项下的债权不得转让,债权人向第三人转让债权并通知债务人的,债权转让合法有效,而且债权人无须就债权转让事项征得债务人的同意。也就是说,只要债务人确认了所欠工程款的数额,只要向债务人发出了转移债务通知书,该项债权转让就是合法有效的。

　　上面这个案例属于一般合同债权,与建设工程承包合同转让还是有一定区别,承包合同涉及承包单位资质审查,分包只能是主体工程以外的非主体工程,如果允许随意转让合同,对工程质量等各方面都无法保证。

4.7.6　建设工程合同的索赔

1. 建设工程合同索赔的概念

建设工程合同索赔指在建设工程合同实施过程中当事人一方由于合同对方的原因和合同双方不可控制的原因而遭受损失时,向对方提出的补偿要求。这种补偿可以是损失费用的索赔,也可以是索赔实物。在实际工程中,索赔是双向的。除承包方可以向发包人提出索赔外,发包方也可以向承包方提出索赔。在合同履行过程中,一方违反合同或合同变更解除而给对方造成损失都可以索赔。

2. 产生索赔事件的原因

工程实施过程中产生索赔的原因是多种多样,依据工程项目的性质和特点,主要原因有业主违约、合同变更、合同解除引起的索赔、合同无效引起的索赔。

1) 业主违约

当业主未按合同约定提供施工条件及按时支付工程款、未按规定时间提交施工图纸等违约行为发生时,承包方即可提起索赔。

2) 合同变更

(1) 因协商一致的变更

建设工程施工过程中,业主和监理工程师为确保工程质量及进度,或者由于其他原因,往往会发生更换建筑材料、增加新的工作、加快施工进度或者暂停施工等相关指令,造成工程不能按原定设计及计划进行,并使工期延长,费用增加,此时承包方即可提出索赔要求。

(2) 因法定事由的变更

订立合同时显失公平或乘人之危可以引起变更。如在建设工程合同中,因受买方市场规律的制约,合同的风险主要落在承包方一方。作为补偿,法律允许它通过索赔减少风险,有经验的承包商在签订建设工程合同中事先就会设定自己索赔的权利,一旦条件成熟,就会依据合同约定提起索赔。

对合同重大误解可以引起的变更。如由于合同约定不清或合同文件出现错误、矛盾、遗漏的情况时,承包方应按业主和监理工程师的解释执行,但可对因此而增加的费用及工期提出索赔。

(3) 情势变更

建设工程,尤其是规模大、工期长、结构复杂的工程的施工,由于水文气象、地质条件变化的影响,以及规划变更和其他一些人为因素的干扰,超出合同约定的条件及相关事项的事情真可谓层出不穷,当事人尤其是承包方往往会遭受意料之外的损失,这时从合同公平原则及诚实信用原则出发,法律应该对他提供保护,允许他通过索赔对合同约定的条件进行适当的调整,以弥补其不应承担的损失。下述情形应属情势变更:

① 建设工程施工是现场露天作业,现场条件的变化对工程施工影响很大。对工程地质条件,如地下水、地质断层、地下文物遗址等,建设单位提供的勘察资料往往不完全准确,预料之外的情况经常发生。不利的自然条件及一些人为的障碍导致设计变更、工期延长或工程成本幅度增加时,即可提出索赔。

② 国家有关政策、法律的变更是当事人无法预见,但又必须执行的。当有关法律和政策变更法定休息日增加、进口限制、税率提高等造成承包方损失时,承包方都可提出索赔并理应得到赔偿。

3）合同解除引起的索赔

由于某种原因，如不可抗力因素的影响而解除合同。受损害一方有权要求索赔。

4）合同无效引起的索赔

在签订合同时，发包单位往往处于主导地位，若因发包方原因导致合同无效或部分条款无效，承包方由此受到损失，也可主张索赔。

4.7.7　建设工程合同争议解决

建设工程合同尤其是施工承包合同由于工程实施过程很长，技术和经济方面的纠纷纵横交错，合同纠纷在所难免。工程索赔是工程纠纷的普遍表现，发包方向承包方的索赔往往直接从承包方应得款项中扣除，而承包方向发包方的索赔则要先提出索赔要求，申报资料，然后由双方代表协商达成补偿协议后才能获得。

双方对索赔发生争议，可以通过以下协调、调解、仲裁和诉讼的方式解决。如工程合同纠纷所涉及的标的数额不大、责任明显、争执较小，可采取协商的方式解决。合同纠纷的调解解决，是当事人双方在第三方的主持下，通过其劝说引导、说服教育、在互谅互让的基础上达成协议，工程合同纠纷的调解主持人可以是监理工程师、合同管理部门、政府行业有关部门等。当事人双方不能通过协商或调解的方式达成一致时，可以按合同条款的规定或事后的约定，将纠纷提交仲裁机构，按照法律程序做出有约束力的裁决。诉讼是用司法程序解决纠纷，由法院受理并行使审判权，对合同双方的纠纷做出强制性裁决，诉讼是解决纠纷的最终方式。

二维码内含精彩案例及解析，

快来扫一扫吧！

案例 4 - 10

二维码内含本章习题及答案，

快来扫一扫吧！

习题 4

模块 5　建设工程质量管理制度

扫一扫可见
本章电子资源

 学习目标

　　了解我国现行建设工程质量管理的立法现状、工程质量管理体系；了解建设工程质量监督制度；熟悉建设行为主体的质量责任与义务、建设工程的竣工验收管理；了解建设工程的质量保修及违反建设工程质量管理的法律责任。

5.1　建设工程质量管理概述

 工程应用

知识点	施工应用阶段	典型工作事件	主要涉及的施工岗位	要求
建设工程质量的概念	施工全过程	质量教育、质量交底、质量验收	项目经理、技术负责人施工员、质量员、安全员等	熟悉
建设工程质量控制的立法现状	施工准备施工实施	编制施工组织设计施工索赔	技术负责人	了解
建设工程质量的管理体系	施工全过程	编制施工组织设计质量验收、工程验收	项目经理、技术负责人	熟悉

 学习内容

5.1.1　建设工程质量的概念

　　建设工程质量是指在国家现行的有关法律、法规、技术标准、设计勘察文件及合同中，对工程的安全、使用、耐久及经济美观、环境保护等方面所有明显和隐含能力的特性综合，即工程实体的质量。

　　建设工程质量蕴含于整个工程产品的形成过程中，要经过规划、勘察设计、建设实施、投入生产或使用几个阶段，每一个阶段都有国家标准的严格要求。实际上，建设工程质量的好坏是决策、计划、勘察、设计、施工等单位各方面、各环节工程质量的综合反映。影响工程实体质量的因素很多，包括人、材料、机械、方法和环境等诸多方面。

5.1.2　建设工程质量管理的立法现状

目前,我国颁布了一系列关于建设工程质量的法律、法规、规章等,形成了比较完善、成熟的建设工程质量管理法规体系。

国家建设部(现住房与城乡建设部)及有关部委自1983年以来,先后制订了多项建设工程质量管理的监督法规,主要有《建设工程质量责任暂行规定》《建设工程保修办法》《建设工程质量检验评定标准》《建设工程质量监督条例》《建设工程质量监督站工作暂行规定》《建设工程质量检测工作规定》和《建设工程质量监督管理规定》等。特别是《建筑法》和《建设工程质量管理条例》的颁布对建设工程质量做出了更加明确的规定。对建设工程质量做出全面具体的规范,不但为建设工程质量的管理监督提供了依据,而且对维护建筑市场秩序、提高人们的质量意识、增强用户的自我保护观念,发挥积极的作用。

工程现场的质量监控与验收,最重要的依据是国家、行业、地方或企业颁布的质量验收标准。我国《工程建设国家标准管理办法》规定,工程建设标准分为工程建设国家标准、工程建设行业标准、工程建设地方标准和工程建设企业标准,国家鼓励企业制定严于国家标准或者行业标准的企业标准,在企业内部适用。

5.1.3　建设工程质量的管理体系

建设工程产品有着建设周期长、价值额度大、生产的一次性、影响因素多、涉及面广等特点,建设工程质量的优劣直接关系到国民经济的发展和人民生命财产的安全。因此,加强建设工程质量的管理,是一件很重要的事情。根据有关法律法规及相关规定,我国已经建立起了比较完善的建设工程质量管理体系,包括纵向管理和横向管理。

1. 纵向管理

纵向管理是国家对建设工程质量所进行的监督管理,它具体由建设行政主管部门及其授权机构实施,这种管理贯穿在工程建设的全过程和各个环节中。它既对工程建设从计划、规划、土地管理、环保、消防、人防、节能等方面进行监督管理,又对工程建设的主体从业资质认定和审查、成果质量检测、验证和奖励等方面进行监督管理,还对工程建设中各种活动,如工程建设招投标、工程设计、工程质量验收、工程质量保修等方面进行监督管理。

2. 横向管理

横向管理主要包括建设单位对所建工程的质量管理和建设工程承包单位对所承担工作的质量管理。建设单位应以质量控制为中心,始终把工程质量作为工程项目建设管理的重点,自觉接受质量监督机构的监督和检查,协调设计、监理和施工单位的关系,通过控制项目规划、设计质量、招标投标、审定重大技术方案、施工阶段的质量控制、信息反馈等各个环节,达到控制工程质量的目的。建设工程承包单位,如勘察单位、设计单位、施工单位内部,在工程实施过程中,应按相关要求建立专门的质检机构,配备相应的质检人员,建立相应的质量保证制度(如质量管理体系、职工培训上岗制度、质量检查管理制度、质量管理组织体系和各级质量管理责任制等),完善企业的内部质量管理。

二维码内含精彩案例及解析，
快来扫一扫吧！

案例 5 - 1

5.2 建设工程质量监督制度

 工程应用

知识点	施工应用阶段	典型工作事件	主要涉及的施工岗位	要求
建设工程质量监督制度概述	施工全过程	政府对施工质量体系监控工程验收	项目经理、技术负责人质量员等	熟悉
建设工程质量监督管理的主体、责任主体及主要实施机构	施工全过程	政府对施工质量体系监控	项目经理、技术负责人	了解
建设工程质量监督机构的任务	施工全过程	政府对施工质量体系监控	项目经理、技术负责人	熟悉
建设工程质量检测监督管理	施工实施	政府对工程质量检测机构的质量监督	技术负责人	熟悉
建设工程施工许可管理	准备阶段	政府对工程施工的许可	项目经理、技术负责人	了解
建设工程竣工验收备案管理	竣工阶段	政府对工程施工的最终认可	项目经理、技术负责人	熟悉

 学习内容

5.2.1 建设工程质量监督制度概述

国家实行建设工程质量监督管理制度。2000 年 1 月 30 日发布施行的国务院第 279 号令《建设工程质量管理条例》规定，国务院建设行政主管部门对全国的建设工程质量实施统一监督管理。

《建设工程质量管理条例》明确了在市场经济条件下政府对建设工程质量监督管理的基本原则。政府建设工程质量监督的主要目的是保证建设工程使用安全和环境质量，主要依据是法律、法规和工程建设强制性标准,主要方式是政府认可的第三方强制监督(即建设工程质量监督机构),主要内容是地基基础、主体结构、环境质量和与此相关的工程建设各方主体的质量行为,主要手段是施工许可制度和竣工验收备案制度。

5.2.2　建设工程质量监督管理的主体、责任主体及主要实施机构

1. 建设工程质量监督管理的主体

根据《建设工程质量管理条例》第 43 条第 2 款的规定,国务院建设行政主管部门对全国的建设工程质量实施统一的监督管理,各级政府建设行政主管部门和其他有关部门对建设工程质量进行监督管理。

2. 建设工程质量责任主体

建设工程质量责任主体包括参与工程建设项目的建设单位、勘察单位、设计单位、施工单位、构配件生产单位和监理单位等。

3. 建设工程质量监督的主要实施机构

建设工程质量监督的主要实施机构是建设工程质量监督机构。建设工程质量监督机构是经省级以上建设行政主管部门或有关专业部门考核认定的独立法人,建设工程质量监督机构接受县级以上地方人民政府建设行政主管部门或有关专业部门的委托,依法对建设工程质量进行强制性监督,并对委托部门负责。

5.2.3　建设工程质量监督机构的任务

1. 根据政府主管部门的委托,受理建设工程项目质量监督

2. 制订质量监督工作方案

(1)确定负责该项工程的质量监督工程师和助理质量监督工程师。

(2)根据有关法律、法规和工程建设强制性标准,针对工程特点,明确监督的具体内容、监督方式。

(3)在方案中对地基基础、主体结构和其他涉及结构安全的重要部位和关键工序,做出实施监督的详细计划和安排。

(4)建设工程质量监督机构应将质量监督工作方案通知建设、勘察、设计、施工、监理单位。

3. 检查施工现场工程建设各方主体的质量行为

(1)核查施工现场工程建设各方主体及有关人员的资质或资格。

(2)检查勘察、设计、施工、监理单位的质量保证体系和质量责任制的落实情况。

(3)检查有关质量文件、技术资料是否齐全和是否符合规定。

4. 检查建设工程的实体质量

(1)按照质量监督工作方案,对建设工程地基基础、主体结构和其他涉及结构安全的关键部位进行现场实地抽查。

(2)对用于工程的主要建筑材料、构配件的质量进行抽查。

(3)对地基基础分部、主体结构分部工程和其他涉及结构安全的分部工程的质量验收进行监督。

5. 监督工程竣工验收

（1）检查监督建设单位组织的工程竣工验收的组织形式、验收程序以及在验收过程中提供的有关资料和形成的质量评定文件是否符合有关规定。

（2）检查实体质量是否存有严重缺陷。

（3）检查工程质量的检验评定是否符合国家验收标准。

6. 工程竣工验收后 5 日内，应向委托部门报送建设工程质量监督报告

（1）对地基基础和主体结构质量检查的结论。

（2）检查工程竣工验收的程序、内容和质量检验评定是否符合有关规定。

（3）历次抽查该工程发现的质量问题和处理情况等内容。

7. 对预制建筑构件和商品混凝土的质量进行监督

8. 受委托部门委托，按规定收取工程质量监督费

9. 政府主管部门委托的工程质量监督管理的其他工作

《建设工程质量管理条例》同时规定，政府有关主管部门履行监督检查职责时，有权采取下列措施：

① 要求被检查的单位提供有关工程质量的文件和资料。

② 进入被检查的施工现场进行检查。

③ 发现有影响工程质量的问题时，责令改正。

5.2.4　建设工程质量检测监督管理

1. 建设工程质量检测概念

建设工程质量检测（简称质量检测），是指工程质量检测机构（简称检测机构）接受委托，依据国家有关法律、法规和工程建设强制性标准，对涉及结构安全项目的抽样检测和对进入施工现场的建筑材料、构配件的见证取样检测。

2. 建设工程质量检测监督管理的规定

国务院建设主管部门负责对全国质量检测活动实施监督管理，并负责制定检测机构资质标准。省、自治区、直辖市人民政府建设主管部门负责对本行政区域内的质量检测活动实施监督管理，并负责检测机构的资质审批。市、县人民政府建设主管部门负责对本行政区域内的质量检测活动实施监督管理。

（1）对建设工程质量检测机构管理的要求

检测机构是具有独立法人资格的中介机构，检测机构从事规定的质量检测业务应当取得相应的资质证书；检测机构资质按照其承担的检测业务内容分为专项检测机构资质和见证取样检测机构资质；检测机构未取得相应的资质证书，不得承担规定的质量检测业务。

任何单位和个人不得涂改、倒卖、出租、出借或者以其他形式非法转让资质证书。

质量检测业务，由工程项目建设单位委托具有相应资质的检测机构进行检测，委托方与被委托方应当签订书面合同；检测结果利害关系人对检测结果发生争议的，由双方共同认可的检测机构复检，复检结果由提出复检方报当地建设主管部门备案。

质量检测试样的取样应当严格执行有关工程建设标准和国家有关规定，在建设单位或者工程监理单位监督下现场取样。提供质量检测试样的单位和个人，应当对试样的真实性负责。

检测机构完成检测业务后,应当及时出具检测报告。检测报告经检测人员签字、检测机构法定代表人或者其授权的签字人签署,并加盖检测机构公章或者检测专用章后方可生效。见证取样检测的检测报告中应当注明见证人单位及姓名。

任何单位和个人不得明示或者暗示检测机构出具虚假检测报告,不得篡改或者伪造检测报告;检测人员不得同时受聘于两个或者两个以上的检测机构;检测机构不得转包检测业务。

检测机构应当对其检测数据和检测报告的真实性和准确性负责;检测机构应当将检测过程中发现的建设单位、监理单位、施工单位违反有关法律、法规和工程建设强制性标准的情况,以及涉及结构安全检测结果的不合格情况,及时报告工程所在地建设主管部门。

(2) 县级以上地方人民政府建设主管部门对检测机构监督检查的主要内容

县级以上地方人民政府建设主管部门对检测机构监督检查的主要内容有:是否符合《建设工程质量检测管理办法》(建设部令第 141 号)规定的资质标准;是否超出资质范围从事质量检测活动;是否有涂改、倒卖、出租、出借或者以其他形式非法转让资质证书的行为;是否按规定在检测报告上签字盖章,检测报告是否真实;检测机构是否按有关技术标准和规定进行检测;仪器设备及环境条件是否符合计量认证要求;法律、法规规定的其他事项。

5.2.5　建设工程施工许可管理

建设工程项目执行施工许可制度,开工前应办理好施工许可证,否则视为违规开工。详见模块 2 中 2.4 节。

5.2.6　建设工程竣工验收备案管理

《建设工程质量管理条例》明确了建设工程竣工验收备案制度,该项制度是加强政府监督管理、防止不合格工程流向社会的一个重要手段。根据《建设工程质量管理条例》和《房屋建筑工程和市政基础设施工程竣工验收备案管理暂行办法》的有关规定,建设单位应当在工程竣工验收合格后的 15 日内,将建设工程竣工验收报告和规划、公安消防、环保等部门出具的认可文件或者准许使用文件报建设行政主管部门或者其他有关部门备案。

建设单位办理工程竣工验收备案应当提交下列文件:

① 工程竣工验收备案表;

② 工程竣工验收报告,应当包括工程报建日期,施工许可证号,施工图设计文件审查意见,勘察、设计、施工、工程监理等单位分别签署的质量合格文件及验收人员签署的竣工验收原始文件,市政基础设施的有关质量检测和功能性试验资料以及备案机关认为需要提供的有关资料;

③ 法律、行政法规规定应当由规划、环保等部门出具的认可文件或者准许使用文件;

④ 法律规定应当由公安消防部门出具的,对大型的人员密集场所和其他特殊建设工程验收合格的证明文件;

⑤ 施工单位签署的工程质量保修书;

⑥ 法规、规章规定必须提供的其他文件,住宅工程还应当提交《住宅质量保证书》和《住宅使用说明书》。

备案机关收到建设单位报送的竣工验收备案文件,验证文件齐全后,应当在工程竣工验收备案表上签署文件收讫,备案机关发现建设单位在竣工验收过程中有违反国家有关建设工程质量管理规定行为的,应当在收讫竣工验收备案文件 15 日内,责令停止使用,重新组织竣工验收。

5.3　建设行为主体的质量责任和义务

 工程应用

知识点	施工应用阶段	典型工作事件	主要涉及的施工岗位	要求
建设单位的质量责任和义务	施工全过程	建设方提供的物资应符合要求,建设方组织竣工验收,建设方移交工程档案	项目经理、技术负责人	熟悉
勘察、设计单位的质量责任和义务	施工全过程	图纸会审,参与建设工程质量事故	技术负责人	了解
施工单位的质量责任和义务	施工全过程	总分包质量责任区分,施工单位对施工质量负总责	项目经理、技术负责人施工员、质量员、安全员等	掌握
工程监理单位的质量责任和义务	施工全过程	监理的签字确认权	项目经理、技术负责人质量员等	熟悉

 学习内容

　　凡在中华人民共和国境内从事建设工程的新建、扩建、改建等有关活动及实施对建设工程质量监督管理的,必须遵守《建设工程质量管理条例》。该条例明确规定,建设单位、勘察单位、设计单位、施工单位、工程监理单位依法对建设工程质量负责。

　　国家鼓励采用先进的科学技术和管理方法,提高建设工程质量。

5.3.1　建设单位的质量责任和义务

1. 依法对工程进行发包的责任

建设单位应当将工程发包给具有相应资质等级的单位。建设单位不得将建设工程肢解发包。

2. 依法对材料设备进行招标的责任

建设单位应当依法对工程建设项目的勘察、设计、施工、监理以及与工程建设有关的重要设备、材料等的采购进行招标。

3. 提供原始资料的责任

建设单位必须向有关的勘察、设计、施工、工程监理等单位提供与建设工程有关的原始资料。原始资料必须真实、准确、齐全。

4. 不得干预投标人的责任

建设工程发包单位不得迫使承包方以低于成本的价格竞标,不得任意压缩合理工期。建设单位不得明示或者暗示设计单位或者施工单位违反工程建设强制性标准,降低建设工程质量。

5. 送审施工图的责任

建设单位应当将施工图设计文件报县级以上人民政府建设行政主管部门或者其他有关部门审查。施工图设计文件未经审查批准时,不得使用。

6. 委托监理的责任

实行监理的建设工程,建设单位应当委托具有相应资质等级的工程监理单位进行监理,也可以委托具有工程监理相应资质等级并与被监理工程的施工承包单位没有隶属关系或者其他利害关系的该工程的设计单位进行监理。下列建设工程必须实行监理:国家重点建设工程;大中型公用事业工程;成片开发建设的住宅小区工程;利用外国政府或者国际组织贷款、援助资金的工程;国家规定必须实行监理的其他工程。

7. 依法办理工程质量监督手续的责任

建设单位在领取施工许可证或者开工报告前,应当按照国家有关规定办理工程质量监督手续。

8. 确保提供的物资符合要求的责任

按照合同约定,由建设单位采购建筑材料、建筑构配件和设备的,建设单位应当保证建筑材料、建筑构配件和设备符合设计文件和合同要求。建设单位不得明示或者暗示施工单位使用不合格的建筑材料、建筑构配件和设备。

9. 不得擅自改变主体和承重结构进行装修的责任

涉及建筑主体和承重结构变动的装修工程,建设单位应当在施工前委托原设计单位或者具有相应资质等级的设计单位提出设计方案;没有设计方案的,不得施工。房屋建筑使用者在装修过程中,不得擅自变动房屋建筑主体和承重结构。

10. 依法组织竣工验收的责任

建设单位收到建设工程竣工报告后,应当组织设计、施工、工程监理等有关单位进行竣工验收。

11. 移交建设项目档案的责任

建设单位应当严格按照国家有关档案管理的规定,及时收集、整理建设项目各环节的文件资料,建立、健全建设项目档案,并在建设工程竣工验收后,及时向建设行政主管部门或者其他有关部门移交建设项目档案。

5.3.2　勘察、设计单位的质量责任和义务

1. 依法承揽工程的责任

从事建设工程勘察、设计的单位应当依法取得相应等级的资质证书,并在其资质等级许可

的范围内承揽工程。禁止勘察、设计单位超越其资质等级许可的范围或者以其他勘察、设计单位的名义承揽工程。禁止勘察、设计单位允许其他单位或者个人以本单位的名义承揽工程。勘察、设计单位不得转包或者违法分包所承揽的工程。

2. 对勘察、设计的质量负责

勘察、设计单位必须按照工程建设强制性标准进行勘察、设计,并对其勘察、设计的质量负责。注册建筑师、注册结构工程师等注册执业人员应当在设计文件上签字,对设计文件负责。勘察单位提供的地质、测量、水文等勘察成果必须真实、准确。设计单位应当根据勘察成果文件进行建设工程设计。设计文件应当符合国家规定的设计深度要求,并注明工程合理使用年限。

3. 选用建筑材料、构配件和设备的责任

设计单位在设计文件中选用的建筑材料、建筑构配件和设备时,应当注明规格、型号、性能等技术指标,其质量要求必须符合国家规定的标准。除有特殊要求的建筑材料、专用设备、工艺生产线等外,设计单位不得指定生产厂、供应商。

4. 解释设计文件的责任

设计单位应当就审查合格的施工图设计文件向施工单位做出详细说明。

5. 参与建设工程质量事故的责任

设计单位应当参与建设工程质量事故分析,并对因设计造成的质量事故,提出相应的技术处理方案。

5.3.3　施工单位的质量责任和义务

1. 依法承揽工程的责任

施工单位应当依法取得相应等级的资质证书,并在其资质等级许可的范围内承揽工程。禁止施工单位超越本单位资质等级许可的业务范围或者以其他施工单位的名义承揽工程。禁止施工单位允许其他单位或者个人以本单位的名义承揽工程。施工单位不得转包或者违法分包工程。

2. 建立质量保证体系的责任

施工单位对建设工程的施工质量负责。施工单位应当建立质量责任制,确定工程项目的项目经理、技术负责人和施工管理负责人。建设工程实行总承包的,总承包单位应当对全部建设工程质量负责;建设工程勘察、设计、施工、设备采购的一项或者多项实行总承包的,总承包单位应当对其承包的建设工程或者采购的设备的质量负责。

3. 分包单位保证工程质量的责任

总承包单位依法将建设工程分包给其他单位的,分包单位应当按照分包合同的约定对其分包工程的质量向总承包单位负责,总承包单位与分包单位对分包工程的质量承担连带责任。

4. 按图施工的责任

施工单位必须按照工程设计图纸和施工技术标准施工,不得擅自修改工程设计,不得偷工减料。施工单位在施工过程中发现设计文件和图纸有差错时,应当及时提出意见和建议。

5. 对建筑材料、构配件和设备进行检验的责任

施工单位必须按照工程设计要求、施工技术标准和合同约定,对建筑材料、建筑构配件、设备和商品混凝土进行检验,检验应当有书面记录和专人签字;未经检验或者检验不合格的,不得使用。

6. 对施工质量进行检验的责任

施工单位必须建立、健全施工质量的检验制度，严格工序管理，做好隐蔽工程的质量检查和记录。

7. 见证取样的责任

施工人员对涉及结构安全的试块、试件以及有关材料，应当在建设单位或者工程监理单位监督下现场取样，并送具有相应资质等级的质量检测单位进行检测。

8. 保修的责任

施工单位对施工中出现质量问题的建设工程或者竣工验收不合格的建设工程，应当负责返修。

9. 教育培训的责任

施工单位应当建立、健全教育培训制度，加强对职工的教育培训；未经教育培训或者考核不合格的人员不得上岗作业。

5.3.4　工程监理单位的质量责任和义务

1. 依法承揽业务

工程监理单位应当依法取得相应等级的资质证书，并在其资质等级许可的范围内承担工程监理业务。禁止工程监理单位超越本单位资质等级许可的范围或者以其他工程监理单位的名义承担工程监理业务。禁止工程监理单位允许其他单位或者个人以本单位的名义承担工程监理业务。工程监理单位不得转让工程监理业务。

2. 独立监理

工程监理单位与被监理工程的施工承包单位以及建筑材料、建筑构配件和设备供应单位有隶属关系或者其他利害关系时，不得承担该项建设工程的监理业务。

3. 依法监理

工程监理单位应当依照法律、法规以及有关技术标准、设计文件和建设工程承包合同，代表建设单位对施工质量实施监理，并对施工质量承担监理责任。

4. 签字确认

工程监理单位应当选派具备相应资格的总监理工程师和监理工程师进驻施工现场。

未经监理工程师签字，建筑材料、建筑构配件和设备不得在工程上使用或者安装，施工单位不得进行下一道工序的施工。未经总监理工程师签字，建设单位不拨付工程款，不进行竣工验收。

二维码内含精彩案例及解析，快来扫一扫吧！

案例 5-3

5.4　建设工程的竣工验收管理

 **工程应用**

知识点	施工应用阶段	典型工作事件	主要涉及的施工岗位	要求
建设工程竣工验收的主体	竣工验收	建设单位组织竣工验收	项目经理、技术负责人	了解
竣工验收应当具备的法定条件	竣工验收	完成合同约定内容方可验收，技术资料完整，应签署工程保修书	技术负责人	掌握
建设工程竣工验收的程序	竣工验收	施工单位自检，监理机构初验，建设单位组织正式竣工验收	项目经理、技术负责人、质量员等	掌握

 **学习内容**

5.4.1　建设工程竣工验收的主体

《建设工程质量管理条例》规定，建设单位收到建设工程竣工报告后，应当组织设计、施工、工程监理等有关单位进行竣工验收。在建设工程完工后，承包单位应当向建设单位提供完整的竣工资料和竣工验收报告，提请建设单位组织竣工验收，建设单位收到竣工验收报告后，应及时组织设计、施工、监理等有关单位参加的竣工验收，检查整个工程项目是否已按照设计要求和合同约定全部建设完成，并符合竣工验收条件。

5.4.2　竣工验收应当具备的法定条件

工程项目的竣工验收是施工全过程的最后一道程序，是建设投资成果转入生产或使用的标志，也是全面考核投资效益、检验设计和施工质量的重要环节。《建设工程质量管理条例》规定了建设工程竣工验收应当具备的法定条件。

1. 完成建设工程设计和合同约定的各项内容

建设工程设计和合同约定的内容，主要是指设计文件所确定的以及承包合同"承包人承揽工程项目一览表"中载明的工作范围，也包括监理工程师签发的变更通知单中所确定的工作内容。承包单位必须按合同的约定，按质、按量、按时完成上述工作内容，使工程具有正常的使用功能。

2. 有完整的技术档案和施工管理资料

工程技术档案和施工管理资料是工程竣工验收和质量保证的重要依据之一，主要包括以下档案和资料：

① 工程项目竣工验收报告；

　　② 分项、分部工程和单位工程技术人员名单；

　　③ 图纸会审和技术交底记录；

　　④ 设计变更通知单，技术变更核实单；

　　⑤ 工程质量事故发生后的调查和处理资料；

　　⑥ 隐蔽验收记录及施工日志；

　　⑦ 竣工图；

　　⑧ 质量检验评定资料等；

　　⑨ 合同约定的其他资料。

3. 有工程使用的主要建筑材料、建筑构配件和设备的进场试验报告

对建设工程使用的主要建筑材料、建筑构配件和设备，除须具有质量合格证明资料外，还应当有进场试验、检验报告，其质量要求必须符合国家规定的标准。

4. 有勘察、设计、施工、工程监理等单位分别签署的质量合格文件

勘察、设计、施工、工程监理等有关单位要依据工程设计文件及承包合同所要求的质量标准，对竣工工程进行检查评定；符合规定的，应当签署合格文件。

5. 有施工单位签署的工程保修书

施工单位同建设单位签署的工程保修书，也是交付竣工验收的条件之一。

凡是没有经过竣工验收或者经过竣工验收确定为不合格的建设工程，不得交付使用。如果建设单位为提前获得投资效益，在工程未经验收就提前投产或使用，由此发生的质量等问题建设单位要承担责任。

5.4.3　建设工程竣工验收的程序

1. 施工单位竣工预检

预检工作一般可视工程重要程度及工程情况，分层次进行，通常有 3 个层次。

（1）基层施工单位自检

基层施工单位自检是指由施工队长组织施工队的有关职能人员，对拟报竣工工程的情况和条件，根据施工图要求、合同约定和验收标准进行检查验收。自检的内容主要包括竣工项目是否符合有关规定，工程质量是否符合质量检验评定标准，工程资料是否齐全，工程完成情况是否符合施工图纸及使用要求等。若有不足之处，应及时组织力量，限期修理完成。

（2）项目经理组织自检

项目经理根据施工队的报告，由项目经理组织生产、技术、质量、预算等部门进行自检，自检的内容及要求参照基层施工单位自检的内容和要求。经严格检验并确认达到竣工标准后，可填报竣工验收通知单。

（3）公司级自检

根据项目经理的申请，竣工工程可视其重要程度和性质，由公司组织检查验收，也可分部门分别检查验收，并进行评价。对不符合要求的项目提出修补措施，由施工队定期完成，再进行检查，以便决定是否提请正式验收。

2. 施工单位提请验收申请报告

施工单位决定正式提请验收后应向监理单位送交验收申请报告，监理工程师收到申请报告后，应参照工程合同的要求、验收标准等进行仔细的审查。

3. 监理机构根据申请报告作现场初验

监理机构审查完验收申请报告后,若认为可以进行验收,则应由监理人员组成验收班子对竣工的工程项目进行初验。如果在初验中发现的质量问题,应及时以书面通知或备忘录的形式告诉施工单位,并令其按有关的质量要求进行修理甚至返工。

4. 建设单位组织设计、施工、监理等单位正式竣工验收

在监理工程师初验合格的基础上,建设单位应组织设计、施工、监理等单位,组成验收小组,在规定的时间内进行正式竣工验收。正式竣工内容包括:

① 检查工程实体质量。

② 检查工程建设参与各方提供的竣工资料。

③ 对建筑工程的使用功能进行抽查、试验,例如厕所、阳台泼水试验,浴缸、水盘、水池盛水试验,通水、通电试验,排污主管通球试验及绝缘电阻、接地电阻、漏电跳闸测试等。

④ 对竣工验收情况进行汇总讨论,并听取质量监督机构对该工程质量监督情况。

⑤ 形成竣工验收意见,填写《建设工程竣工验收备案表》和《建设工程竣工验收报告》,建设、设计、施工、监理单位签字盖章。

⑥ 当在验收过程中发现严重问题,达不到竣工验收标准时,验收小组应责成责任单位立即整改,并宣布本次验收无效,重新确定时间组织竣工验收。

⑦ 在竣工验收过程中发现一般需整改质量问题时,验收小组可形成初步验收意见,填写有关表格,有关人员签字,但建设单位不加盖公章。验收小组责成有关责任单位整改,可委托建设单位项目负责人组织复查,整改完毕符合要求后,加盖建设单位公章。

竣工验收书必须在建设、设计、施工、监理单位都签字后才有效。

5.5　建设工程的质量保修

 工程应用

知识点	施工应用阶段	典型工作事件	主要涉及的施工岗位	要求
建设工程的质量保修概述	保修阶段	建设工程施工质量保修内容	项目经理、技术负责人	熟悉
质量保修范围和期限	保修阶段	主要房屋建筑分部工程保修期限	项目经理、技术负责人	熟悉

（续表）

知识点	施工应用阶段	典型工作事件	主要涉及的施工岗位	要求
保修义务的责任落实和损失赔偿责任的承担	保修阶段	建设工程保修责任的划分	项目经理、技术负责人	熟悉
保修期限和保修范围内发生质量问题的处理	保修阶段	施工单位应履行保修义务	项目经理	了解

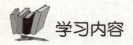 学习内容

5.5.1　建设工程的质量保修概述

　　建设工程质量保修制度是指对建设工程在交付使用后的一定期限内发现的质量缺陷，由施工单位承担责任的一种法律制度。质量缺陷是指建设工程质量不符合工程建设强制性标准、设计文件以及承包合同中对质量要求的情况。

　　为了保证质量保修制度的执行，建设工程承包单位在向建设单位提交工程竣工验收报告时，应向建设单位出具质量保修书。《建设工程质量保修书》的内容包括保修范围、保修期限和承诺保修责任。

　　1. 保修范围

　　保修范围应包括地基基础工程、主体结构工程、屋面防水工程和其他土建工程、电气管线、上下水管线的安装工程，以及供热供冷系统等项目。

　　2. 保修期限

　　保修期限应当按照保证建筑物合理寿命年限内正常使用，维护使用者合法权益的原则确定。保修期限从竣工验收交付使用之日算起。

　　3. 承诺保修责任

　　建设工程施工单位向建设单位承诺保修范围、保修期限和有关具体实施保修的有关规定和措施，如保修的方法、保修人员和联络方法，答复和处理的时限，不履行保修责任的罚则等。

　　对于住宅工程的质量保修，《城市房地产开发经营管理条例》第31条规定"房地产开发企业应当在商品房交付使用时，向购买人提供住宅质量保证书和住宅使用说明书"，对住宅工程质量保修制度的执行提出了更高的要求。

　　施工单位在《建设工程质量保修书》中对建设单位合理使用工程应有提示。因建设单位或用户使用不当或擅自改动结构、设备位置或不当装修和使用等造成质量问题，施工单位不承担保修责任；因此造成的房屋质量受损或其他用户损失由责任人承担相应责任。

5.5.2　质量保修范围和期限

　　质量保修范围和期限由发包方和承包方在质量保修书中具体约定，双方约定的保修范围、保修期限必须符合国家有关规定。在正常使用下，房屋建设工程的最低保修期限见下表。

房屋建设工程的最低保修期限

工程项目	最低保修期限
地基基础工程、主体结构工程	设计文件规定的该工程的合理使用年限
屋面防水工程,有防水要求的卫生间、房间和外墙面的防渗漏	5 年
供热与供冷系统	2 个采暖期、供冷期
电气管线、给排水管道、设备安装	2 年
装修工程	2 年

其他项目的保修期限由发包方与承包方约定。建设工程的保修期自竣工验收合格之日起计算,但住宅工程售房单位对用户的保修期要从房屋出售之日起计算。

5.5.3　保修义务的责任落实和损失赔偿责任的承担

建设工程保修的质量问题是指保修范围和保修期限内发生的问题。施工单位必须履行保修义务,明确保修的责任者。施工单位对造成的损失承担赔偿责任。

保修义务和经济责任的承担按下述原则处理:

① 施工单位未按国家有关标准、规范和设计要求施工,造成质量问题的,由施工单位负责返修并承担经济责任。

② 由于设计方面的原因造成质量问题的,先由施工单位负责维修,其经济责任按有关规定通过建设单位向设计单位索赔。

③ 因建筑材料、构配件和设备质量不合格引起质量问题的,先由施工单位负责维修,其经济责任属于施工单位采购的,由施工单位承担经济责任;属于建设单位采购的,由建设单位承担经济责任。

④ 因建设单位(含监理单位)错误管理造成质量问题的,先由施工单位负责维修,其经济责任由建设单位承担,若属监理单位责任的,则由建设单位向监理单位索赔。

⑤ 因使用单位使用不当造成的损坏问题,先由施工单位负责维修,其经济责任由使用单位自行负责。

⑥ 因地震、洪水、台风等不可抗拒原因造成的损坏问题,先由施工单位负责维修,建设项目参与各方根据国家具体政策分担经济责任。

5.5.4　保修期限和保修范围内发生质量问题的处理

一般应先由建设单位组织勘察、设计、施工等单位分析质量问题的原因,确定保修方案,由施工单位负责保修。施工单位接到保修通知后,应当到现场核查情况,并在保修书约定的时间内予以保修。

当问题严重和紧急时,不管是什么原因造成的,均先由施工单位履行保修义务,不得推诿和扯皮。如果发生涉及结构安全或者严重影响使用功能的紧急抢修事故,施工单位接到保修通知后,应当立即到达现场抢修。如果发生涉及结构安全的质量缺陷,建设单位或者房屋建筑所有人应当立即向当地建设行政主管部门报告,采取安全防范措施;由原设计单位或者具有相应资质等级的设计单位提出保修方案,施工单位实施保修,原工程质量监督机构负责监督。

对引起质量问题分析原因应实事求是,科学分析,分清责任,按责任大小由责任方承担不同比例的经济赔偿。损失既包括因工程质量造成的直接损失,即用于返修的费用,也包括间接损失,如给使用人或第三人造成的财产或非财产损失等。

在保修期后的建筑物合理使用寿命内,因建设工程使用功能的质量缺陷造成的工程使用损害,由建设单位负责维修,并承担责任方的赔偿责任。

二维码内含精彩案例及解析,

快来扫一扫吧!

案例 5-5

5.6　违反建设工程质量管理的法律责任

工程应用

知识点	施工应用阶段	典型工作事件	主要涉及的施工岗位	要求
建设单位违反建设工程质量管理的法律责任	施工全过程	建设单位不得明示或者暗示施工单位违反工程建设强制性标准	项目经理、技术负责人	熟悉
施工单位违反建设工程质量管理的法律责任	施工全过程	施工单位的转包与违法分包,施工中偷工减料、使用不合格的建筑材料、建筑构配件和设备的处罚	项目经理、技术负责人	掌握
勘察、设计、监理单位等违反建设工程质量管理的法律责任	施工全过程	监理单位将不合格的工程签署合格的责任	项目经理、技术负责人	了解

学习内容

《建筑法》《建设工程质量管理条例》对建筑业企业违反建设工程质量管理的法律责任有明确的规定。

建设单位将建设工程发包给不具有相应资质等级的勘察、设计、施工单位或者委托给不具有相应资质等级的工程监理单位的,责令改正,处 50 万元以上 100 万元以下的罚款。

建设单位将建设工程肢解发包的,责令改正,处工程合同价款 0.5% 以上 1% 以下的罚款;

对全部或者部分使用国有资金的项目,并可以暂停项目执行或者暂停资金拨付。

建设单位有下列行为之一的,责令改正,处 20 万元以上 50 万元以下的罚款:

① 迫使承包方以低于成本的价格竞标的;

② 任意压缩合理工期的;

③ 明示或者暗示设计单位或者施工单位违反工程建设强制性标准,降低工程质量的;

④ 施工图设计文件未经审查或者审查不合格,擅自施工的;

⑤ 建设项目必须实行工程监理而未实行工程监理的;

⑥ 未按照国家规定办理工程质量监督手续的;

⑦ 明示或者暗示施工单位使用不合格的建筑材料、建筑构配件和设备的;

⑧ 未按照国家规定将竣工验收报告、有关认可文件或者准许使用文件报送备案的。

建设单位未取得施工许可证或者开工报告未经批准,擅自施工的,责令停止施工,限期改正,处工程合同价款 1% 以上 2% 以下的罚款。

建设单位有下列行为之一的,责令改正,处工程合同价款 2% 以上 4% 以下的罚款,造成损失的,依法承担赔偿责任:

① 未组织竣工验收,擅自交付使用的;

② 验收不合格,擅自交付使用的;

③ 对不合格的建设工程按照合格工程验收的。

建设工程竣工验收后,建设单位未向建设行政主管部门或者其他有关部门移交建设项目档案的,责令改正,处 1 万元以上 10 万元以下的罚款。

勘察、设计、施工、工程监理单位超越本单位资质等级承揽工程的,责令停止违法行为,对勘察、设计单位或者工程监理单位处合同约定的勘察费、设计费或者监理酬金 1 倍以上 2 倍以下的罚款;对施工单位处工程合同价款 2% 以上 4% 以下的罚款,可以责令停业整顿,降低资质等级;情节严重的,吊销资质证书;有违法所得的,予以没收。未取得资质证书承揽工程的,予以取缔,依照前款规定处以罚款;有违法所得的,予以没收。以欺骗手段取得资质证书承揽工程的,吊销资质证书,有违法所得的,予以没收。

勘察、设计、施工、工程监理单位允许其他单位或者个人以本单位名义承揽工程的,责令改正,没收违法所得,对勘察、设计单位和工程监理单位处合同约定的勘察费、设计费和监理酬金 1 倍以上 2 倍以下的罚款;对施工单位处工程合同价款 2% 以上 4% 以下的罚款;可以责令停业整顿,降低资质等级;情节严重的,吊销资质证书。

承包单位将承包的工程转包或者违法分包的,责令改正,没收违法所得,对勘察、设计单位处合同约定的勘察费、设计费 25% 以上 50% 以下的罚款;对施工单位处工程合同价款 0.5% 以上 1% 以下的罚款;可以责令停业整顿,降低资质等级;情节严重的,吊销资质证书。工程监理单位转让工程监理业务的,责令改正,没收违法所得,处合同约定的监理酬金 25% 以上 50% 以下的罚款;可以责令停业整顿,降低资质等级;情节严重的,吊销资质证书。

有下列行为之一的,责令改正,处 10 万元以上 30 万元以下的罚款:

① 勘察单位未按照工程建设强制性标准进行勘察的;

② 设计单位未根据勘察成果文件进行工程设计的;

③ 设计单位指定建筑材料、建筑构配件的生产厂、供应商的;

④ 设计单位未按照工程建设强制性标准进行设计的。有前款所列行为,造成工程质量事

故的,责令停业整顿,降低资质等级;情节严重的,吊销资质证书;造成损失的,依法承担赔偿责任。

施工单位在施工中偷工减料的,使用不合格的建筑材料、建筑构配件和设备的,或者有不按照工程设计图纸或者施工技术标准施工的其他行为的,责令改正,处工程合同价款 2％以上 4％以下的罚款;造成建设工程质量不符合规定的质量标准的,负责返工、修理,并赔偿因此造成的损失;情节严重的,责令停业整顿,降低资质等级或者吊销资质证书。

施工单位未对建筑材料、建筑构配件、设备和商品混凝土进行检验,或者未对涉及结构安全的试块、试件以及有关材料取样检测的,责令改正,处 10 万元以上 20 万元以下的罚款;情节严重的,责令停业整顿,降低资质等级或者吊销资质证书;造成损失的,依法承担赔偿责任。

施工单位不履行保修义务或者拖延履行保修义务的,责令改正,处 10 万元以上 20 万元以下的罚款,并对在保修期内因质量缺陷造成的损失承担赔偿责任。

工程监理单位有下列行为之一的,责令改正,处 50 万元以上 100 万元以下的罚款,降低资质等级或者吊销资质证书(有违法所得的则予以没收,造成损失则承担连带赔偿责任):

① 与建设单位或者施工单位串通,弄虚作假、降低工程质量的;

② 将不合格的建设工程、建筑材料、建筑构配件和设备按照合格签字的。

工程监理单位与被监理工程的施工承包单位以及建筑材料、建筑构配件和设备供应单位有隶属关系或者其他利害关系承担该项建设工程的监理业务的,责令改正,处 5 万元以上 10 万元以下的罚款,降低资质等级或者吊销资质证书;有违法所得的,予以没收。

涉及建筑主体或者承重结构变动的装修工程,没有设计方案擅自施工的,责令改正,处 50 万元以上 100 万元以下的罚款;房屋建筑使用者在装修过程中擅自变动房屋建筑主体和承重结构的,责令改正,处 5 万元以上 10 万元以下的罚款。有前款所列行为,造成损失的,依法承担赔偿责任。

发生重大工程质量事故隐瞒不报、谎报或者拖延报告期限的,对直接负责的主管人员和其他责任人员依法给予行政处分。

供水、供电、供气、公安消防等部门或者单位明示或者暗示建设单位或者施工单位购买其指定的生产供应单位的建筑材料、建筑构配件和设备的,责令改正。

注册建筑师、注册结构工程师、监理工程师等注册执业人员因过错造成质量事故的,责令停止执业 1 年;造成重大质量事故的,吊销执业资格证书,5 年以内不予注册;情节特别恶劣的,终身不予注册。

给予单位罚款处罚的,对单位直接负责的主管人员和其他直接责任人员处单位罚款数额 5％以上 10％以下的罚款。

建设单位、设计单位、施工单位、工程监理单位违反国家规定,降低工程质量标准,造成重大安全事故,构成犯罪的,对直接责任人员依法追究刑事责任。

责令停业整顿,降低资质等级和吊销资质证书的行政处罚,由颁发资质证书的机关决定;其他行政处罚,由建设行政主管部门或者其他有关部门依照法定职权决定。被吊销资质证书的,由工商行政管理部门吊销其营业执照。

国家机关工作人员在建设工程质量监督管理工作中玩忽职守、滥用职权、徇私舞弊,构成犯罪的,依法追究刑事责任;尚不构成犯罪的,依法给予行政处分。

　　建设、勘察、设计、施工、工程监理单位的工作人员因调动工作、退休等原因离开该单位后，被发现在该单位工作期间违反国家有关建设工程质量管理规定，造成重大工程质量事故的，仍应当依法追究法律责任。

二维码内含精彩案例及解析，
快来扫一扫吧！

案例 5-6

二维码内含本章习题及答案，
快来扫一扫吧！

习题 5

模块 6　建设工程安全生产管理制度

扫一扫可见
本章电子资源

 学习目标

　　了解建设工程安全生产监督管理制度,建设工程安全生产教育培训制度,建设工程安全生产事故的应急救援以及调查处理,熟悉并掌握建设工程安全生产责任制,建设行为主体的安全生产责任以及违反建设工程安全生产管理的法律责任。

6.1　建设工程安全生产管理概述

 工程应用

知识点	项目应用阶段	典型工作事件	主要涉及的岗位	要求
建设工程安全生产管理的概念	施工准备阶段、实施阶段	建设工程安全生产管理的内容	建设方工地现场主管、施工项目经理、安全员等	了解
建设工程安全生产管理的立法现状	施工准备阶段	掌握建筑安全生产管理所用法规	建设方工地现场主管、施工项目经理、安全员等	了解
建设工程安全生产管理的方针	施工准备阶段、实施阶段	牢记安全第一、预防为主的方针	建设方工地现场主管、施工项目经理、安全员等	掌握

 学习内容

6.1.1　建设工程安全生产管理的概念

1. 建设工程安全生产的概念

　　建设工程安全生产是指建设工程生产过程中要避免人员、财产的损失及对周围环境的破坏,包括建设工程生产过程中施工现场的人身安全,财产设备安全,施工现场及附近的道路、管线和房屋的安全,施工现场和周围的环境保护及工程建成后的使用安全等方面的内容。

2. 建设工程安全生产管理的概念

　　建设工程安全生产管理是指建设行政主管部门、建筑安全监督机构、建筑施工企业及有关单位对建设工程生产过程中的安全工作,进行计划、组织、指挥、控制、监督等一系列的管理活动,包括建设行政主管部门对于建设工程活动过程中安全生产的行业管理和从事建设活动的

主体在从事建设活动过程中所进行的安全生产管理。

6.1.2　建设工程安全生产管理的立法现状

目前,我国颁布了一系列关于建设工程安全生产的法律、法规、规章等,形成了比较完善、成熟的建设工程安全生产管理的法规体系。

管建设必须管安全是工程建设管理的重要原则。目前,涉及建设工程安全生产管理的法律、法规有《中华人民共和国安全生产法》《中华人民共和国建筑法》《建设工程安全生产管理条例》《建筑施工企业安全生产许可证管理规定》《建筑业企业职工安全培训教育暂行规定》等。

6.1.3　建设工程安全生产管理的方针

《中华人民共和国安全生产法》第 3 条规定,安全生产工作应当以人为本,坚持安全发展,坚持安全第一、预防为主、综合治理的方针,强化和落实生产经营单位的主体责任,建立生产经营单位负责、职工参与、政府监管、行业自律和社会监督的机制。

所谓"安全第一",是指将建设工程安全管理放到第一位,当安全工作和生产工作发生矛盾的时候,首先必须解决安全问题,保证在安全的条件下组织生产。同时要把人身安全放在首位,安全为了生产,生产必须保证人身安全,充分体现了"以人为本"的理念。

"预防为主"是实现安全第一的最重要手段,应采取有效措施和方法进行安全控制,从而减少消除事故隐患,尽量把事故消灭在萌芽状态。

所谓"综合治理",是指适应我国安全生产形势的要求,自觉遵循安全生产规律,正视安全生产工作的长期性、艰巨性和复杂性,抓住安全生产工作中的主要矛盾和关键环节,综合运用经济、法律、行政等手段,人管、法治、技防多管齐下,并充分发挥社会、职工、舆论的监督作用,有效解决安全生产领域的问题。

二维码内含精彩案例及解析,快来扫一扫吧!

案例 6 - 1

6.2　建设工程安全生产监督管理制度

 **工程应用**

知识点	项目应用阶段	典型工作事件	主要涉及的岗位	要求
建设工程安全生产监督管理制度概述	施工准备阶段、实施阶段	工程开工安全条件审查	建设方工地现场主管、施工项目经理、安全员等	了解

（续表）

知识点	项目应用阶段	典型工作事件	主要涉及的岗位	要求
建设工程安全生产层级监督管理	施工准备阶段、实施阶段	安全生产监督管理制度的建立	建设方工地现场主管、施工项目经理、安全员等	熟悉
对施工单位的安全生产监督管理	施工准备阶段、实施阶段	特种作业人员持证上岗、生产安全事故应急救援预案的建立	施工项目经理、安全员等	熟悉
对监理单位的安全生产监督管理	监理准备阶段、实施阶段	监理机构对施工安全事故承担连带责任	总监理工程师、专业监理工程师等	了解
对建设单位的安全生产监督管理	建设准备阶段、实施阶段	办理安全监督手续	建设方工地现场主管	熟悉
对勘察、设计单位的安全生产监督管理	勘察设计准备阶段、实施阶段	设计文件中注明施工安全重点部位及指导意见	勘察、设计项目负责人	了解
对其他有关单位的安全生产监督检查	工程准备阶段、实施阶段	机械设备出租单位出具安全证明文件	设备租赁单位负责人、施工项目经理、施工项目技术负责人、安全员等	了解
对施工现场的安全生产监督管理	工程实施阶段	开工后的安全生产监管	施工项目经理、施工项目技术负责人、安全员等	了解

 ## 学习内容

建设工程安全生产监督管理是指建设行政主管部门依据法律、法规和工程建设强制性标准，对建设工程安全生产实施监督管理，督促各方主体履行相应安全生产责任，以控制和减少建设工程施工事故发生，保障人民生命财产安全、维护公众利益的行为。

建设工程安全生产监督管理坚持以人为本的理念，贯彻安全第一、预防为主的方针，依靠科学管理和技术进步，遵循属地管理和层级监督相结合、监督安全保证体系运行与监督工程实体防护相结合、全面要求与重点监管相结合、监督执法与服务指导相结合的原则。

国务院负责安全生产监督管理的部门依照《中华人民共和国安全生产法》的规定对全国建设工程安全生产工作实施综合监督管理。县级以上地方人民政府负责安全生产监督管理的部门依照《中华人民共和国安全生产法》的规定对本行政区域内建设工程安全生产工作实施综合监督管理。

国务院建设行政主管部门对全国的建设工程安全生产实施监督管理。国务院铁路、交通、水利等有关部门按照国务院规定的职责分工，负责有关专业建设工程安全生产的监督管理。县级以上地方人民政府建设行政主管部门对本行政区域内的建设工程安全生产实施监督管理。县级以上地方人民政府交通、水利等有关部门在各自的职责范围内，负责本行政区域内的专业建设工程安全生产的监督管理。

6.2.1　建设工程安全生产监督管理制度概述

建设行政主管部门应当依照有关法律法规,针对有关责任主体和工程项目,健全完善以下安全生产监督管理制度:

① 建筑施工企业安全生产许可证制度;

② 建筑施工企业"三类人员"安全生产任职考核制度;

③ 建设工程安全施工措施备案制度;

④ 建设工程开工安全条件审查制度;

⑤ 施工现场特种作业人员持证上岗制度;

⑥ 施工起重机械使用登记制度;

⑦ 建设工程生产安全事故应急救援制度,危及施工安全的工艺、设备、材料淘汰制度;

⑧ 法律法规规定的其他有关制度。

建设行政主管部门应结合本部门、本地区工作实际,不断创新安全监管机制,健全监管制度,改进监管方式,提高监管水平。

6.2.2　建设工程安全生产层级监督管理

建设行政主管部门对下级建设行政主管部门层级监督检查的主要内容是:

① 履行安全生产监管职责情况;

② 建立完善建设工程安全生产法规、标准情况;

③ 建立和执行安全生产监督管理制度情况;

④ 制定和落实安全生产控制指标情况;

⑤ 建设工程特大伤害未遂事故、事故防范措施、重大事故隐患督促整改情况;

⑥ 开展建设工程安全生产专项整治和执法情况;

⑦ 其他有关事项。

6.2.3　对施工单位的安全生产监督管理

建设行政主管部门对施工单位安全生产监督管理的内容主要是:

①《安全生产许可证》办理情况;

② 建设工程安全防护、文明施工措施费用的使用情况;

③ 设置安全生产管理机构和配备专职安全管理人员情况;

④ "三类人员"经主管部门安全生产考核情况;

⑤ 特种作业人员持证上岗情况;

⑥ 安全生产教育培训计划制定和实施情况;

⑦ 施工现场作业人员意外伤害保险办理情况;

⑧ 职业危害防治措施制定情况,安全防护用具和安全防护服装的提供及使用管理情况;

⑨ 施工组织设计和专项施工方案编制、审批及实施情况;

⑩ 生产安全事故应急救援预案的建立与落实情况;

⑪ 企业内部安全生产检查开展和事故隐患整改情况;

⑫ 重大危险源的登记、公示与监控情况；

⑬ 生产安全事故的统计、报告和调查处理情况；

⑭ 其他有关事项。

6.2.4　对监理单位的安全生产监督管理

建设行政主管部门对监理单位安全生产监督管理的内容主要是：

① 将安全生产管理内容纳入监理规划的情况，以及在监理规划和中型以上工程的监理细则中制定对施工单位安全技术措施的检查方面情况；

② 审查施工企业资质和安全生产许可证、"三类人员"及特种作业人员取得考核合格证书和操作资格证书情况；

③ 审核施工企业安全生产保证体系、安全生产责任制、各项规章制度和安全监管机构建立及人员配备情况；

④ 审核施工企业应急救援预案和安全防护、文明施工措施费用使用计划情况；

⑤ 审核施工现场安全防护是否符合投标时承诺和《建筑施工现场环境与卫生标准》等标准要求情况；

⑥ 复查施工单位施工机械和各种设施的安全许可验收手续情况；

⑦ 审查施工组织设计中的安全技术措施或专项施工方案是否符合工程建设强制性标准情况；

⑧ 定期巡视检查危险性较大工程作业情况；

⑨ 下达隐患整改通知单，要求施工单位整改事故隐患情况或暂时停工情况，整改结果复查情况，向建设单位报告督促施工单位整改情况，向工程所在地建设行政主管部门报告施工单位拒不整改或不停止施工情况；

⑩ 其他有关事项。

6.2.5　对建设单位的安全生产监督管理

建设行政主管部门对建设单位安全生产监督管理的内容主要是：

① 申领施工许可证时，提供建设工程有关安全施工措施资料的情况，按规定办理工程质量和安全监督手续的情况；

② 按照国家有关规定和合同约定向施工单位拨付建设工程安全防护、文明施工措施费用的情况；

③ 向施工单位提供施工现场及毗邻区域内地下管线资料，气象和水文观测资料，相邻建筑物和构筑物、地下工程等有关资料的情况；

④ 履行合同约定工期的情况；

⑤ 有无明示或暗示施工单位购买、租赁、使用不符合安全施工要求的安全防护用具、机械设备、施工机具及配件、消防设施和器材的行为；

⑥ 其他有关事项。

6.2.6　对勘察、设计单位的安全生产监督管理

建设行政主管部门对勘察、设计单位安全生产监督管理的内容主要是：

① 勘察单位按照工程建设强制性标准进行勘察情况,提供真实、准确的勘察文件情况,采取措施保证各类管线、设施和周边建筑物、构筑物安全的情况;

② 设计单位按照工程建设强制性标准进行设计情况,在设计文件中注明施工安全重点部位、环节以及提出指导意见的情况,采用新结构、新材料、新工艺或特殊结构的建设工程,提出保障施工作业人员安全和预防生产安全事故措施建议的情况;

③ 其他有关事项。

6.2.7　对其他有关单位的安全生产监督检查

建设行政主管部门对其他有关单位安全生产监督检查的内容主要是:

① 机械设备、施工机具及配件的出租单位提供相关制造许可证、产品合格证、检测合格证明的情况;

② 施工起重机械和整体提升脚手架、模板等自升式架设设施安装单位的资质、安全施工措施及验收调试等情况;

③ 施工起重机械和整体提升脚手架、模板等自升式架设设施的检验检测单位资质和出具安全合格证明文件情况。

6.2.8　对施工现场的安全生产监督管理

建设行政主管部门对施工现场的安全生产监督管理的内容主要是:

① 建设行政主管部门对工程项目开工前的安全生产条件审查;

② 建设行政主管部门对工程项目开工后的安全生产监管。

二维码内含精彩案例及解析,
快来扫一扫吧!

案例6-2

6.3　建筑施工企业安全生产许可证管理规定

 工程应用

知识点	项目应用阶段	典型工作事件	主要涉及的岗位	要求
建筑施工企业安全生产许可证管理的一般规定	项目全寿命周期	建筑施工企业实行安全生产许可制度	施工企业主要负责人、项目经理、技术负责人等	熟悉

（续表）

知识点	项目应用阶段	典型工作事件	主要涉及的岗位	要求
建筑施工企业取得安全生产许可证必须具备的安全生产条件	项目全寿命周期	熟悉建筑施工企业安全生产许可证办理的条件	施工企业主要负责人、项目经理、技术负责人等	熟悉
建筑施工企业安全生产许可证的申请与颁发	项目全寿命周期	申请办理建筑施工企业安全生产许可证	施工企业主要负责人、项目经理、技术负责人等	熟悉

 学习内容

为了严格规范建筑施工企业安全生产条件，进一步加强安全生产监督管理，防止和减少生产安全事故，根据《安全生产许可证条例》《建设工程安全生产管理条例》等有关行政法规，制定《建筑施工企业安全生产许可证管理规定》。该规定于 2004 年 6 月 28 日建设部第 37 次部常务会议讨论通过，2004 年 7 月 5 日建设部令第 128 号发布，自公布之日起施行。

6.3.1　建筑施工企业安全生产许可证管理的一般规定

1. 国家对建筑施工企业实行安全生产许可制度

建筑施工企业未取得安全生产许可证的，不得从事建筑施工活动。《建筑施工企业安全生产许可证管理规定》所称建筑施工企业，是指从事土木工程、建筑工程、线路管道和设备安装工程及装修工程的新建、扩建、改建和拆除等有关活动的企业。

2. 建筑施工企业安全生产许可证的颁发和管理

国务院建设主管部门负责中央管理的建筑施工企业安全生产许可证的颁发和管理。省、自治区、直辖市人民政府建设主管部门负责本行政区域内中央管理的建筑施工企业以外的建筑施工企业安全生产许可证的颁发和管理，并接受国务院建设主管部门的指导和监督。市、县人民政府建设主管部门负责本行政区域内建筑施工企业安全生产许可证的监督管理，并将监督检查中发现的企业违法行为及时报告安全生产许可证颁发管理机关。

6.3.2　建筑施工企业取得安全生产许可证必须具备的安全生产条件

（1）建立、健全安全生产责任制，制定完备的安全生产规章制度和操作规程；

（2）保证本单位安全生产条件所需资金的投入；

（3）设置安全生产管理机构，按照国家有关规定配备专职安全生产管理人员；

（4）主要负责人、项目负责人、专职安全生产管理人员经建设主管部门或者其他有关部门考核合格；

（5）特种作业人员经有关业务主管部门考核合格，取得特种作业操作资格证书；

（6）管理人员和作业人员每年至少进行一次安全生产教育培训并考核合格；

（7）依法参加工伤保险，依法为施工现场从事危险作业的人员办理意外伤害保险，为从业人员交纳保险费；

（8）施工现场的办公、生活区及作业场所和安全防护用具、机械设备、施工机具及配件符

合有关安全生产法律、法规、标准和规程的要求;

(9) 有职业危害防治措施,并为作业人员配备符合国家标准或者行业标准的安全防护用具和安全防护服装;

(10) 有对危险性较大的分部分项工程及施工现场易发生重大事故的部位、环节的预防、监控措施和应急预案;

(11) 有生产安全事故应急救援预案、应急救援组织或者应急救援人员,配备必要的应急救援器材、设备;

(12) 法律、法规规定的其他条件。

6.3.3　建筑施工企业安全生产许可证的申请与颁发

1. 申请与颁发的管理权限

建筑施工企业从事建筑施工活动前,应当依照有关规定向省级以上建设主管部门申请领取安全生产许可证。

中央管理的建筑施工企业(集团公司、总公司)应当向国务院建设主管部门申请领取安全生产许可证。中央管理的建筑施工企业以外的其他建筑施工企业,包括中央管理的建筑施工企业(集团公司、总公司)下属的建筑施工企业,应当向企业注册所在地省、自治区、直辖市人民政府建设主管部门申请领取安全生产许可证。

2. 申请安全生产许可证时应当提供的材料

建筑施工企业申请安全生产许可证时,应当向建设主管部门提供下列材料:

(1) 建筑施工企业安全生产许可证申请表;

(2) 企业法人营业执照;

(3)《建筑施工企业安全生产许可证管理规定》第四条规定的相关文件、材料。

建筑施工企业申请安全生产许可证,应当对申请材料实质内容的真实性负责,不得隐瞒有关情况或者提供虚假材料。

3. 安全生产许可证的颁发

建设主管部门应当自受理建筑施工企业的申请之日起 45 日内审查完毕;经审查符合安全生产条件的,颁发安全生产许可证;不符合安全生产条件的,不予颁发安全生产许可证,书面通知企业并说明理由。企业自接到通知之日起应当进行整改,整改合格后方可再次提出申请。

建设主管部门审查建筑施工企业安全生产许可证申请,涉及铁路、交通、水利等有关专业工程时,可以征求铁路、交通、水利等有关部门的意见。

4. 安全生产许可证的有限期

安全生产许可证的有效期为 3 年。安全生产许可证有效期满需要延期的,企业应当于期满前 3 个月向原安全生产许可证颁发管理机关申请办理延期手续。

企业在安全生产许可证有效期内,严格遵守有关安全生产的法律法规,未发生死亡事故的,安全生产许可证有效期届满时,经原安全生产许可证颁发管理机关同意,不再审查,安全生产许可证有效期延期 3 年。

5. 安全生产许可证的变更与注销

建筑施工企业变更名称、地址、法定代表人等,应当在变更后 10 日内,到原安全生产许可证颁发管理机关办理安全生产许可证变更手续。

　　建筑施工企业破产、倒闭、撤销的,应当将安全生产许可证交回原安全生产许可证颁发管理机关予以注销。

　　建筑施工企业遗失安全生产许可证,应当立即向原安全生产许可证颁发管理机关报告,并在公众媒体上声明作废后,方可申请补办。

6. 安全生产许可证的监督管理

　　(1) 县级以上人民政府建设主管部门应当加强对建筑施工企业安全生产许可证的监督管理。建设主管部门在审核发放施工许可证时,应当对已经确定的建筑施工企业是否有安全生产许可证进行审查,对没有取得安全生产许可证的,不得颁发施工许可证。

　　(2) 跨省从事建筑施工活动的建筑施工企业有违反《建筑施工企业安全生产许可证管理规定》行为的,由工程所在地的省级人民政府建设主管部门将建筑施工企业在本地区的违法事实、处理结果和处理建议抄告原安全生产许可证颁发管理机关。

　　(3) 建筑施工企业取得安全生产许可证后,不得降低安全生产条件,并应当加强日常安全生产管理,接受建设主管部门的监督检查。安全生产许可证颁发管理机关发现企业不再具备安全生产条件的,应当暂扣或者吊销安全生产许可证。

　　(4) 安全生产许可证颁发管理机关或者其上级行政机关发现有下列情形之一的,可以撤销已经颁发的安全生产许可证:

　　① 安全生产许可证颁发管理机关工作人员滥用职权、玩忽职守颁发安全生产许可证的;

　　② 超越法定职权颁发安全生产许可证的;

　　③ 违反法定程序颁发安全生产许可证的;

　　④ 对不具备安全生产条件的建筑施工企业颁发安全生产许可证的;

　　⑤ 依法可以撤销已经颁发的安全生产许可证的其他情形。

　　依照上述规定撤销安全生产许可证,建筑施工企业的合法权益受到损害的,建设主管部门应当依法给予赔偿。

　　(5) 安全生产许可证颁发管理机关应当建立、健全安全生产许可证档案管理制度,定期向社会公布企业取得安全生产许可证的情况,每年向同级安全生产监督管理部门通报建筑施工企业安全生产许可证颁发和管理情况。

　　(6) 建筑施工企业不得转让、冒用安全生产许可证或者使用伪造的安全生产许可证。

　　(7) 建设主管部门工作人员在安全生产许可证颁发、管理和监督检查工作中,不得索取或者接受建筑施工企业的财物,不得谋取其他利益。

　　(8) 任何单位或者个人对违反《建筑施工企业安全生产许可证管理规定》的行为,有权向安全生产许可证颁发管理机关或者监察机关等有关部门举报。

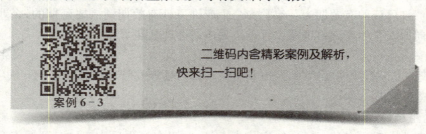

二维码内含精彩案例及解析,
快来扫一扫吧!

案例 6-3

6.4　建设工程安全生产责任制

 工程应用

知识点	项目应用阶段	典型工作事件	主要涉及的岗位	要求
建设工程活动主体负责人安全生产责任制	施工准备阶段、实施阶段	施工企业经理对安全生产负总责	建设方工地现场主管、施工项目经理、安全员等	了解
专职工作人员安全生产责任制	施工准备阶段、实施阶段	专职工作人员安全职责	施工项目经理、安全员等	熟悉
从业人员安全生产责任制	施工准备阶段、实施阶段	紧急避险权	施工项目经理、安全员等	熟悉

 学习内容

　　安全生产责任制度,是指将各种不同的安全生产责任落实到负责有安全生产管理责任的人员和具体岗位人员身上的一种制度。这一制度是安全第一,预防为主方针的具体体现。安全生产责任制度是建设工程生产中最基本的安全生产管理制度,是所有安全生产规章制度的核心。

　　在建设工程活动中,只有明确安全生产责任、分工负责,才能形成完整有效的安全生产管理体系,激发每个人的安全生产责任感,严格执行建设工程安全生产的法律、法规和安全规程、技术规范,防患于未然,减少和杜绝建设工程事故,为建设工程的生产创造一个良好的环境。安全生产的责任制度包括行业主管部门建立健全建设工程安全生产的监督管理体系,制定建设工程安全生产监督管理工作制度,组织落实各级领导分工负责的建设工程安全生产责任制;参与建设工程活动各方的建设单位、设计单位,特别是建筑施工企业的安全生产责任制;施工现场的安全生产责任制;《建筑法》还明确规定了建筑施工企业的法定代表人对本企业的安全生产负责等。

6.4.1　建设工程活动主体负责人安全生产责任制

　　建筑企业要加强安全生产的领导,尊重科学,严格管理,应当逐级建立安全生产责任制度。企业经理(厂长)和主管生产的副经理(副厂长)对本企业的劳动保护和安全生产负总的责任。其责任是:认真贯彻执行劳动保护和安全生产政策、法规和规章制度;定期向企业职代会报告企业安全生产情况和措施;制定企业各级干部的安全责任制度等制度;定期研究解决安全生产中的问题;组织审批安全技术措施计划并贯彻实施;定期组织安全检查和开展安全竞赛等活动;对职工进行安全和遵章守纪教育;督促各级领导干部和各职能部门的职工做好本职范围内的安全工作;总结与推广安全生产先进经验;主持重大伤亡事故的调查分析,提出处理意见和改进措施,并督促实施。

　　企业总工程师(技术负责人)对本企业的劳动保护和安全生产的技术工作负总的责任。项目经理、施工队长、车间主任应对本单位劳动和安全生产工作负具体领导责任。工长、施工员

对所管工程的安全生产负直接责任。企业中的生产、技术、材料供应等各职能机构都应在各自业务范围内对实现安全生产的要求负责。

6.4.2　专职工作人员安全生产责任制

企业应根据实际情况,建立安全机构,并按照职工总数配备相应的专职人员(一般为0.2%~0.5%),负责安全管理工作和安全监督检查工作。其主要的职责是:

①　贯彻执行有关安全技术劳动保护法规;

②　做好安全生产的宣传教育和管理工作,总结交流推广先进经验;

③　经常深入基层,指导下级安全技术人员的工作,掌握安全生产情况,调查研究生产中的不安全问题,提出改进意见和措施;

④　组织安全活动和定期安全检查;

⑤　参加审查施工组织设计(施工方案)和编制安全技术措施计划,并对贯彻执行情况进行督促检查;

⑥　与有关部门共同做好新工人、特殊工种工人的安全技术训练、考核、发证工作;

⑦　进行工伤事故统计、分析和报告,参加工伤事故的调查和处理;

⑧　禁止违章指挥和违章作业,遇有严重险情,有权暂停生产,并报告领导处理。

6.4.3　从业人员安全生产责任制

1. 从业人员的权利

从业人员的权利主要有:

①　从业人员有权了解其作业场所和工作岗位存在的危险因素、防范措施及事故应急措施;

②　从业人员有对本单位的安全生产工作提出建议的权利;

③　有权对单位存在的问题提出批评、检举和控告;

④　有权拒绝违章指挥和强令冒险作业;

⑤　有权在直接危及人身安全的紧急情况时停止作业或者在采取可能的应急措施后撤离作业场所;

⑥　从业人员有获得符合国家标准或者行业标准的劳动防护用品的权利;

⑦　从业人员有获得安全生产教育和培训的权利;

⑧　从业人员有依法获得社会保险的权利,有依照民事法律的相关规定,向本单位提出赔偿要求的权利。

2. 从业人员的责任

从业人员的责任主要有:

①　遵章守纪;

②　正确使用防护用品;

③　接受安全生产教育;

④　事故隐患及时报告。

3. 从业人员安全生产责任制

从业人员安全生产责任制主要包括:

①　积极参加各级安全教育,认真学习、严格执行安全操作规程。

② 严格按规定正确佩戴、使用劳动保护用品。

③ 了解、熟悉操作工位存在的各种危险源、控制措施和应急响应；及时向上级领导反映影响安全生产的问题，随时提出、改善周边不安全因素，努力使工作场所成为一个安全、舒畅的工作场所。

④ 认真学习执行公司各项规章制度，严禁违章作业。发生工伤要实事求是地向所属负责人和技安环保科反映情况。

⑤ 认真做好设备、工、器具、劳动保护用品的安全检查。

二维码内含精彩案例及解析，
快来扫一扫吧！

案例 6-4

6.5　建设工程安全生产教育培训制度

 **工程应用**

知识点	项目应用阶段	典型工作事件	主要涉及的岗位	要求
建设工程安全生产教育培训的监督管理	施工准备阶段	政府有关部门对建筑业企业职工安全培训、教育进修监督	建设方工地现场主管、施工项目经理、安全员等	了解
建设工程安全生产教育培训的对象、时间和内容	施工准备阶段	建筑业企业岗位工作人员年安全教育时间	施工项目经理、安全员等	熟悉
建设工程安全培训教育的实施与管理	施工准备阶段	安全培训教育登记制度	施工项目经理、安全员等	熟悉

 学习内容

安全生产教育培训制度是对广大建设工程干部职工进行安全生产教育培训，提高安全意识，增加安全知识和技能的制度。安全生产，人人有责。只有通过对广大职工进行安全生产教育、培训，才能使广大职工真正认识到安全生产的重要性和必要性，掌握更多、更有效的安全生产的科学技术知识，牢固树立安全第一的思想，自觉遵守各项安全生产的规章制度。《建筑法》第 46 条明确规定："建筑施工企业应当建立健全劳动安全生产教育培训制度，加强对职工安全生产的教育培训；未经安全生产教育培训的人员，不得上岗作业。"

6.5.1　建设工程安全生产教育培训的监督管理

住房与城乡建设部主管全国建筑业企业职工安全培训教育工作。国务院有关专业部门负责所属建筑业企业职工的安全培训教育工作。其所属企业的安全培训教育工作,还应当接受企业所在地建设行政主管部门及其所属建筑安全监督管理机构的指导和监督。县级以上地方人民政府建设行政主管部门负责本行政区域内建筑业企业职工安全培训教育管理工作。

6.5.2　建设工程安全生产教育培训的对象、时间和内容

建筑业企业职工每年必须接受一次专门的安全生产教育培训,时间要求是:

① 企业法定代表人、项目经理每年接受安全培训的时间,不得少于 30 学时;

② 企业专职安全管理人员除按照建教(1991)522 号文《建设企事业单位关键岗位持证上岗管理规定》的要求,取得岗位合格证书并持证上岗外,每年还必须接受安全专业技术业务培训,时间不得少于 40 学时;

③ 企业其他管理人员和技术人员每年接受安全培训的时间,不得少于 20 学时;

④ 企业特殊工种(包括电工、焊工、架子工、司炉工、爆破工、机械操作工、起重工、塔吊司机及指挥人员、人货两用电梯司机等)在通过专业技术培训并取得岗位操作证后,每年仍须接受有针对性的安全培训,时间不得少于 20 学时;

⑤ 企业其他职工每年接受安全培训的时间,不得少于 15 学时;

⑥ 企业待岗、转岗、换岗的职工,在重新上岗前,必须接受一次安全培训,时间不得少于 20 学时。

建筑业企业新进场的工人必须接受公司、项目(或工区、工程处、施工队,下同)、班线的三级安全培训教育,经考核合格后,方能上岗。这些安全培训教育的内容和时间如下:

① 公司安全培训教育的主要内容是国家和地方有关安全生产的方针、政策、法规、标准、规范、规程和企业的安全规章制度等。培训教育的时间不得少于 15 学时。

② 项目安全培训教育的主要内容是工地安全制度、施工现场环境、工程施工特点及可能存在的不安全因素等。培训教育的时间不得少于 15 学时。

③ 班组安全培训教育的主要内容是本工种的安全操作规程、事故案例剖析、劳动纪律和岗位讲评等。培训教育的时间不得少于 20 学时。

6.5.3　建设工程安全培训教育的实施与管理

建设工程安全培训教育实行登记制度。建筑业企业必须建立职工的安全培训教育档案,没有接受安全培训教育的职工,不得在施工现场从事作业或者管理活动。

县级以上地方人民政府建设行政主管部门制订本行政区域内建筑业企业职工安全培训教育规划和年度计划,并组织实施。省、自治区、直辖市的建筑业企业职工安全培训教育规划和年度计划,应当报建设部建设教育主管部门和建筑安全主管部门备案。国务院有关专业部门负责组织制订所属建筑业企业职工安全培训教育规划和年度计划,并组织实施。

有条件的大中型建筑业企业,经企业所在地的建设行政主管部门或者授权所属的建筑安全监督管理机构审核确认后,可以对本企业的职工进行安全培训工作,并接受企业所在地的建设行政主管部门或者建筑安全监督管理机构的指导和监督。其他建筑业企业职工的安全培训

工作,由企业所在地的建设行政主管部门或者建筑安全监督管理机构负责组织。建筑业企业法定代表人、项目经理的安全培训工作,由企业所在地的建设行政主管部门或者建筑安全监督管理机构负责组织。

实行总分包的工程项目,总包单位要负责统一管理分包单位的职工安全培训教育工作。分包单位要服从总包单位的统一管理。

从事建筑业企业职工安全培训工作的人员,应当具备下列条件:

① 具有中级以上专业技术职称;

② 有 5 年以上施工现场经验或者从事建筑安全教学、法规等方面工作 5 年以上的人员;

③ 经建筑安全师资培训合格,并获得培训资格证书。

建筑业企业职工的安全培训,应当使用经建设部主管部门和建筑安全主管部门统一审定的培训大纲和教材。建筑业企业职工的安全培训教育经费,从企业职工教育经费中列支。

二维码内含精彩案例及解析,
快来扫一扫吧!

案例 6-5

6.6　建设行为主体的安全生产责任

 工程应用

知识点	项目应用阶段	典型工作事件	主要涉及的岗位	要求
建设单位的安全责任	施工准备阶段、实施阶段	建设单位向施工单位提供地下管线等资料	建设方工地现场主管、施工项目经理、安全员等	熟悉
施工单位的安全责任	施工准备阶段、实施阶段	施工单位应配备专职安全生产管理人员	施工项目经理、安全员等	掌握
勘察、设计、工程监理及其他有关单位的安全责任	施工准备阶段、实施阶段	设计单位应考虑施工安全操作和防护的需要	勘察、设计、监理等项目负责人,施工安全员等	熟悉

 学习内容

建设单位、勘察单位、设计单位、施工单位、工程监理单位及其他与建设工程安全生产有关的单位必须遵守安全生产法律、法规的规定,保证建设工程安全生产,依法承担建筑工程安全生产责任。

6.6.1　建设单位的安全责任

建设单位应当向施工单位提供施工现场及毗邻区域内供水、排水、供电、供气、供热、通信、广播电视等地下管线资料，气象和水文观测资料，相邻建筑物和构筑物、地下工程的有关资料，并保证资料的真实、准确、完整。建设单位因建设工程需要，向有关部门或者单位查询前款规定的资料时，有关部门或者单位应当及时提供。

建设单位不得对勘察、设计、施工、工程监理等单位提出不符合建设工程安全生产法律、法规和强制性标准规定的要求，不得压缩合同约定的工期。建设单位在编制工程概预算时，应当确定建设工程安全作业环境及安全施工措施所需费用。建设单位不得明示或者暗示施工单位购买、租赁、使用不符合安全施工要求的安全防护用具、机械设备、施工机具及配件、消防设施和器材。

建设单位在申请领取施工许可证时，应当提供建设工程有关安全施工措施的资料。依法批准开工报告的建设工程，建设单位应当自开工报告批准之日起 15 日内，将保证安全施工的措施报送建设工程所在地的县级以上地方人民政府建设行政主管部门或者其他有关部门备案。

建设单位应当将拆除工程发包给具有相应资质等级的施工单位。建设单位应当在拆除工程施工 15 日前，将下列资料报送建设工程所在地的县级以上地方人民政府建设行政主管部门或者其他有关部门备案：

① 施工单位资质等级证明；
② 拟拆除建筑物、构筑物及可能危及毗邻建筑的说明；
③ 拆除施工组织方案；
④ 堆放、清除废弃物的措施。

实施爆破作业的，应当遵守国家有关民用爆炸物品管理的规定。

6.6.2　施工单位的安全责任

施工单位要从事建设工程的新建、扩建、改建和拆除等活动，应当具备国家规定的注册资本、专业技术人员、技术装备和安全生产等条件，依法取得相应等级的资质证书，并在其资质等级许可的范围内承揽工程。

施工单位主要负责人依法对本单位的安全生产工作全面负责。施工单位应当建立健全安全生产责任制度和安全生产教育培训制度，制定安全生产规章制度和操作规程，保证本单位安全生产条件所需资金的投入，对所承担的建设工程进行定期和专项安全检查，并做好安全检查记录。施工单位的项目负责人应当由取得相应执业资格的人员担任，对建设工程项目的安全施工负责，落实安全生产责任制度、安全生产规章制度和操作规程，确保安全生产费用的有效使用，并根据工程的特点组织制定安全施工措施，消除安全事故隐患，及时、如实报告生产安全事故。

施工单位对列入建设工程概算的安全作业环境及安全施工措施所需费用，应当用于施工安全防护用具及设施的采购和更新、安全施工措施的落实、安全生产条件的改善，不得挪作他用。

施工单位应当设立安全生产管理机构，配备专职安全生产管理人员。专职安全生产管理人员负责对安全生产进行现场监督检查。发现安全事故隐患，应当及时向项目负责人和安全生产管理机构报告;对违章指挥、违章操作的,应当立即制止。专职安全生产管理人员的配备办法由国务院建设行政主管部门会同国务院其他有关部门制定。

建设工程实行施工总承包的,由总承包单位对施工现场的安全生产负总责。总承包单位应当自行完成建设工程主体结构的施工。总承包单位依法将建设工程分包给其他单位的,分包合同中应当明确各自的安全生产方面的权利、义务。总承包单位和分包单位对分包工程的安全生产承担连带责任。分包单位应当服从总承包单位的安全生产管理,分包单位不服从管理导致生产安全事故的,由分包单位承担主要责任。

垂直运输机械作业人员、安装拆卸工、爆破作业人员、起重信号工、登高架设作业人员等特种作业人员,必须按照国家有关规定经过专门的安全作业培训,并取得特种作业操作资格证书后,方可上岗作业。

施工单位应当在施工组织设计中编制安全技术措施和施工现场临时用电方案,对下列达到一定规模的危险性较大的分部分项工程编制专项施工方案,并附具安全验算结果,经施工单位技术负责人、总监理工程师签字后实施,由专职安全生产管理人员进行现场监督:基坑支护与降水工程;土方开挖工程;模板工程;起重吊装工程;脚手架工程;拆除、爆破工程;国务院建设行政主管部门或者其他有关部门规定的其他危险性较大的工程。对前款所列工程中涉及深基坑、地下暗挖工程、高大模板工程的专项施工方案,施工单位还应当组织专家进行论证、审查。

建设工程施工前,施工单位负责项目管理的技术人员应当对有关安全施工的技术要求向施工作业班组、作业人员做出详细说明,并由双方签字确认。

施工单位应当在施工现场入口处、施工起重机械、临时用电设施、脚手架、出入通道口、楼梯口、电梯井口、孔洞口、桥梁口、隧道口、基坑边沿、爆破物及有害危险气体和液体存放处等危险部位,设置明显的安全警示标志。安全警示标志必须符合国家标准。施工单位应当根据不同施工阶段和周围环境及季节、气候的变化,在施工现场采取相应的安全施工措施。施工现场暂时停止施工的,施工单位应当做好现场防护,所需费用由责任方承担,或者按照合同约定执行。

施工单位应当将施工现场的办公、生活区与作业区分开设置,并保持安全距离;办公、生活区的选址应当符合安全性要求。职工的膳食、饮水、休息场所等应当符合卫生标准。施工单位不得在尚未竣工的建筑物内设置员工集体宿舍。施工现场临时搭建的建筑物应当符合安全使用要求。施工现场使用的装配式活动房屋应当具有产品合格证。

施工单位对因建设工程施工可能造成损害的毗邻建筑物、构筑物和地下管线等,应当采取专项防护措施。施工单位应当遵守有关环境保护法律、法规的规定,在施工现场采取措施,防止或者减少粉尘、废气、废水、固体废物、噪声、振动和施工照明对人和环境的危害和污染。在城市市区内的建设工程,施工单位应当对施工现场实行封闭围挡。

施工单位应当在施工现场建立消防安全责任制度,确定消防安全责任人,制定用火、用电、使用易燃易爆材料等各项消防安全管理制度和操作规程,设置消防通道、消防水源,配备消防设施和灭火器材,并在施工现场入口处设置明显标志。

施工单位应当向作业人员提供安全防护用具和安全防护服装,并书面告知危险岗位的操作规程和违章操作的危害。作业人员有权对施工现场的作业条件、作业程序和作业方式中存在的安全问题提出批评、检举和控告,有权拒绝违章指挥和强令冒险作业。在施工中发生危及人身安全的紧急情况时,作业人员有权立即停止作业或者在采取必要的应急措施后撤离危险区域。

作业人员应当遵守安全施工的强制性标准、规章制度和操作规程,正确使用安全防护用具、机械设备等。

施工单位采购、租赁的安全防护用具、机械设备、施工机具及配件,应当具有生产(制造)许可证、产品合格证,并在进入施工现场前进行查验。施工现场的安全防护用具、机械设备、施工机具及配件必须由专人管理,定期进行检查、维修和保养,建立相应的资料档案,并按照国家有关规定及时报废。

施工单位在使用施工起重机械和整体提升脚手架、模板等自升式架设设施前,应当组织有关单位进行验收,也可以委托具有相应资质的检验检测机构进行验收;使用承租的机械设备和施工机具及配件的,由施工总承包单位、分包单位、出租单位和安装单位共同进行验收,验收合格的方可使用。《特种设备安全监察条例》规定的施工起重机械,在验收前应当经有相应资质的检验检测机构监督检验合格。施工单位应当自施工起重机械和整体提升脚手架、模板等自升式架设设施验收合格之日起 30 日内,向建设行政主管部门或者其他有关部门登记。登记标志应当置于或者附着于该设备的显著位置。

施工单位的主要负责人、项目负责人、专职安全生产管理人员应当经建设行政主管部门或者其他有关部门考核合格后方可任职。施工单位应当对管理人员和作业人员每年至少进行 1 次安全生产教育培训,其教育培训情况记入个人工作档案。安全生产教育培训考核不合格的人员,不得上岗。

作业人员进入新的岗位或者新的施工现场前,应当接受安全生产教育培训。未经教育培训或者教育培训考核不合格的人员不得上岗作业。施工单位在采用新技术、新工艺、新设备、新材料时,应当对作业人员进行相应的安全生产教育培训。

施工单位应当为施工现场从事危险作业的人员办理意外伤害保险。意外伤害保险费由施工单位支付。实行施工总承包的,由总承包单位支付意外伤害保险费。意外伤害保险期限自建设工程开工之日起至竣工验收合格止。

6.6.3　勘察、设计、工程监理及其他有关单位的安全责任

勘察单位应当按照法律、法规和工程建设强制性标准进行勘察,提供的勘察文件应当真实、准确,满足建设工程安全生产的需要。勘察单位在勘察作业时,应当严格执行操作规程,采取措施保证各类管线、设施和周边建筑物、构筑物的安全。

设计单位应当按照法律、法规和工程建设强制性标准进行设计,防止设计不合理导致生产安全事故的发生。设计单位应当考虑施工安全操作和防护的需要,对涉及施工安全的重点部位和环节在设计文件中注明,并对防范生产安全事故提出指导意见。采用新结构、新材料、新工艺的建设工程和特殊结构的建设工程,设计单位应当在设计中提出保障施工作业人员安全和预防生产安全事故的措施建议。设计单位和注册建筑师等注册执业人员应当对其设计负责。

工程监理单位应当审查施工组织设计中的安全技术措施或者专项施工方案是否符合工程建设强制性标准。工程监理单位在实施监理过程中,发现存在安全事故隐患的,应当要求施工单位整改;情况严重的,应当要求施工单位暂时停止施工,并及时报告建设单位。施工单位拒

不整改或者不停止施工的,工程监理单位应当及时向有关主管部门报告。工程监理单位和监理工程师应当按照法律、法规和工程建设强制性标准实施监理,并对建设工程安全生产承担监理责任。

为建设工程提供机械设备和配件的单位,应当按照安全施工的要求配备齐全有效的保险、限位等安全设施和装置。出租的机械设备和施工机具及配件,应当具有生产(制造)许可证、产品合格证。出租单位应当对出租的机械设备和施工机具及配件的安全性能进行检测,在签订租赁协议时,应当出具检测合格证明。禁止出租检测不合格的机械设备和施工机具及配件。

在施工现场安装、拆卸施工起重机械和整体提升脚手架、模板等自升式架设设施,必须由具有相应资质的单位承担。安装、拆卸施工起重机械和整体提升脚手架、模板等自升式架设设施,应当编制拆装方案、制定安全施工措施,并由专业技术人员现场监督。施工起重机械和整体提升脚手架、模板等自升式架设设施安装完毕后,安装单位应当自检,出具自检合格证明,并向施工单位进行安全使用说明,办理验收手续并签字。

施工起重机械和整体提升脚手架、模板等自升式架设设施的使用达到国家规定的检验检测期限的,必须经具有专业资质的检验检测机构检测;经检测不合格的,不得继续使用。

检验检测机构对检测合格的施工起重机械和整体提升脚手架、模板等自升式架设设施,应当出具安全合格证明文件,并对检测结果负责。

二维码内含精彩案例及解析,快来扫一扫吧!

案例 6-6

6.7　建设工程生产安全事故的应急救援与调查处理

工程应用

知识点	项目应用阶段	典型工作事件	主要涉及的岗位	要求
建设工程生产安全事故的应急救援	施工准备阶段、实施阶段	应急救援方案制定与演练	建设方工地现场主管、施工项目经理、安全员等	熟悉
建设工程生产安全事故的调查处理	施工准备阶段、实施阶段	安全事故等级及报告制度	建设方工地现场主管、施工项目经理、安全员等	熟悉

 **学习内容**

6.7.1　建设工程生产安全事故的应急救援

根据《建设工程安全生产管理条例》的规定，明确生产安全事故的应急救援如下：

① 县级以上地方人民政府建设行政主管部门应当根据本级人民政府的要求，制定本行政区域内建设工程特大生产安全事故应急救援预案。

② 施工单位应当制定本单位生产安全事故应急救援预案，建立应急救援组织或者配备应急救援人员，配备必要的应急救援器材、设备，并定期组织演练。

③ 施工单位应当根据建设工程施工的特点、范围，对施工现场易发生重大事故的部位、环节进行监控，制定施工现场生产安全事故应急救援预案。实行施工总承包的由总承包单位统一组织编制建设工程生产安全事故应急救援预案，工程总承包单位和分包单位按照应急救援预案，各自建立应急救援组织或者配备应急救援人员，配备救援器材、设备，并定期组织演练。

6.7.2　建设工程生产安全事故的调查处理

1. 生产安全事故的等级

《生产安全事故报告和调查处理条例》第 3 条规定，根据人员伤亡或者直接经济损失，生产安全事故一般分为以下等级：

（1）特别重大事故是指造成 30 人以上死亡或者 100 人以上重伤（包括急性工业中毒，下同），或者 1 亿元以上直接经济损失的事故；

（2）重大事故是指造成 10 人以上 30 人以下死亡或者 50 人以上 100 人以下重伤，或者5 000 万元以上 1 亿元以下直接经济损失的事故；

（3）较大事故是指造成 3 人以上 10 人以下死亡或者 10 人以上 50 人以下重伤，或者1 000 万元以上 5 000 万元以下直接经济损失的事故；

（4）一般事故是指造成 3 人以下死亡或者 10 人以下重伤，或者 1 000 万元以下直接经济损失的事故。

上述条款所称的"以上"包括本数，所称的"以下"不包括本数。

2. 事故报告

（1）事故逐级上报制度

事故发生后，事故现场有关人员应当立即向本单位负责人报告；单位负责人接到报告后，应当于 1 小时内向事故发生地县级以上人民政府安全生产监督管理部门和负有安全生产监督管理职责的有关部门报告。情况紧急时，事故现场有关人员可以直接向事故发生地县级以上人民政府安全生产监督管理部门和负有安全生产监督管理职责的有关部门报告。

安全生产监督管理部门和负有安全生产监督管理职责的有关部门接到事故报告后，应当依照下列规定上报事故情况，并通知公安机关、劳动保障行政部门、工会和人民检察院：

① 特别重大事故、重大事故逐级上报至国务院安全生产监督管理部门和负有安全生产监督管理职责的有关部门；

②　较大事故逐级上报至省、自治区、直辖市人民政府安全生产监督管理部门和负有安全生产监督管理职责的有关部门；

③　一般事故上报至设区的市级人民政府安全生产监督管理部门和负有安全生产监督管理职责的有关部门。

安全生产监督管理部门和负有安全生产监督管理职责的有关部门依照前款规定上报事故情况，应当同时报告本级人民政府。国务院安全生产监督管理部门和负有安全生产监督管理职责的有关部门以及省级人民政府接到发生特别重大事故、重大事故的报告后，应当立即报告国务院。必要时，安全生产监督管理部门和负有安全生产监督管理职责的有关部门可以越级上报事故情况。安全生产监督管理部门和负有安全生产监督管理职责的有关部门逐级上报事故情况，每级上报的时间不得超过 2 小时。

（2）事故报告的内容

事故报告的内容应当包括：事故发生单位概况；事故发生的时间、地点以及事故现场情况；事故的简要经过；事故已经造成或者可能造成的伤亡人数（包括下落不明的人数）和初步估计的直接经济损失；已经采取的措施；其他应当报告的情况。

事故报告后出现新情况的，应当及时补报。自事故发生之日起 30 日内，事故造成的伤亡人数发生变化的，应当及时补报。道路交通事故、火灾事故自发生之日起 7 日内，事故造成的伤亡人数发生变化的，应当及时补报。

（3）事故的救援

事故发生单位负责人接到事故报告后，应当立即启动事故相应应急预案，或者采取有效措施，组织抢救，防止事故扩大，减少人员伤亡和财产损失。事故发生地有关地方人民政府、安全生产监督管理部门和负有安全生产监督管理职责的有关部门接到事故报告后，其负责人应当立即赶赴事故现场，组织事故救援。

（4）事故现场的保护

事故发生后，有关单位和人员应当妥善保护事故现场以及相关证据，任何单位和个人不得破坏事故现场、毁灭相关证据。

因抢救人员、防止事故扩大以及疏通交通等原因，需要移动事故现场物件的，应当做出标志，绘制现场简图并做出书面记录，妥善保存现场重要痕迹、物证。

3.　事故调查

（1）事故调查的权属

特别重大事故由国务院或者国务院授权有关部门组织事故调查组进行调查。重大事故、较大事故、一般事故分别由事故发生地省级人民政府、设区的市级人民政府、县级人民政府负责调查。省级人民政府、设区的市级人民政府、县级人民政府可以直接组织事故调查组进行调查，也可以授权或者委托有关部门组织事故调查组进行调查。对于未造成人员伤亡的一般事故，县级人民政府也可以委托事故发生单位组织事故调查组进行调查。上级人民政府认为必要时，可以调查由下级人民政府负责调查的事故。

自事故发生之日起 30 日内（道路交通事故、火灾事故自发生之日起 7 日内），事故伤亡人数变化导致事故等级发生变化，依照本条例规定应当由上级人民政府负责调查的，上级人民政府可以另行组织事故调查组进行调查。

特别重大事故以下等级事故，事故发生地与事故发生单位不在同一个县级以上行政区域的,由事故发生地人民政府负责调查,事故发生单位所在地人民政府应当派人参加。

(2)事故调查组

事故调查组的组成应当遵循精简、效能的原则。根据事故的具体情况,事故调查组由有关人民政府、安全生产监督管理部门、负有安全生产监督管理职责的有关部门、监察机关、公安机关以及工会派人组成,并应当邀请人民检察院派人参加。事故调查组可以聘请有关专家参与调查。事故调查组成员应当具有事故调查所需要的知识和专长,并与所调查的事故没有直接利害关系。事故调查组组长由负责事故调查的人民政府指定。事故调查组组长主持事故调查组的工作。

事故调查组的职责包括:查明事故发生的经过、原因、人员伤亡情况及直接经济损失;认定事故的性质和事故责任;提出对事故责任者的处理建议;总结事故教训,提出防范和整改措施;提交事故调查报告。

事故调查组的权限包括:

① 事故调查组有权向有关单位和个人了解与事故有关的情况,并要求其提供相关文件、资料,有关单位和个人不得拒绝。事故发生单位的负责人和有关人员在事故调查期间不得擅离职守,并应当随时接受事故调查组的询问,如实提供有关情况。

② 事故调查中发现涉嫌犯罪的,事故调查组应当及时将有关材料或者其复印件移交司法机关处理。

③ 事故调查中需要进行技术鉴定的,事故调查组应当委托具有国家规定资质的单位进行技术鉴定。必要时,事故调查组可以直接组织专家进行技术鉴定。技术鉴定所需时间不计入事故调查期限。

④ 事故调查组成员在事故调查工作中应当诚信公正、恪尽职守,遵守事故调查组的纪律,保守事故调查的秘密。未经事故调查组组长允许,事故调查组成员不得擅自发布有关事故的信息。

(3)事故调查报告

事故调查组应当自事故发生之日起60日内提交事故调查报告;特殊情况下,经负责事故调查的人民政府批准,提交事故调查报告的期限可以适当延长,但延长的期限不超过60日。事故调查报告应当包括下列内容:事故发生单位概况;事故发生经过和事故救援情况;事故造成的人员伤亡和直接经济损失;事故发生的原因和事故性质;事故责任的认定以及对事故责任者的处理建议;事故防范和整改措施。

事故调查报告应当附具有关证据材料。事故调查组成员应当在事故调查报告上签名。事故调查报告报送负责事故调查的人民政府后,事故调查工作即告结束。事故调查的有关资料应当归档保存。

4. 事故处理

对于重大事故、较大事故、一般事故,负责事故调查的人民政府应当自收到事故调查报告之日起15日内做出批复;特别重大事故,30日内做出批复,特殊情况下,批复时间可以适当延长,但延长的时间不超过30日。有关机关应当按照人民政府的批复,依照法律、行政法规规定的权限和程序,对事故发生单位和有关人员进行行政处罚,对负有事故责任的国家工作人员进行处分。事故发生单位应当按照负责事故调查的人民政府的批复,对本单位负有事故责任的人员进行处理。负有事故责任的人员涉嫌犯罪的,依法追究刑事责任。

　　事故发生单位应当认真吸取事故教训,落实防范和整改措施,防止事故再次发生。防范和整改措施的落实情况应当接受工会和职工的监督。安全生产监督管理部门和负有安全生产监督管理职责的有关部门应当对事故发生单位落实防范和整改措施的情况进行监督检查。

　　事故处理的情况由负责事故调查的人民政府或者其授权的有关部门、机构向社会公布,依法应当保密的除外。

二维码内含精彩案例及解析,
快来扫一扫吧!

案例6-7

6.8　违反建设工程安全生产管理的法律责任

工程应用

知识点	项目应用阶段	典型工作事件	主要涉及的岗位	要求
违反建设工程安全生产管理的法律责任	施工准备阶段、实施阶段	施工组织设计中的安全技术措施或者专项施工方案应进行审查	建设方工地现场主管、施工项目经理、安全员等	掌握
		施工起重机械和整体提升脚手架、模板等自升式架设设施应进行验收		

学习内容

　　违反《建设工程安全生产管理条例》的规定,县级以上人民政府建设行政主管部门或者其他有关行政管理部门的工作人员,有下列行为之一的,给予降级或者撤职的行政处分,构成犯罪的,依照刑法有关规定追究刑事责任:对不具备安全生产条件的施工单位颁发资质证书的;对没有安全施工措施的建设工程颁发施工许可证的;发现违法行为不予查处的;不依法履行监督管理职责的其他行为。

　　违反《建设工程安全生产管理条例》的规定,建设单位未提供建设工程安全生产作业环境及安全施工措施所需费用的,责令限期改正;逾期未改正的,责令该建设工程停止施工。建设单位未将保证安全施工的措施或者拆除工程的有关资料报送有关部门备案的,责令限期改正,给予警告。

违反《建设工程安全生产管理条例》的规定,建设单位有下列行为之一的,责令限期改正,处 20 万元以上 50 万元以下的罚款(造成重大安全事故,构成犯罪的,对直接责任人员,依照刑法有关规定追究刑事责任;造成损失的,依法承担赔偿责任):对勘察、设计、施工、工程监理等单位提出不符合安全生产法律、法规和强制性标准规定的要求的;要求施工单位压缩合同约定的工期的;拆除工程发包给不具有相应资质等级的施工单位的。

违反《建设工程安全生产管理条例》的规定,勘察单位、设计单位有下列行为之一的,责令限期改正,处 10 万元以上 30 万元以下的罚款(情节严重的,责令停业整顿,降低资质等级,直至吊销资质证书;造成重大安全事故,构成犯罪的,对直接责任人员,依照刑法有关规定追究刑事责任;造成损失的,依法承担赔偿责任):未按照法律、法规和工程建设强制性标准进行勘察、设计的;采用新结构、新材料、新工艺的建设工程和特殊结构的建设工程,设计单位未在设计中提出保障施工作业人员安全和预防生产安全事故的措施建议的。

违反《建设工程安全生产管理条例》的规定,工程监理单位有下列行为之一的,责令限期改正(逾期未改正的,责令停业整顿,并处 10 万元以上 30 万元以下的罚款;情节严重的,降低资质等级,直至吊销资质证书;造成重大安全事故,构成犯罪的,对直接责任人员,依照刑法有关规定追究刑事责任;造成损失的,依法承担赔偿责任):未对施工组织设计中的安全技术措施或者专项施工方案进行审查的;发现安全事故隐患未及时要求施工单位整改或者暂时停止施工的;施工单位拒不整改或者不停止施工,未及时向有关主管部门报告的;未依照法律、法规和工程建设强制性标准实施监理的。

注册执业人员未执行法律、法规和工程建设强制性标准的,责令停止执业 3 个月以上 1 年以下;情节严重的,吊销执业资格证书,5 年内不予注册;造成重大安全事故的,终身不予注册;构成犯罪的,依照刑法有关规定追究刑事责任。

违反《建设工程安全生产管理条例》的规定,为建设工程提供机械设备和配件的单位,未按照安全施工的要求配备齐全有效的保险、限位等安全设施和装置的,责令限期改正,处合同价款 1 倍以上 3 倍以下的罚款;造成损失的,依法承担赔偿责任。

违反《建设工程安全生产管理条例》的规定,出租单位出租未经安全性能检测或者经检测不合格的机械设备和施工机具及配件的,责令停业整顿,并处 5 万元以上 10 万元以下的罚款;造成损失的,依法承担赔偿责任。

违反《建设工程安全生产管理条例》的规定,施工起重机械和整体提升脚手架、模板等自升式架设设施安装、拆卸单位有下列行为之一的,责令限期改正,处 5 万元以上 10 万元以下的罚款(情节严重的,责令停业整顿,降低资质等级,直至吊销资质证书;造成损失的,依法承担赔偿责任):

① 未编制拆装方案、制定安全施工措施的;

② 未由专业技术人员现场监督的;

③ 未出具自检合格证明或者出具虚假证明的;

④ 未向施工单位进行安全使用说明,办理移交手续的。

施工起重机械和整体提升脚手架、模板等自升式架设设施安装、拆卸单位有前款规定的第①项、第③项行为,经有关部门或者单位职工提出后,对事故隐患仍不采取措施,因而发生重大伤亡事故或者造成其他严重后果,构成犯罪的,对直接责任人员,依照刑法有关规定追究刑事责任。

违反《建设工程安全生产管理条例》的规定,施工单位有下列行为之一的,责令限期改正(逾期未改正的,责令停业整顿,依照《中华人民共和国安全生产法》的有关规定处以罚款;造成重大安全事故,构成犯罪的,对直接责任人员,依照刑法有关规定追究刑事责任):

① 未设立安全生产管理机构、配备专职安全生产管理人员或者分部分项工程施工时无专职安全生产管理人员现场监督的;

② 施工单位的主要负责人、项目负责人、专职安全生产管理人员、作业人员或者特种作业人员,未经安全教育培训或者经考核不合格即从事相关工作的;

③ 未在施工现场的危险部位设置明显的安全警示标志,或者未按照国家有关规定在施工现场设置消防通道、消防水源、配备消防设施和灭火器材的;

④ 未向作业人员提供安全防护用具和安全防护服装的;

⑤ 未按照规定在施工起重机械和整体提升脚手架、模板等自升式架设设施验收合格后登记的;

⑥ 使用国家明令淘汰、禁止使用的危及施工安全的工艺、设备、材料的。

违反《建设工程安全生产管理条例》的规定,施工单位挪用列入建设工程概算的安全生产作业环境及安全施工措施所需费用的,责令限期改正,处挪用费用 20% 以上 50% 以下的罚款;造成损失的,依法承担赔偿责任。

违反《建设工程安全生产管理条例》的规定,施工单位有下列行为之一的,责令限期改正(逾期未改正的,责令停业整顿,并处 5 万元以上 10 万元以下的罚款;造成重大安全事故,构成犯罪的,对直接责任人员,依照刑法有关规定追究刑事责任):

① 施工前未对有关安全施工的技术要求做出详细说明的;

② 未根据不同施工阶段和周围环境及季节、气候的变化,在施工现场采取相应的安全施工措施,或者在城市市区内的建设工程的施工现场未实行封闭围挡的;

③ 在尚未竣工的建筑物内设置员工集体宿舍的;

④ 施工现场临时搭建的建筑物不符合安全使用要求的;

⑤ 未对因建设工程施工可能造成损害的毗邻建筑物、构筑物和地下管线等采取专项防护措施的。

施工单位有前款规定第④项、第⑤项行为,造成损失的,依法承担赔偿责任。

违反《建设工程安全生产管理条例》的规定,施工单位有下列行为之一的,责令限期改正(逾期未改正的,责令停业整顿,并处 10 万元以上 30 万元以下的罚款;情节严重的,降低资质等级,直至吊销资质证书;造成重大安全事故,构成犯罪的,对直接责任人员依照刑法有关规定追究刑事责任;造成损失的,依法承担赔偿责任):

① 安全防护用具、机械设备、施工机具及配件在进入施工现场前未经查验或者查验不合格即投入使用的;

② 使用未经验收或者验收不合格的施工起重机械和整体提升脚手架、模板等自升式架设设施的;

③ 委托不具有相应资质的单位承担施工现场安装、拆卸施工起重机械和整体提升脚手架、模板等自升式架设设施的;

④ 在施工组织设计中未编制安全技术措施、施工现场临时用电方案或者专项施工方案的。

　　违反《建设工程安全生产管理条例》的规定,施工单位的主要负责人、项目负责人未履行安全生产管理职责的,责令限期改正;逾期未改正的,责令施工单位停业整顿;造成重大安全事故、重大伤亡事故或者其他严重后果,构成犯罪的,依照刑法有关规定追究刑事责任。作业人员不服管理、违反规章制度和操作规程冒险作业造成重大伤亡事故或者其他严重后果,构成犯罪的,依照刑法有关规定追究刑事责任。施工单位的主要负责人、项目负责人有前款违法行为,尚不够刑事处罚的,处2万元以上20万元以下的罚款或者按照管理权限给予撤职处分;自刑罚执行完毕或者受处分之日起,5年内不得担任任何施工单位的主要负责人、项目负责人。

　　施工单位取得资质证书后,降低安全生产条件的,责令限期改正;经整改仍未达到与其资质等级相适应的安全生产条件的,责令停业整顿,降低其资质等级直至吊销资质证书。

　　《建设工程安全生产管理条例》规定的行政处罚由建设行政主管部门或者其他有关部门依照法定职权决定。

二维码内含精彩案例及解析,
快来扫一扫吧!

案例6-8

二维码内含本章习题及答案,
快来扫一扫吧!

习题6

模块 7　建设工程监理法律制度

扫一扫可见
本章电子资源

 学习目标

　　了解建设工程监理的概念、依据、原则、程序、监理规划及实施细则,熟悉建设工程监理的范围、监理机构的建立及建设工程监理单位的法律责任,掌握工程质量、造价、进度控制及安全生产管理的监理工作。

7.1　建设工程监理法律制度概述

 工程应用

知识点	项目应用阶段	典型工作事件	主要涉及的岗位	要求
建设工程监理的概念	工程监理全过程	监理机构按建设监理合同要求进行工程监理	监理单位负责人、监理单位投标负责人、总监理工程师	了解
建设工程监理的依据	监理投标、实施阶段	按合同、国家强制性标准等进行现场监理	监理单位投标负责人、总监理工程师、专业监理工程师	掌握
建设工程监理的范围	监理投标	现阶段监理范围主要是工程施工阶段	监理单位投标负责人、总监理工程师	熟悉
建设工程监理的性质	工程监理全过程	建设工程监理的主要任务	总监理工程师、专业监理工程师、监理员	掌握
建设工程监理的原则	工程监理全过程	监理机构与施工单位不得有经济利益联系	总监理工程师、专业监理工程师、监理员	熟悉
建设工程监理工作的程序	工程监理全过程	监理业务的取得及实施	监理单位负责人、监理单位投标负责人、总监理工程师、专业监理工程师、监理员	熟悉

 学习内容

7.1.1　建设工程监理的概念

建设工程监理,是指工程监理单位受建设单位委托,根据法律法规、工程建设标准、勘察设计文件及合同,在施工阶段对建设工程质量、造价、进度进行控制,对合同、信息进行管理,对工程建设相关方的关系进行协调,并履行建设工程安全生产管理法定职责的服务活动。

工程监理单位,是指依法成立并取得建设主管部门颁发的工程监理单位资质证书,从事建设工程监理与相关服务活动的服务机构。相关服务是指,工程监理单位受建设单位委托,按照建设工程监理合同约定,在建设工程勘察、设计、保修等阶段提供的服务活动。

建设工程监理的行为主体是工程监理单位,建设工程监理不同于建设行政主管部门的监督管理,也不同于总承包单位对分包单位的监督管理。建设工程监理只有在建设单位的委托下才能实施,只有在与建设单位订立书面委托监理合同,明确了监理的范围、内容、权利、义务和责任,工程监理单位才能在规定的范围内行使管理权,合法地开展建设工程监理。工程监理单位在委托监理的工程中拥有一定的管理权限,能够开展管理活动是建设单位授权的结果。

7.1.2　建设工程监理的依据

实施建设工程监理应遵循下列主要依据:
(1) 法律法规及工程建设标准;
(2) 建设工程勘察设计文件;
(3) 建设工程监理合同及其他合同文件。

7.1.3　建设工程监理的范围

1. 工程范围

为了有效发挥建设工程监理的作用,加大推行监理的力度,根据《建筑法》,国务院公布的《建设工程质量管理条例》对实行强制性监理的工程范围作了原则性规定,建设部又进一步在《建设工程监理范围和规模标准规定》中对实行强制性监理的工程范围作了具体规定。下列建设工程必须实行监理:

(1) 国家重点建设工程:依据《国家重点建设工程管理办法》所确定的对国民经济和社会发展有重大影响的骨干项目。

(2) 大中型公用事业工程:项目总投资额在 3 000 万元以上的供水、供电、供气、供热等市政工程项目;科技、教育、文化等项目;体育、旅游、商业等项目;卫生、社会福利等项目;其他公用事业项目。

(3) 成片开发建设的住宅小区工程:建筑面积在 5 万平方米以上的住宅建设工程。

(4) 利用外国政府或者国际组织贷款、援助资金的工程:包括使用世界银行、亚洲开发银行等国际组织贷款资金的项目;使用外国政府及其机构贷款资金的项目;使用国际组织或者国外政府援助资金的项目。

(5) 国家规定必须实行监理的其他工程:项目总投资在 3 000 万元以上关系社会公共利

益、公众安全的交通运输、水利建设、城市基础设施、生态环境保护、信息产业、能源等基础项目,以及学校、影剧院、体育馆项目。

2. 阶段范围

建设工程监理可以适用于工程建设投资决策阶段和项目施工阶段,但目前主要是建设工程施工阶段。

在建设工程施工阶段,建设单位、勘察单位、设计单位、施工单位和工程监理单位等工程建设的各类行为主体均参与到建设工程项目中,形成了一个完整的建设工程组织体系。在这个阶段,建设市场的发包体系、承包体系、管理服务体系的各主体在建设工程中各自承担工程建设的责任和义务,最终使建设工程建成投入使用。在施工阶段委托监理进行全面管理的目的是更有效地发挥监理的规划、控制、协调作用,为在计划目标内建成工程提供最好的专业服务。

7.1.4　建设工程监理的性质

1. 服务性

建设工程监理具有服务性,是从它的业务性方面定性的。建设工程监理的主要方法是规划、控制、协调,主要任务是"三控制、二管理、一协调",控制建设工程的投资、进度和质量,做好合同管理和信息管理,协调工程建设各方的关系,最终达到的基本目的是协助建设单位在计划目标内将建设工程建成投入使用。这就是建设工程监理的管理服务内涵。

工程监理单位既不直接进行设计,也不直接进行施工;既不向建设单位承包造价,也不参与承包商的利益分成。在工程建设中,监理人员利用自己的知识、技能和经验、信息及必需的检测手段,为建设单位提供管理服务。

工程监理单位不能完全取代建设单位的管理活动,它不具有建设重大问题的决策权,它只能在建设单位授权范围内代表建设单位进行管理。

工程监理的服务对象是建设单位。监理服务是按照委托监理合同的规定进行的,是受法律约束和保护的。

2. 科学性

科学性是由建设工程监理要达到的基本目的决定的。建设工程监理以协助建设单位实现其投资目的为己任,力求在计划工作的目标内建成工程,面对工程规模日趋庞大,环境日益复杂,功能、标准要求越来越高,新技术、新工艺、新材料、新设备不断涌现,参加建设的单位越来越多,市场竞争日益激烈,风险日益增加的情况,监理单位只有采用科学的思想、理论、方法和手段才能驾驭工程建设实施。

工程监理的科学性主要表现在:工程监理单位应当由组织管理能力强、工程建设经验丰富的人员担任领导;应当有足够数量的、有丰富的管理经验和应变能力的监理工程师组成的骨干队伍;应当有一套健全的管理制度;能利用先进的管理理论、方法和手段进行现代化的管理;要积累足够的技术、经济资料和数据;要有科学的工作态度和严谨的工作作风,能实事求是、创造性地开展工作。

3. 独立性

《建筑法》明确指出,工程监理单位应当根据建设单位的委托,客观、公正地执行监理任务。《工程建设监理规定》和《建设工程监理规范》要求工程监理单位按照"公正、独立、自主"的原则开展监理工作。

按照独立性要求,工程监理单位应当严格地按照有关法律、法规、规章、工程建设文件、工程建设技术标准、建设工程委托监理合同、有关的建设工程合同等的规定实施监理;在委托监理的工程中,与承建单位不得有隶属关系和其他利害关系;在开展工程监理的过程中,必须建立自己的组织,按照自己的工作计划、程序、流程、方法、手段,根据自己的判断,独立地开展工作。

4. 公正性

公正性是社会公认的职业道德准则,是监理行业能够长期生存和发展的基本职业道德准则。在开展建设工程监理的过程中,工程监理单位应当排除各种干扰,客观、公正地对待监理的委托单位和承建单位。特别是当建设单位和施工单位发生利益冲突或者矛盾时,工程监理单位应以事实为依据,以法律和合同为准绳,在维护建设单位的合法权益时,不损害承建单位的合法权益。

7.1.5　建设工程监理的原则

建设工程监理的原则是指在从事工程监理的过程中所应当遵循的基本准则和规则。综合来讲,在工程建设监理过程中应当遵循以下原则:

1. 依法监理的原则

从事工程监理的单位或个人进行监理所依据的主要是相关的法律、法规、部门规章、办法以及其他具有法律约束力的规范性文件,还包括其他的国家现行技术规范、技术标准、规程和工程质量检测验评的标准。"合同是当事人之间的法律",所以当事人遵循合同也是守法。建设单位与监理单位之间、建设单位与承包单位之间依法成立的合同以及其他的作为工程合同组成部分的文件都是建立的依据。作为建设单位和工程承包单位也要守法,他们与监理单位之间存在着直接或间接的关系,应当依据相关法律、合同的规定作好配合工作,不能对监理进行违法的干预。

2. 参照国际惯例的原则

西方发达国家工程建设监理工作已有 100 多年的历史,其监理体系趋于成熟和完善,各国具有严密的组织机构以及规范化的方式、手段和实施程序。我国的工程建设活动已进入国际市场,因此,从事工程建设监理的单位和从业的监理工程师应当充分研究和借鉴国际上通行做法和经验,迅速与国际接轨,更好地走向国际市场。

3. 结合我国国情的原则

如前所述,我国工程监理制度的建立需要借鉴国际的惯例,但又不能盲目地照搬,应当充分结合我国国情,建立具有中国特色的工程建设监理制度体系,更好地规范我国的工程监理工作。

7.1.6　建设工程监理工作的程序

为了更好地进行监理工作,保证监理工作的规范化和标准化,从而保证监理工作的质量,提高监理工作的水平,工程监理工作应遵循以下程序:

1. 监理任务的取得

我国工程监理任务的取得主要通过建设单位点名委托、竞标择优委托、商议委托等形式。建设项目符合《工程建设招标范围和规模标准规定》和《建设工程监理范围和规模标准规定》必须实行工程监理的工程项目,均须通过招标投标的方式选择监理单位。参加投标的单位必须具有与招标工程规模相适应的资质等级。招标单位可以自行组织招标,也可以委托具有相应资质的招标代理机构组织招标。强制监理的招标项目由招标单位自行组织招标的,应当向省、自治区、直辖市建设工程招标管理机构备案,以便监督管理。

2. 签订监理委托合同

建设工程委托监理合同简称监理合同,是指工程建设单位聘请监理单位代其对工程项目进行管理,明确双方权利、义务的协议。建设单位简称委托人,监理单位简称受托人。监理合同的类型包括建设前期监理合同、设计监理合同、招标监理合同、施工监理合同等类型。建设部、国家工商行政管理总局在 1775 年发布的示范文本的基础上,于 2000 年 2 月 17 日发布了新的《建设工程委托监理合同示范文本》,该文本在结合我国国情的基础上,较多采纳了国际通行的 FIDIC 合同文本的内容,与国际通行的规则接轨。

3. 成立项目监理组织

监理合同签订后,建立组织要依据工程项目的规模、性质和业主对建立的要求,委派称职的人员担任项目的总监理工程师,代表监理单位全面负责项目的监理工作,总监理工程师对内向监理单位负责,对外向业主负责。

4. 收集有关资料

监理工程师接到监理任务后要熟悉所监理工程的相关资料,主要包括:

（1）反映工程项目特征的有关资料;

（2）反映当地工程建设政策、法规的有关资料;

（3）反映工程所在地区技术经济状况等建设条件资料;

（4）类似工程项目建设情况的资料。

5. 编制建设工程监理规划

监理单位接受建设单位委托后,应编制项目监理规划,作为指导监理机构开展工作的纲领性技术组织文件,也是政府主管机构、建设单位对监理单位实施监督管理,确认监理合同履行的重要内容和主要依据。

6. 监理工作的开展

监理单位应当按工程建设进度,分专业编制工程建设监理细则。要根据制定的监理工作计划和运行制度,规范的开展工作,并遵循规则的时序性、职责分工的严密性、工作目标的确定性。在整个监理过程中,监理工程师通常采用书面指示、工地会议、专题研究、约见承包商、监理记录及资料管理等手段对工程进行管理。

7. 参与工程竣工预验收,签署建设监理意见;向项目法人提交工程建设监理档案资料;向业主和监理单位分别提交监理工作总结。

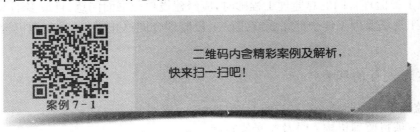

二维码内含精彩案例及解析,快来扫一扫吧!

案例 7-1

7.2　建设工程监理机构

 **工程应用**

知识点	项目应用阶段	典型工作事件	主要涉及的岗位	要求
项目监理机构	工程监理投标、准备阶段	按合同要求配备足够数量的监理人员	监理单位投标负责人、总监理工程师	了解
监理人员的职责	监理准备、实施阶段	明确总监、专监及监理员的职责	总监理工程师、专业监理工程师、监理员	掌握
监理设施	监理准备阶段	监理机构妥善保管和使用建设单位提供的设施	监理单位投标负责人、总监理工程师	熟悉

 **学习内容**

7.2.1　项目监理机构

（1）工程监理单位实施监理时，应在施工现场派驻项目监理机构。项目监理机构的组织形式和规模，可根据建设工程监理合同约定的服务内容、服务期限，以及工程特点、规模、技术复杂程度、环境等因素确定。

（2）项目监理机构的监理人员应由总监理工程师、专业监理工程师和监理员组成，且专业配套、数量应满足建设工程监理工作需要，必要时可设总监理工程师代表。

（3）工程监理单位在建设工程监理合同签订后，应及时将项目监理机构的组织形式、人员构成及对总监理工程师的任命书面通知建设单位。

（4）工程监理单位调换总监理工程师时，应征得建设单位书面同意；调换专业监理工程师时，总监理工程师应书面通知建设单位。

（5）一名注册监理工程师可担任一项建设工程监理合同的总监理工程师。当需要同时担任多项建筑工程监理合同的总监理工程师时，应经建设单位书面同意，且最多不得超过三项。

（6）施工现场监理工作全部完成或建设工程监理合同终止时，项目监理机构可撤离施工现场。

7.2.2　监理人员的职责

1. 总监理工程师职责

（1）确定项目监理机构人员及其岗位职责。

（2）组织编制监理规划，审批监理实施细则。

（3）根据工程进展及监理工作情况调配监理人员，检查监理人员工作。

（4）组织召开监理例会。

（5）组织审核分包单位资格。

（6）组织审查施工组织设计、（专项）施工方案。

（7）审查工程开复工报审表，签发工程开工令、暂停令和复工令。

（8）组织检查施工单位现场质量、安全生产管理体系的建立及运行情况。

（9）组织审核施工单位的付款申请，签发工程款支付证书，组织审核竣工结算。

（10）组织审查和处理工程变更。

（11）调解建设单位与施工单位的合同争议，处理工程索赔。

（12）组织验收分部工程，组织审查单位工程质量检验资料。

（13）审查施工单位的竣工申请，组织工程竣工预验收，组织编写工程质量评估报告，参与工程竣工验收。

（14）参与或配合工程质量安全事故的调查和处理。

（15）组织编写监理月报、监理工作总结，组织整理监理文件资料。

2. 总监理工程师不得将下列工作委托总监理工程师代表

（1）组织编制监理规划，审批监理实施细则。

（2）根据工程进展及监理工作情况调配监理人员。

（3）组织审查施工组织设计、（专项）施工方案。

（4）签发工程开工令、暂停令和复工令。

（5）签发工程款支付证书，组织审核竣工结算。

（6）调解建设单位与施工单位的合同争议，处理工程索赔。

（7）审查施工单位的竣工申请，组织工程竣工预验收，组织编写工程质量评估报告，参与工程竣工验收。

（8）参与或配合工程质量安全事故的调查和处理。

3. 专业监理工程师职责

（1）参与编制监理规划，负责编制监理实施细则。

（2）审查施工单位提交的涉及本专业的报审文件，并向总监理工程师报告。

（3）参与审核分包单位资格。

（4）指导、检查监理员工作，定期向总监理工程师报告本专业监理工作实施情况。

（5）检查进场的工程材料、构配件、设备的质量。

（6）验收检验批、隐蔽工程、分项工程，参与验收分部工程。

（7）处置发现的质量问题和安全事故隐患。

（8）进行工程计量。

（9）参与工程变更的审查和处理。

（10）组织编写监理日志，参与编写监理月报。

（11）收集、汇总、参与整理监理文件资料。

（12）参与工程竣工预验收和竣工验收。

4. 监理员职责

（1）检查施工单位投入工程的人力、主要设备的使用及运行状况。

（2）进行见证取样。

（3）复核工程计量有关数据。

（4）检查工序施工结果。

（5）发现施工作业中的问题，及时指出并向专业监理工程师报告。

7.2.3　监理设施

（1）建设单位应按建设工程监理合同约定，提供监理工作需要的办公、交通、通信、生活等设施。项目监理机构宜妥善使用和保管建设单位提供的设施，并应按建设工程监理合同约定的时间移交建设单位。

（2）工程监理单位宜按建设工程监理合同约定，配备满足监理工作需要的检测设备和工器具。

二维码内含精彩案例及解析，
快来扫一扫吧！

案例 7-2

7.3　监理规划及监理实施细则

工程应用

知识点	项目应用阶段	典型工作事件	主要涉及的岗位	要求
监理规划	工程监理准备阶段	总监理工程师组织编制监理规划	总监理工程师、专业监理工程师	掌握
监理实施细则	工程监理准备阶段	专业监理工程师负责编制监理实施细则	专业监理工程师、监理员	掌握

学习内容

7.3.1　监理规划

监理规划应结合工程实际情况，明确项目监理机构的工作目标，确定具体的监理工作制

度、内容、程序、方法和措施。监理规划可在签订建设工程监理合同及收到工程设计文件后由总监理工程师组织编制,并应在召开第一次工地会议前报送建设单位。

1. 监理规划编审应遵循下列程序

(1) 总监理工程师组织专业监理工程师编制。

(2) 总监理工程师签字后由工程监理单位技术负责人审批。

2. 监理规划应包括下列主要内容

(1) 工程概况。

(2) 监理工作的范围、内容、目标。

(3) 监理工作依据。

(4) 监理组织形式、人员配备及进退场计划、监理人员岗位职责。

(5) 监理工作制度。

(6) 工程质量控制。

(7) 工程造价控制。

(8) 工程进度控制。

(9) 安全生产管理的监理工作。

(10) 合同与信息管理。

(11) 组织协调。

(12) 监理工作设施。

3. 监理规划的修改

在实施建设工程监理过程中,实际情况或条件发生变化而需要调整监理规划时,应由总监理工程师组织专业监理工程师修改,并应经工程监理单位技术负责人批准后报建设单位。

7.3.2　监理实施细则

监理实施细则应符合监理规划的要求,并应具有可操作性。对专业性较强、危险性较大的分部分项工程,项目监理机构应编制监理实施细则。

(1) 监理实施细则编审应遵循下列程序:监理实施细则应在相应工程施工开始前由专业监理工程师编制,并应报总监理工程师审批。

(2) 监理实施细则的编制应依据下列资料:

① 监理规划。

② 工程建设标准、工程设计文件。

③ 施工组织设计、(专项)施工方案。

(3) 监理实施细则应包括下列主要内容:

① 专业工程特点。

② 监理工作流程。

③ 监理工作要点。

④ 监理工作方法及措施。

(4) 监理实施细则的修改

在实施建设工程监理过程中,监理实施细则可根据实际情况进行补充、修改,并应经总监理工程师批准后实施。

二维码内含精彩案例及解析，
快来扫一扫吧！

案例 7 - 3

7.4　施工阶段的监理工作

 工程应用

知识点	项目应用阶段	典型工作事件	主要涉及的岗位	要求
施工准备阶段的监理工作	工程监理准备阶段	总监理工程师审核施工组织设计	总监理工程师、专业监理工程师	理解
工程质量控制工作	工程监理实施阶段	未经监理验收或验收不合格，不得进入下一道工序	专业监理工程师、监理员	掌握
工程造价控制工作	工程监理实施阶段、工程竣工验收阶段	总监理工程师对经济签证、进度款等进行审核	总监理工程师、专业监理工程师	掌握
工程进度控制工作	工程监理实施阶段	总监理工程师审批承包单位报送的施工总进度计划	总监理工程师、专业监理工程师	掌握
安全生产管理的监理工作	工程监理实施阶段	项目监理机构审查施工单位报送的专项施工方案	总监理工程师、专业监理工程师	理解
工程暂停及复工	工程监理实施阶段	总监理工程师可根据停工原因签发工程暂停令	总监理工程师	理解
工程变更	工程监理实施阶段	总监理工程师组织专业监理工程师审查施工单位提出的工程变更申请	总监理工程师、专业监理工程师	理解
费用索赔	工程监理实施阶段、工程竣工验收阶段	项目监理机构应及时收集、整理有关工程费用的原始资料，为处理费用索赔提供证据	总监理工程师、专业监理工程师	理解

（续表）

知识点	项目应用阶段	典型工作事件	主要涉及的岗位	要求
工程延期及工期延误	工程监理实施阶段	项目监理机构受理施工单位提出的工程延期申请	总监理工程师、专业监理工程师	理解
施工合同争议	工程监理实施阶段	项目监理机构按照合同约定处理施工合同争议事宜	总监理工程师	理解
施工合同解除	工程监理实施阶段	项目监理机构按照合同约定处理施工合同解除事宜	总监理工程师	理解
监理文件资料内容	工程监理实施阶段工程竣工验收阶段	项目监理机构应及时整理、分类汇总监理文件资料，并应按规定组卷，形成监理档案	总监理工程师、专业监理工程师、监理员	理解

 学习内容

7.4.1　施工准备阶段的监理工作

1. 项目监理机构的工作

（1）项目监理机构应根据建设工程监理合同约定，遵循动态控制原理，坚持预防为主的原则，制定和实施相应的监理措施，采用旁站、巡视和平行检验等方式对建设工程实施监理。

（2）项目监理机构应定期召开监理例会，并组织有关单位研究解决与监理相关的问题。项目监理机构可根据工程需要，主持或参加专题会议，解决监理工作范围内工程专项问题。监理例会以及由项目监理机构主持召开的专题会议的会议纪要，应由项目监理机构负责整理，与会各方代表应会签。

（3）项目监理机构应协调工程建设相关方的关系。项目监理机构与工程建设相关方之间的工作联系，除另有规定外宜采用工作联系单形式进行。

（4）项目监理机构应审查施工单位报审的施工组织设计，符合要求时，应由总监理工程师签认后报建设单位。项目监理机构应要求施工单位按已批准的施工组织设计组织施工。施工组织设计需要调整时，项目监理机构应按程序重新审查。施工组织设计审查应包括下列基本内容：

① 编审程序应符合相关规定。

② 施工进度、施工方案及工程质量保证措施应符合施工合同要求。

③ 资金、劳动力、材料、设备等资源供应计划应满足工程施工需要。

④ 安全技术措施应符合工程建设强制性标准。5 施工总平面布置应科学合理。

（5）分包工程开工前，项目监理机构应审核施工单位报送的分包单位资格报审表，专业监

理工程师提出审查意见后,应由总监理工程师审核签认。分包单位资格审核应包括下列基本内容:

① 营业执照、企业资质等级证书。

② 安全生产许可文件。

③ 类似工程业绩。

④ 专职管理人员和特种作业人员的资格。

(6)项目监理机构宜根据工程特点、施工合同、工程设计文件及经过批准的施工组织设计对工程风险进行分析,并宜提出工程质量、造价、进度目标控制及安全生产管理的防范性对策。

2. 监理人员的工作

(1)总监理工程师应组织专业监理工程师审查施工单位报送的工程开工报审表及相关资料;同时具备下列条件时,应由总监理工程师签署审核意见,并应报建设单位批准后,总监理工程师签发工程开工令:

① 设计交底和图纸会审已完成。

② 施工组织设计已由总监理工程师签认。

③ 施工单位现场质量、安全生产管理体系已建立,管理及施工人员已到位,施工机械具备使用条件,主要工程材料已落实。

④ 进场道路及水、电、通信等已满足开工要求。

(2)监理人员应熟悉工程设计文件,并应参加建设单位主持的图纸会审和设计交底会议,会议纪要应由总监理工程师签认。工程开工前,监理人员应参加由建设单位主持召开的第一次工地会议,会议纪要应由项目监理机构负责整理,与会各方代表应会签。

7.4.2 工程质量控制工作

1. 项目监理机构的工作

(1)工程开工前,项目监理机构应审查施工单位现场的质量管理组织机构、管理制度及专职管理人员和特种作业人员的资格。

(2)项目监理机构应审查施工单位报送的用于工程的材料、构配件、设备的质量证明文件,并应按有关规定、建设工程监理合同约定,对用于工程的材料进行见证取样、平行检验。项目监理机构对已进场经检验不合格的工程材料、构配件、设备,应要求施工单位限期将其撤出施工现场。

(3)项目监理机构应根据工程特点和施工单位报送的施工组织设计,确定旁站的关键部位、关键工序,安排监理人员进行旁站,并应及时记录旁站情况。

(4)项目监理机构应安排监理人员对工程施工质量进行巡视。巡视应包括下列主要内容:

① 施工单位是否按工程设计文件、工程建设标准和批准的施工组织设计、(专项)施工方案施工。

② 使用的工程材料、构配件和设备是否合格。

③ 施工现场管理人员,特别是施工质量管理人员是否到位。

④ 特种作业人员是否持证上岗。

(5)项目监理机构应根据工程特点、专业要求,以及建设工程监理合同约定,对施工质量进行平行检验。

　　（6）项目监理机构应对施工单位报验的隐蔽工程、检验批、分项工程和分部工程进行验收，对验收合格的应给予签认；对验收不合格的应拒绝签认，同时应要求施工单位在指定的时间内整改并重新报验。对已同意覆盖的工程隐蔽部位质量有疑问的，或发现施工单位私自覆盖工程隐蔽部位的，项目监理机构应要求施工单位对该隐蔽部位进行钻孔探测、剥离或其他方法进行重新检验。

　　（7）项目监理机构发现施工存在质量问题的，或施工单位采用不适当的施工工艺，或施工不当，造成工程质量不合格的，应及时签发监理通知单，要求施工单位整改。整改完毕后，项目监理机构应根据施工单位报送的监理通知回复单对整改情况进行复查，提出复查意见。

　　（8）对需要返工处理或加固补强的质量缺陷，项目监理机构应要求施工单位报送经设计等相关单位认可的处理方案，并应对质量缺陷的处理过程进行跟踪检查，同时应对处理结果进行验收。

　　（9）对需要返工处理或加固补强的质量事故，项目监理机构应要求施工单位报送质量事故调查报告和经设计等相关单位认可的处理方案，并应对质量事故的处理过程进行跟踪检查，同时应对处理结果进行验收。项目监理机构应及时向建设单位提交质量事故书面报告，并应将完整的质量事故处理记录整理归档。

　　（10）项目监理机构应审查施工单位提交的单位工程竣工验收报审表及竣工资料，组织工程竣工预验收。存在问题的，应要求施工单位及时整改；合格的，总监理工程师应签认单位工程竣工验收报审表。

　　（11）工程竣工预验收合格后，项目监理机构应编写工程质量评估报告，并应经总监理工程师和工程监理单位技术负责人审核签字后报建设单位。

　　（12）项目监理机构应参加由建设单位组织的竣工验收，对验收中提出的整改问题，应督促施工单位及时整改。工程质量符合要求的，总监理工程师应在工程竣工验收报告中签署意见。

2. 监理人员的工作

　　（1）总监理工程师应组织专业监理工程师审查施工单位报审的施工方案，符合要求后应予以签认。施工方案审查应包括下列基本内容：

　　① 编审程序应符合相关规定。

　　② 工程质量保证措施应符合有关标准。

　　（2）专业监理工程师应审查施工单位报送的新材料、新工艺、新技术、新设备的质量认证材料和相关验收标准的适用性，必要时，应要求施工单位组织专题论证，审查合格后报总监理工程师签认。

　　（3）专业监理工程师应检查、复核施工单位报送的施工控制测量成果及保护措施，签署意见。专业监理工程师应对施工单位在施工过程中报送的施工测量放线成果进行查验。施工控制测量成果及保护措施的检查、复核，应包括下列内容：

　　① 施工单位测量人员的资格证书及测量设备检定证书。

　　② 施工平面控制网、高程控制网和临时水准点的测量成果及控制桩的保护措施。

　　（4）专业监理工程师应检查施工单位为工程提供服务的试验室。试验室的检查应包括下列内容：

①　试验室的资质等级及试验范围。

②　法定计量部门对试验设备出具的计量检定证明。

③　试验室管理制度。

④　试验人员资格证书。

(5)　专业监理工程师应审查施工单位定期提交影响工程质量的计量设备的检查和检定报告。

7.4.3　工程造价控制工作

(1)　项目监理机构应按下列程序进行工程计量和付款签证:

①　专业监理工程师对施工单位在工程款支付报审表中提交的工程量和支付金额进行复核,确定实际完成的工程量,提出到期应支付给施工单位的金额,并提出相应的支持性材料。

②　总监理工程师对专业监理工程师的审查意见进行审核,签认后报建设单位审批。

③　总监理工程师根据建设单位的审批意见,向施工单位签发工程款支付证书。

(2)　项目监理机构应编制月完成工程量统计表,对实际完成量与计划完成量进行比较分析,发现偏差的,应提出调整建议,并应在监理月报中向建设单位报告。

(3)　项目监理机构应按下列程序进行竣工结算款审核:

①　专业监理工程师审查施工单位提交的竣工结算款支付申请,提出审查意见。

②　总监理工程师对专业监理工程师的审查意见进行审核,签认后报建设单位审批,同时抄送施工单位,并就工程竣工结算事宜与建设单位、施工单位协商;达成一致意见的,根据建设单位审批意见向施工单位签发竣工结算款支付证书;不能达成一致意见的,应按施工合同约定处理。

7.4.4　工程进度控制工作

(1)　项目监理机构应审查施工单位报审的施工总进度计划和阶段性施工进度计划,提出审查意见,并应由总监理工程师审核后报建设单位。施工进度计划审查应包括下列基本内容:

①　施工进度计划应符合施工合同中工期的约定。

②　施工进度计划中主要工程项目无遗漏,应满足分批投入试运、分批动用的需要,阶段性施工进度计划应满足总进度控制目标的要求。

③　施工顺序的安排应符合施工工艺要求。

④　施工人员、工程材料、施工机械等资源供应计划应满足施工进度计划的需要。

⑤　施工进度计划应符合建设单位提供的资金、施工图纸、施工场地、物资等施工条件。

(2)　项目监理机构应检查施工进度计划的实施情况,发现实际进度严重滞后于计划进度且影响合同工期时,应签发监理通知单,要求施工单位采取调整措施加快施工进度。总监理工程师应向建设单位报告工期延误风险。

(3)　项目监理机构应比较分析工程施工实际进度与计划进度,预测实际进度对工程总工期的影响,并应在监理月报中向建设单位报告工程实际进展情况。

7.4.5　安全生产管理的监理工作

(1)　项目监理机构应根据法律法规、工程建设强制性标准,履行建设工程安全生产管理的监理职责,并应将安全生产管理的监理工作内容、方法和措施纳入监理规划及监理实施细则。

（2）项目监理机构应审查施工单位现场安全生产规章制度的建立和实施情况,并应审查施工单位安全生产许可证及施工单位项目经理、专职安全生产管理人员和特种作业人员的资格,同时应核查施工机械和设施的安全许可验收手续。

（3）项目监理机构应审查施工单位报审的专项施工方案,符合要求的,应由总监理工程师签认后报建设单位。超过一定规模的危险性较大的分部分项工程的专项施工方案,应检查施工单位组织专家进行论证、审查的情况,以及是否附具安全验算结果。项目监理机构应要求施工单位按已批准的专项施工方案组织施工。专项施工方案需要调整时,施工单位应按程序重新提交项目监理机构审查。专项施工方案审查应包括下列基本内容:

① 编审程序应符合相关规定。

② 安全技术措施应符合工程建设强制性标准。

（4）项目监理机构应巡视检查危险性较大的分部分项工程专项施工方案实施情况。发现未按专项施工方案实施时,应签发监理通知单,要求施工单位按专项施工方案实施。

（5）项目监理机构在实施监理过程中,发现工程存在安全事故隐患时,应签发监理通知单,要求施工单位整改;情况严重时,应签发工程暂停令,并应及时报告建设单位。施工单位拒不整改或不停止施工时,项目监理机构应及时向有关主管部门报送监理报告。

7.4.6 工程暂停及复工

（1）总监理工程师在签发工程暂停令时,可根据停工原因的影响范围和影响程度,确定停工范围,并应按施工合同和建设工程监理合同的约定签发工程暂停令。

（2）项目监理机构发现下列情况之一时,总监理工程师应及时签发工程暂停令:

① 建设单位要求暂停施工且工程需要暂停施工的。

② 施工单位未经批准擅自施工或拒绝项目监理机构管理的。

③ 施工单位未按审查通过的工程设计文件施工的。

④ 施工单位违反工程建设强制性标准的。

⑤ 施工存在重大质量、安全事故隐患或发生质量、安全事故的。

（3）总监理工程师签发工程暂停令应事先征得建设单位同意,在紧急情况下未能事先报告时,应在事后及时向建设单位做出书面报告。

（4）暂停施工事件发生时,项目监理机构应如实记录所发生的情况。

（5）总监理工程师应会同有关各方按施工合同约定,处理因工程暂停引起的与工期、费用有关的问题。

（6）因施工单位原因暂停施工时,项目监理机构应检查、验收施工单位的停工整改过程、结果。

（7）当暂停施工原因消失、具备复工条件时,施工单位提出复工申请的,项目监理机构应审查施工单位报送的工程复工报审表及有关材料,符合要求后,总监理工程师应及时签署审查意见,并应报建设单位批准后签发工程复工令;施工单位未提出复工申请的,总监理工程师应根据工程实际情况指令施工单位恢复施工。

7.4.7 工程变更

(1) 项目监理机构可按下列程序处理施工单位提出的工程变更：

① 总监理工程师组织专业监理工程师审查施工单位提出的工程变更申请，提出审查意见。对涉及工程设计文件修改的工程变更，应由建设单位转交原设计单位修改工程设计文件。必要时，项目监理机构应建议建设单位组织设计、施工等单位召开论证工程设计文件的修改方案的专题会议。

② 总监理工程师组织专业监理工程师对工程变更费用及工期影响做出评估。

③ 总监理工程师组织建设单位、施工单位等共同协商确定工程变更费用及工期变化，会签工程变更单。

④ 项目监理机构根据批准的工程变更文件监督施工单位实施工程变更。

(2) 项目监理机构可在工程变更实施前与建设单位、施工单位等协商确定工程变更的计价原则、计价方法或价款。

(3) 建设单位与施工单位未能就工程变更费用达成协议时，项目监理机构可提出一个暂定价格并经建设单位同意，作为临时支付工程款的依据。工程变更款项最终结算时，应以建设单位与施工单位达成的协议为依据。

(4) 项目监理机构可对建设单位要求的工程变更提出评估意见，并应督促施工单位按会签后的工程变更单组织施工。

7.4.8 费用索赔

(1) 项目监理机构应及时收集、整理有关工程费用的原始资料，为处理费用索赔提供证据。

(2) 项目监理机构处理费用索赔的主要依据应包括下列内容：

① 法律法规。

② 勘察设计文件、施工合同文件。

③ 工程建设标准。

④ 索赔事件的证据。

(3) 项目监理机构可按下列程序处理施工单位提出的费用索赔：

① 受理施工单位在施工合同约定的期限内提交的费用索赔意向通知书。

② 收集与索赔有关的资料。

③ 受理施工单位在施工合同约定的期限内提交的费用索赔报审表。

④ 审查费用索赔报审表。需要施工单位进一步提交详细资料时，应在施工合同约定的期限内发出通知。

⑤ 与建设单位和施工单位协商一致后，在施工合同约定的期限内签发费用索赔报审表，并报建设单位。

(4) 项目监理机构批准施工单位费用索赔应同时满足下列条件：

① 施工单位在施工合同约定的期限内提出费用索赔。

② 索赔事件是因非施工单位原因造成，且符合施工合同约定。

③ 索赔事件造成施工单位直接经济损失。

（5）当施工单位的费用索赔要求与工程延期要求相关联时,项目监理机构可提出费用索赔和工程延期的综合处理意见,并应与建设单位和施工单位协商。

（6）因施工单位原因造成建设单位损失,建设单位提出索赔时,项目监理机构应与建设单位和施工单位协商处理。

7.4.9　工程延期及工期延误

（1）施工单位提出工程延期要求符合施工合同约定时,项目监理机构应予以受理。

（2）当影响工期事件具有持续性时,项目监理机构应对施工单位提交的阶段性工程临时延期报审表进行审查,并应签署工程临时延期审核意见后报建设单位。当影响工期事件结束后,项目监理机构应对施工单位提交的工程最终延期报审表进行审查,并应签署工程最终延期审核意见后报建设单位。

（3）项目监理机构在批准工程临时延期、工程最终延期前,均应与建设单位和施工单位协商。

（4）项目监理机构批准工程延期应同时满足下列条件:

① 施工单位在施工合同约定的期限内提出工程延期。

② 因非施工单位原因造成施工进度滞后。

③ 施工进度滞后影响到施工合同约定的工期。

（5）施工单位因工程延期提出费用索赔时,项目监理机构可按施工合同约定进行处理。

（6）发生工期延误时,项目监理机构应按施工合同约定进行处理。

7.4.10　施工合同争议

（1）项目监理机构处理施工合同争议时应进行下列工作:

① 了解合同争议情况。

② 及时与合同争议双方进行磋商。

③ 提出处理方案后,由总监理工程师进行协调。

④ 当双方未能达成一致时,总监理工程师应提出处理合同争议的意见。

（2）项目监理机构在施工合同争议处理过程中,对未达到施工合同约定的暂停履行合同条件的,应要求施工合同双方继续履行合同。

（3）在施工合同争议的仲裁或诉讼过程中,项目监理机构应按仲裁机关或法院要求提供与争议有关的证据。

7.4.11　施工合同解除

（1）因建设单位原因导致施工合同解除时,项目监理机构应按施工合同约定与建设单位和施工单位按下列款项协商确定施工单位应得款项,并应签发工程款支付证书:

① 施工单位按施工合同约定已完成的工作应得款项。

② 施工单位按批准的采购计划订购工程材料、构配件、设备的款项。

③ 施工单位撤离施工设备至原基地或其他目的地的合理费用。

④ 施工单位人员的合理遣返费用。

⑤ 施工单位合理的利润补偿。

⑥ 施工合同约定的建设单位应支付的违约金。

（2）因施工单位原因导致施工合同解除时，项目监理机构应按施工合同约定，从下列款项中确定施工单位应得款项或偿还建设单位的款项，并应与建设单位和施工协商后，书面提交施工单位应得款项或偿还建设单位款项的证明：

① 施工单位已按施工合同约定实际完成的工作应得款项和已给付的款项。

② 施工单位已提供的材料、构配件、设备和临时工程等的价值。

③ 对已完工程进行检查和验收、移交工程资料、修复已完工程质量缺陷等所需的费用。

④ 施工合同约定的施工单位应支付的违约金。

（3）因非建设单位、施工单位原因导致施工合同解除时，项目监理机构应按施工合同约定处理合同解除后的有关事宜。

7.4.12 监理文件资料内容

1. 监理文件资料应包括下列主要内容

（1）勘察设计文件、建设工程监理合同及其他合同文件。

（2）监理规划、监理实施细则。

（3）设计交底和图纸会审会议纪要。

（4）施工组织设计、（专项）施工方案、施工进度计划报审文件资料。

（5）分包单位资格报审文件资料。

（6）施工控制测量成果报验文件资料。

（7）总监理工程师任命书，开工令、暂停令、复工令，工程开工或复工报审文件资料。

（8）工程材料、构配件、设备报验文件资料。

（9）见证取样和平行检验文件资料。

（10）工程质量检查报验资料及工程有关验收资料。

（11）工程变更、费用索赔及工程延期文件资料。

（12）工程计量、工程款支付文件资料。

（13）监理通知单、工作联系单与监理报告。

（14）第一次工地会议、监理例会、专题会议等会议纪要。

（15）监理月报、监理日志、旁站记录。

（16）工程质量或生产安全事故处理文件资料。

（17）工程质量评估报告及竣工验收

（18）监理文件资料监理工作总结。

2. 监理日志应包括下列主要内容

（1）天气和施工环境情况。

（2）当日施工进展情况。

（3）当日监理工作情况，包括旁站、巡视、见证取样、平行检验等情况。

（4）当日存在的问题及处理情况。

（5）其他有关事项。

3. 监理月报应包括下列主要内容

（1）本月工程实施情况。

（2）本月监理工作情况。

（3）本月施工中存在的问题及处理情况。

（4）下月监理工作重点。

4. 监理工作总结应包括下列主要内容

（1）工程概况。

（2）项目监理机构。

（3）建设工程监理合同履行情况。

（4）监理工作成效。

（5）监理工作中发现的问题及其处理情况。

（6）说明和建议。

二维码内含精彩案例及解析，快来扫一扫吧！

案例 7-4

7.5　建设工程监理单位的法律责任

 **工程应用**

知识点	项目应用阶段	典型工作事件	主要涉及的岗位	要求
建设工程监理单位的法律责任	工程监理投标阶段	工程监理单位转让监理业务	监理单位负责人、监理单位投标负责人、总监理工程师	了解
	工程监理实施阶段	监理单位对工程质量安全生产承担监理责任	总监理工程师、专业监理工程师、监理员	掌握

 学习内容

（1）工程监理单位是工程建设的责任主体之一，代表建设单位对施工质量承担监理责任。

工程监理单位对工程质量的控制包括对原材料、构配件及设备的质量控制和对部分、分项工程的质量控制。监理工程师应当按照工程监理规范的要求，采取旁站、巡视和平行检验等形式，对建设工程实施监理。

（2）监理单位是建设工程安全生产的重要保障。《建设工程安全生产管理条例》规定，监理单位应当审查施工组织设计中的安全措施或者专项施工方案是否符合工程建设强制性标准。

工程监理单位在实施监理过程中,发现存在安全事故隐患的,应当要求施工单位整改;情况严重的,应当要求施工单位暂时停止施工,并及时报告建设单位。施工单位拒不整改或者不停止施工的,工程监理单位应当及时向有关主管部门报告。

工程监理单位和监理工程师应当按照法律、法规和工程建设强制性标准实施监理,并对建设工程安全生产承担监理责任。

（3）工程监理单位不按照委托监理合同的约定履行监理义务,对应当监督检查的项目不检查或者不按规定检查,给建设单位造成损失的,应当承担相应的赔偿责任。

（4）工程监理单位与承包单位串通,为承包单位谋取非法利益,给建设单位造成损失的,工程监理单位应当与承包单位承担连带赔偿责任。

工程监理单位与建设单位或者建筑施工企业串通,弄虚作假、降低工程质量的,责令改正,处以罚款,降低资质等级或者吊销资质证书;有违法所得的,予以没收;造成损失的,承担连带责任;构成犯罪的,依法追究刑事责任。

（5）工程监理单位转让监理业务的,责令改正,没收违法所得,可以责令停业整顿,降低资质等级;情节严重的,吊销资质证书。

二维码内含精彩案例及解析,快来扫一扫吧!

案例 7－5

二维码内含本章习题及答案,快来扫一扫吧!

习题 7

模块 8　建设工程环境保护与施工节约能源制度

 学习目标

了解建设项目环境保护概述、建设项目环境保护设施建设以及违反建设项目环境保护法规的法律责任,熟悉施工现场噪声污染、废气、废水污染、固体废物污染防治的规定,掌握建设项目环境影响评价制度、建设工程施工节约能源制度。

8.1　建设项目环境保护法规

 工程应用

知识点	工程应用阶段	典型工作事件	主要涉及的施工岗位	要求
建设项目环境保护的概述	工程准备阶段	工程建设环保评估	企业技术负责人、项目经理等	熟悉
建设项目环境影响评价制度	工程准备阶段			
建设项目环境保护设施建设	工程实施阶段	工程建设环保设施建设	企业技术负责人、项目经理、项目技术负责人、施工员等	掌握
建设项目环境影响后评价制度	工程竣工阶段	工程建设环保后评价	企业技术负责人、项目经理等	熟悉
违反建设项目环境保护法规的法律责任	工程实施阶段	对违反工程建设环评项目的处罚	企业法人、企业技术负责人、项目经理等	掌握

 学习内容

8.1.1　建设项目环境保护的概述

环境是指影响人类生存和发展的各种天然的和经过人工改造的自然因素的总体,包括大气、水、海洋、土地、矿藏、森林、草原、湿地、野生生物、自然遗迹、人文遗迹、自然保护区、风景名胜区、城市和乡村等。

保护和改善环境是关系到人类生存和发展的百年大计,对经济建设、社会发展和人民健康具有全局性、长期性和决定性的影响,因此,人们已经普遍认识到环境问题的重要性,世界各国已开始高度重视环境保护工作,我国也把环境保护确定为基本国策。

工程项目建设既要消耗大量的自然资源,又要向自然界排放大量的废水、废气、废渣,并产生噪声等,是造成环境问题的主要根源之一,因此,加强工程项目建设的环境保护管理,是整个环境保护工作的基础之一。

1. 建设项目环境保护原则

(1)凡从事对环境有影响的建设项目都必须执行环境影响报告书的审批制度;执行防治污染及其他公害的设施与主体工程同时设计、同时施工、同时投产使用的"三同时"制度。

(2)凡改建、扩建和进行技术改造的工程,都必须对与建设项目有关的原有污染,在经济合理的条件下同时进行治理。

(3)建设项目建成后,其污染物的排放必须达到国家或地方规定的标准,符合环境保护的有关法规。

2. 政府部门的环境保护职责与任务

(1)各级人民政府的环境保护部门对建设项目的环境保护实施统一的监督管理。

① 负责设计任务书(可行性研究报告)和经济合同中有关环境保护内容的审查。

② 负责环境影响报告书或环境影响报告表的审批。

③ 负责初步设计中环境保护篇章的审查及建设施工的检查。

④ 负责环境保护设施的竣工验收。

⑤ 负责环境保护设施运转和使用情况的检查和监督。

(2)各级计划、土地管理、基建、技改、银行、物资、工商行政管理部门,都应将建设项目的环境保护管理纳入工作计划。

① 对未经批准的环境影响报告书或环境影响报告表的建设项目,计划部门不办理可行性研究的审批手续,土地管理部门不办理征地手续,银行不予贷款。

② 凡环境保护设计篇章未经环境保护部门审查的建设项目,有关部门不办理施工许可,物资部门不供应材料、设备。

③ 凡没有取得"环境保护设施验收合格证"的建设项目,工商行政管理部门不办理营业执照。

8.1.2 建设项目环境影响评价制度

1. 建设项目环境影响评价的概念

建设项目环境影响评价是指人类进行某项重大活动前,采用评价手段预测该项活动可能给环境造成的影响。对建设项目而言,就是预测该项目在建设过程和建设后对环境的影响,同时,提出防治对策,为决策部门提供科学依据,也为设计部门提供设计依据。

环境评价包括环境质量和环境影响评价两部分。环境质量情况是对该地域的环境的现状和历史进行调研评价,旨在为本地域的规划和整治服务。环境影响评价是关于建设项目对环境影响的预测和防治,是为项目的决策和设计服务的。建设项目的环境影响评价是建立在环境质量评价基础上的。

2. 建设项目环境保护的分类管理

国家根据建设项目对环境的影响程度,按照下列规定对建设项目的环境保护实行分类管理:

（1）建设项目对环境可能造成重大影响的,应当编制环境影响报告书,对建设项目产生的污染和对环境的影响进行全面、详细的评价;

（2）建设项目对环境可能造成轻度影响的,应当编制环境影响报告表,对建设项目产生的污染和对环境的影响进行分析或者专项评价;

（3）建设项目对环境影响很小,不需要进行环境影响评价的,应当填报环境影响登记表。

3. 建设项目环境影响评价的审批权限

建设项目环境影响报告书、环境影响报告表或者环境影响登记表,由建设单位报有审批权的环境保护行政主管部门审批;建设项目有行业主管部门的,其环境影响报告书或者环境影响报告表应当经行业主管部门预审后,报有审批权的环境保护行政主管部门审批。

海岸工程建设项目环境影响报告书或者环境影响报告表,经海洋行政主管部门审核并签署意见后,报环境保护行政主管部门审批。

国务院环境保护行政主管部门负责审批下列建设项目环境影响报告书、环境影响报告表或者环境影响登记表:

（1）核设施、绝密工程等特殊性质的建设项目;

（2）跨省、自治区、直辖市行政区域的建设项目;

（3）国务院审批的或者国务院授权有关部门审批的建设项目。

前款规定以外的建设项目环境影响报告书、环境影响报告表或者环境影响登记表的审批权限,由省、自治区、直辖市人民政府规定。

环境保护行政主管部门应当自收到建设项目环境影响报告书之日起 60 日内、收到环境影响报告表之日起 30 日内、收到环境影响登记表之日起 15 日内,分别做出审批决定并书面通知建设单位。

4. 建设项目环境影响评价的管理程序

（1）项目建议书被批准后,建设单位应根据《建设项目环境影响分类管理名录》确定建设项目环境影响评价类别,以委托或招标方式确定评价单位,开展环境影响评价工作。

（2）应编制环境影响报告书的项目,需要编写环境影响评价大纲,应编制环境影响报告表的项目不编写评价大纲。

（3）建设单位根据环境保护行政主管部门对评价大纲的意见和要求,与评价单位签订合同开展工作。

（4）环境影响报告书、报告表编制完成后,由建设单位报有审批权的环境保护行政主管部门审批,同时抄报有关部门。

（5）有水土保持方案的建设项目,其水土保持方案必须纳入环境影响报告书。

（6）建设项目的环境影响报告书、报表必须是持有国家环境保护总局颁发的《环境影响评价资格证书》的单位编写。

（7）国家重大建设项目应采用招标的方式确定评价单位。

（8）建设项目环境影响报告书、环境影响报告表或者环境影响登记表经批准后,建设项目的性质、规模、地点或者采用的生产工艺发生重大变化的,建设单位应当重新报批建设项目环境影响报告书、环境影响报告表或者环境影响登记表。

（9）建设项目环境影响报告书、环境影响报告表或者环境影响登记表自批准之日起满 5 年,建设项目方开工建设的,其环境影响报告书、环境影响报告表或者环境影响登记表应当报原审批机关重新审核、发放。

8.1.3　建设项目环境保护设施建设

建设项目需要配套的环境保护设施,必须与主体工程同时设计、同时施工、同时投产使用。建设项目的初步设计文件,应当按照环境保护设计规范的要求,编制环境保护篇章,并依据经批准的建设项目环境影响报告书、环境影响报告表及其审批意见要求,在环境保护篇章中落实防治环境污染和生态破坏的措施以及环境保护设施投资概算。

建设项目开工建设前,建设单位应当公开开工建设日期、初步设计环保篇章、施工期间拟采取的环境保护设施及措施。建设项目施工期间,建设单位应当同步建设与主体工程配套的防治环境污染和生态破坏的设施及措施,并采取措施防治施工期环境污染和生态破坏。

对环境影响重大、环境风险高的建设项目,或者施工周期长的水利、水电、公路、铁路、管道运输、矿产资源开发等建设项目,建设单位应当委托第三方机构开展环境监理并公开环境监理信息。

环境监理单位应当指导和监督建设单位按建设项目环境影响评价文件及其审批意见要求落实各项环境保护设施及措施,编制环境监理报告,并对其真实性负责。

配套的环境保护设施未建成,建设项目主体工程不得投入生产或者使用。建设项目投产使用前,建设单位应当向负有环境保护监督管理职责的部门报告环境保护设施建设情况、运行计划,并公开相关信息。

8.1.4　建设项目环境影响后评价制度

1. 建设项目环境影响后评价的概念

环境影响后评价,是指编制环境影响报告书的建设项目在通过环境保护设施竣工验收且稳定运行一定时期后,对其实际产生的环境影响以及污染防治、生态保护和风险防范措施的有效性进行跟踪监测和验证评价,并提出补救方案或者改进措施,提高环境影响评价有效性的方法与制度。

2. 建设项目环境影响后评价的范围

下列建设项目运行过程中产生不符合经审批的环境影响报告书情形的,应当开展环境影响后评价:

(1) 水利、水电、采掘、港口、铁路行业中实际环境影响程度和范围较大,且主要环境影响在项目建成运行一定时期后逐步显现的建设项目,以及其他行业中穿越重要生态环境敏感区的建设项目;

(2) 冶金、石化和化工行业中有重大环境风险,建设地点敏感,且持续排放重金属或者持久性有机污染物的建设项目;

(3) 审批环境影响报告书的环境保护主管部门认为应当开展环境影响后评价的其他建设项目。

3. 建设项目环境影响后评价的监督管理

(1) 建设项目环境影响后评价的管理,由审批该建设项目环境影响报告书的环境保护主管部门负责。环境保护部组织制定环境影响后评价技术规范,指导跨行政区域、跨流域和重大敏感项目的环境影响后评价工作。

（2）建设项目环境影响后评价应当在建设项目正式投入生产或者运营后三至五年内开展。原审批环境影响报告书的环境保护主管部门也可以根据建设项目的环境影响和环境要素变化特征，确定开展环境影响后评价的时限。

（3）建设单位或者生产经营单位负责组织开展环境影响后评价工作，编制环境影响后评价文件，并对环境影响后评价结论负责。建设单位或者生产经营单位可以委托环境影响评价机构、工程设计单位、大专院校和相关评估机构等编制环境影响后评价文件。编制建设项目环境影响报告书的环境影响评价机构，原则上不得承担该建设项目环境影响后评价文件的编制工作。建设单位或者生产经营单位应当将环境影响后评价文件报原审批环境影响报告书的环境保护主管部门备案，并接受环境保护主管部门的监督检查。

（4）建设单位或者生产经营单位可以对单个建设项目进行环境影响后评价，也可以对在同一行政区域、流域内存在叠加、累积环境影响的多个建设项目开展环境影响后评价。建设单位或者生产经营单位完成环境影响后评价后，应当依法公开环境影响评价文件，接受社会监督。对未按规定要求开展环境影响后评价，或者不落实补救方案、改进措施的建设单位或者生产经营单位，审批该建设项目环境影响报告书的环境保护主管部门应当责令其限期改正，并向社会公开。

4. 建设项目环境影响后评价文件的内容

（1）建设项目过程回顾。包括环境影响评价、环境保护措施落实、环境保护设施竣工验收、环境监测情况，以及公众意见收集调查情况等；

（2）建设项目工程评价。包括项目地点、规模、生产工艺或者运行调度方式，环境污染或者生态影响的来源、影响方式、程度和范围等；

（3）区域环境变化评价。包括建设项目周围区域环境敏感目标变化、污染源或者其他影响源变化、环境质量现状和变化趋势分析等；

（4）环境保护措施有效性评估。包括环境影响报告书规定的污染防治、生态保护和风险防范措施是否适用、有效，能否达到国家或者地方相关法律、法规、标准的要求等；

（5）环境影响预测验证。包括主要环境要素的预测影响与实际影响差异，原环境影响报告书内容和结论有无重大漏项或者明显错误，持久性、累积性和不确定性环境影响的表现等；

（6）环境保护补救方案和改进措施；

（7）环境影响后评价结论。

8.1.5　违反建设项目环境保护法规的法律责任

（1）有下列行为之一的，由负责审批建设项目环境影响报告书、环境影响报告表或者环境影响登记表的环境保护行政主管部门责令限期补办手续；逾期不补办手续，擅自开工建设的，责令停止建设，可以处 10 万元以下的罚款：

① 未报批建设项目环境影响报告书、环境影响报告表或者环境影响登记表的；

② 建设项目的性质、规模、地点或者采用的生产工艺发生重大变化，未重新报批建设项目环境影响报告书、环境影响报告表或者环境影响登记表的；

③ 建设项目环境影响报告书、环境影响报告表或者环境影响登记表自批准之日起满 5 年，建设项目方开工建设，其环境影响报告书、环境影响报告表或者环境影响登记表未报原审批机关重新审核的。

(2) 建设项目环境影响报告书、环境影响报告表或者环境影响登记表未经批准或者未经原审批机关重新审核同意,擅自开工建设的,由负责审批该建设项目环境影响报告书、环境影响报告表或者环境影响登记表的环境保护行政主管部门责令停止建设,限期恢复原状,可以处10万元以下的罚款。

(3) 试生产建设项目配套建设的环境保护设施未与主体工程同时投入试运行的,由审批该建设项目环境影响报告书、环境影响报告表或者环境影响登记表的环境保护行政主管部门责令限期改正;逾期不改正的,责令停止试生产,可以处5万元以下的罚款。

(4) 建设项目投入试生产超过3个月,建设单位未申请环境保护设施竣工验收的,由审批该建设项目环境影响报告书、环境影响报告表或者环境影响登记表的环境保护行政主管部门责令限期办理环境保护设施竣工验收手续;逾期未办理的,责令停止试生产,可以处5万元以下的罚款。

(5) 建设项目需要配套建设的环境保护设施未建成、未经验收或者经验收不合格,主体工程正式投入生产或者使用的,由审批该建设项目环境影响报告书、环境影响报告表或者环境影响登记表的环境保护行政主管部门责令停止生产或者使用,可以处10万元以下的罚款。

(6) 从事建设项目环境影响评价工作的单位,在环境影响评价工作中弄虚作假的,由国务院环境保护行政主管部门吊销资格证书,并处所收费用1倍以上3倍以下的罚款。

二维码内含精彩案例及解析,快来扫一扫吧!

案例 8-1

8.2 建设工程施工现场环境保护制度

 **工程应用**

知识点	工程应用阶段	典型工作事件	主要涉及的施工岗位	要求
施工现场噪声污染防治的规定	工程准备阶段、实施阶段	施工噪声污染	项目经理、项目技术负责人、施工员、安全员等	掌握
施工现场废气、废水污染防治的规定		施工扬尘、施工水污染		
施工现场固体废物污染防治的规定		施工建筑垃圾的处理		

 **学习内容**

《建筑法》规定,建筑施工企业应当遵守有关环境保护和安全生产的法律、法规的规定,采取控制和处理施工现场的各种粉尘、废气、废水、固体废物以及噪声、振动对环境的污染和危害的措施。《建设工程安全生产管理条例》进一步规定,施工单位应当遵守有关环境保护法律、法规的规定,在施工现场采取措施,防止或者减少粉尘、废气、废水、固体废物、噪声、振动和施工照明对人和环境的危害和污染。

8.2.1　施工现场噪声污染防治的规定

环境噪声是指在工业生产、建筑施工、交通运输和社会生活中所产生的干扰周围生活环境的声音。环境噪声污染是指产生的环境噪声超过国家规定的环境噪声排放标准,并干扰他人正常生活、工作和学习的现象。

在工程建设领域,环境噪声污染的防治主要包括两个方面:建设项目环境噪声污染的防治;施工现场环境噪声污染的防治。前者主要是解决建设项目建成后使用过程中可能产生的环境噪声污染问题,后者则是要解决建设工程施工过程中产生的施工噪声污染问题。

1. 建设项目环境噪声污染的防治

一些建设项目,如城市道桥、铁路(包括轻轨)、工业厂房等,其建成后的使用可能会对周围环境产生噪声污染。因此,建设单位必须在建设前期就规定环境噪声污染的防治措施,并在建设过程中同步建设环境噪声污染防治设施。

《环境噪声污染防治法》规定,新建、改建、扩建的建设项目必须遵守国家有关建设项目环境保护管理的规定。

如果建设项目可能产生环境噪声污染,建设单位必须提出环境影响报告书,规定环境噪声污染的防治措施,并按照国家规定的程序报环境保护行政主管部门批准。环境影响报告书中,应当有该建设项目所在地单位和居民的意见。

建设项目的环境噪声污染防治设施必须与主体工程同时设计、同时施工、同时投产使用。例如,建设经过已有的噪声敏感建筑物集中区域的高速公路和城市高架、轻轨道路,有可能造成环境噪声污染的,应当设置声屏障或者采取其他有效的控制环境噪声污染的措施,在已有的城市交通干线的两侧建设噪声敏感建筑物的,建设单位应当按照国家规定间隔一定距离,并采取减轻、避免交通噪声影响的措施等。

建设项目在投入生产或者使用之前,其环境噪声污染防治设施必须经原审批环境影响报告书的环境保护行政主管部门验收;达不到国家规定要求的,该建设项目不得投入生产或者使用。

2. 施工现场环境噪声污染的防治

施工噪声是指在建设工程施工过程中产生的干扰周围生活环境的声音。随着城市化进程的不断加快及工程建设的大规模开展,施工噪声污染问题日益突出,尤其是在城市人口稠密地区的建设工程施工中产生的噪声污染,不但影响周围居民的正常生活,而且损害城市的环境形象。施工单位与周围居民因噪声而引发的纠纷也时有发生,群众投诉日渐增多。因此,应当依法加强施工现场噪声管理,采取有效措施防治施工噪声污染。

（1）排放建筑施工噪声应当符合的建筑施工场界环境噪声排放标准

《环境噪声污染防治法》规定，在城市市区范围内向周围生活环境排放建筑施工噪声的，应当符合国家规定的建筑施工场界环境噪声排放标准。

噪声排放是指噪声源向周围生活环境辐射噪声。按照《建筑施工场界环境噪声排放标准》（GB 12523—2011）的规定，城市建筑施工期间施工场地不同施工阶段产生的作业噪声限值为：土石方施工阶段（主要噪声源为推土机、挖掘机、装载机等），噪声限制是昼间 85 分贝，夜间 55 分贝；打桩施工阶段（主要噪声源为各种打桩机等），噪声限制是昼间 85 分贝，夜间禁止施工；结构施工阶段（主要噪声源为混凝土施工、振动棒、电锯等），噪声限制是昼间 80 分贝，夜间 55 分贝；装修施工阶段（主要噪声源为吊车、升降机等），噪声限制是昼间 62 分贝，夜间 55 分贝。夜间是指晚 22 点至早 6 点之间的期间。

（2）使用机械设备可能产生环境噪声污染的申报

《环境噪声污染防治法》规定，在城市市区范围内，建筑施工过程中使用机械设备，可能产生环境噪声污染的，施工单位必须在工程开工 15 日以前向工程所在地县级以上地方人民政府环境保护行政主管部门申报该工程的项目名称、施工场所和期限、可能产生的环境噪声值以及所采取的环境噪声污染防治措施的情况。

国家对环境噪声污染严重的落后设备实行淘汰制度。国务院经济综合主管部门应当会同国务院有关部门公布限期禁止生产、禁止销售、禁止进口的环境噪声污染严重的设备名录。

（3）禁止夜间进行产生环境噪声污染施工作业的规定

《环境噪声污染防治法》规定，在城市市区噪声敏感建筑物集中区域内，禁止夜间进行产生环境噪声污染的建筑施工作业，但抢修、抢险作业和因生产工艺上要求或者特殊需要必须连续作业的除外。因特殊需要必须连续作业的，必须有县级以上人民政府或者其有关主管部门的证明。以上规定的夜间作业，必须公告附近居民。

噪声敏感建筑物集中区域是指医疗区、文教科研区和以机关或者居民住宅为主的区域。噪声敏感建筑物是指医院、学校、机关、科研单位、住宅等需要保持安静的建筑物。

（4）政府监管部门的现场检查

《环境噪声污染防治法》规定，县级以上人民政府环境保护行政主管部门和其他环境噪声污染防治工作的监督管理部门、机构有权依据各自的职责对管辖范围内排放环境噪声的单位进行现场检查。

被检查的单位必须如实反映情况，并提供必要的资料。检查部门、机构应当为被检查的单位保守技术秘密和业务秘密。检查人员进行现场检查时，应当出示证件。

3. 交通运输噪声污染的防治

建设工程施工有着大量的运输任务，还会产生交通运输噪声。交通运输噪声是指机动车辆、铁路机车、机动船舶、航空器等交通运输工具在运行时所产生的干扰周围生活环境的声音。

《环境噪声污染防治法》规定，在城市市区范围内行驶的机动车辆的消声器和喇叭必须符合国家规定的要求。机动车辆必须加强维修和保养，保持技术性能良好，防治环境噪声污染。

消防车、工程抢险车、救护车等机动车辆安装、使用警报器，必须符合国务院公安部门的规定；在执行非紧急任务时，禁止使用警报器。

4. 对产生环境噪声污染企业事业单位的规定

《环境噪声污染防治法》规定,产生环境噪声污染的企业事业单位必须保持防治环境噪声污染的设施的正常使用;拆除或者闲置环境噪声污染防治设施的,必须事先报经所在地的县级以上地方人民政府环境保护行政主管部门批准。

产生环境噪声污染的单位应当采取措施进行治理,并按照国家规定缴纳超标准排污费。征收的超标准排污费必须用于污染的防治,不得挪作他用。

对于在噪声敏感建筑物集中区域内造成严重环境噪声污染的企业事业单位,限期治理。被限期治理的单位必须按期完成治理任务。

8.2.2　施工现场废气、废水污染防治的规定

在工程建设领域,对于废气、废水污染的防治,也包括建设项目和施工现场这 2 大方面。

1. 大气污染的防治

按照国际标准化组织(ISO)的定义,大气污染是指人类活动或自然过程引起某些物质进入大气中,呈现出足够的浓度,达到足够的时间,并因此危害了人体的舒适、健康和福利或环境污染的现象。如果不对大气污染物的排放总量加以控制和防治,将会严重破坏生态系统和人类生存条件。

(1) 建设项目大气污染的防治

《大气污染防治法》规定,新建、扩建、改建向大气排放污染物的项目必须遵守国家有关建设项目环境保护管理的规定。

建设项目的环境影响报告书,必须对建设项目可能产生的大气污染和对生态环境的影响做出评价,规定防治措施,并按照规定的程序报环境保护行政主管部门审查批准。例如,新建、扩建排放二氧化硫的火电厂和其他大中型企业,超过规定的污染物排放标准或者总量控制指标的,必须建设配套脱硫、除尘装置或者采取其他控制二氧化硫排放、除尘的措施;炼制石油、生产合成氨、煤气和燃煤焦化、有色金属冶炼过程中排放含有硫化物气体的,应当配备脱硫装置或者采取其他脱硫措施等。

建设项目投入生产或者使用之前,其大气污染防治设施必须经过环境保护行政主管部门验收,达不到国家有关建设项目环境保护管理规定的要求的建设项目,不得投入生产或者使用。

(2) 施工现场大气污染的防治

《大气污染防治法》规定,城市人民政府应当采取绿化责任制、加强建设施工管理、扩大地面铺装面积、控制渣土堆放和清洁运输等措施,提高人均占有绿地面积,减少市区裸露地面和地面尘土,防治城市扬尘污染。

在城市市区进行建设施工或者从事其他产生扬尘污染活动的单位,必须按照当地环境保护的规定,采取防治扬尘污染的措施。运输、装卸、储存能够散发有毒有害气体或者粉尘物质的,必须采取密闭措施或者其他防护措施。

在人口集中地区存放煤炭、煤矸石、煤渣、煤灰、砂石、灰土等物料,必须采取防燃、防尘措施,防止污染大气,严格限制向大气排放含有毒物质的废气和粉尘;确需排放的,必须经过净化处理,不超过规定的排放标准。

施工现场大气污染的防治重点是防治扬尘污染。对于扬尘控制,住房和城乡建设部《绿色

施工导则》中规定:

① 运送土方、垃圾、设备及建筑材料等,不污损场外道路。运输容易散落、飞扬、流漏的物料的车辆,必须采取措施封闭严密,保证车辆清洁。施工现场出口应设置洗车槽。

② 土方作业阶段,采取洒水、覆盖等措施,达到作业区目测扬尘高度小于 1.5 米,不扩散到场区外。

③ 结构施工、安装装饰装修阶段,作业区目测扬尘高度小于 0.5 米。对易产生扬尘的堆放材料应采取覆盖措施;对粉末状材料应封闭存放;场区内可能引起扬尘的材料及建筑垃圾搬运应有降尘措施,如覆盖、洒水等;浇筑混凝土前清理灰尘和垃圾时尽量使用吸尘器,避免使用吹风器等易产生扬尘的设备;机械剔凿作业时可用局部遮挡、掩盖、水淋等防护措施;高层或多层建筑清理垃圾应搭设封闭性临时专用道或采用容器吊运。

④ 施工现场非作业区达到目测无扬尘的要求。对现场易飞扬物质采取有效措施,如洒水、地面硬化、围挡、密网覆盖、封闭等,防止扬尘产生。

⑤ 构筑物机械拆除前,做好扬尘控制计划。可采取清理积尘、拆除体洒水、设置隔挡等措施。

⑥ 构筑物爆破拆除前,做好扬尘控制计划。可采用清理积尘、淋湿地面,预湿墙体,屋面敷水袋、楼面蓄水、建筑外设高压喷雾状水系统、搭设防尘排栅和直升机投水弹等综合降尘,选择风力小的天气进行爆破作业。

⑦ 在场界四周隔挡高度位置测得的大气总悬浮颗粒物(TSP)月平均浓度与城市背景值的差值不大于 0.08 毫克/立方米。

(3) 对向大气排放污染物单位的监管

企业事业单位和其他生产经营者建设对大气环境有影响的项目,应当依法进行环境影响评价、公开环境影响评价文件;向大气排放污染物的,应当符合大气污染物排放标准,遵守重点大气污染物排放总量控制要求。

排放工业废气或者《大气污染防治法》第七十八条规定名录中所列有毒有害大气污染物的企业事业单位、集中供热设施的燃煤热源生产运营单位以及其他依法实行排污许可管理的单位,应当取得排污许可证。排污许可的具体办法和实施步骤由国务院规定。

企业事业单位和其他生产经营者向大气排放污染物的,应当依照法律法规和国务院环境保护主管部门的规定设置大气污染物排放口。禁止通过偷排、篡改或者伪造监测数据、以逃避现场检查为目的的临时停产、非紧急情况下开启应急排放通道、不正常运行大气污染防治设施等逃避监管的方式排放大气污染物。

2. 水污染的防治

《水污染防治法》规定,水污染防治应当坚持预防为主、防治结合、综合治理的原则,优先保护饮用水水源,严格控制工业污染、城镇生活污染,防治农业面源污染,积极推进生态治理工程建设,预防、控制和减少水环境污染和生态破坏。

水污染是指水体因某种物质的介入而导致其化学、物理、生物或者放射性等方面特性的改变,从而影响水的有效利用,危害人体健康或者破坏生态环境,造成水质恶化的现象。水污染防治包括江河、湖泊、运河、渠道、水库等地表水体以及地下水体的污染防治。

(1) 建设项目水污染的防治

《水污染防治法》规定,新建、改建、扩建直接或者间接向水体排放污染物的建设项目和其他水上设施,应当依法进行环境影响评价。

如果建设单位在江河、湖泊新建、改建、扩建排污口,应当取得水行政主管部门或者流域管理机构同意;如果涉及通航、渔业水域,环境保护主管部门在审批环境影响评价文件时,应当征求交通、渔业主管部门的意见。

建设项目的水污染防治设施,应当与主体工程同时设计、同时施工、同时投入使用。水污染防治设施应当经过环境保护主管部门验收,验收不合格的,该建设项目不得投入生产或者使用。

禁止在饮用水水源一级保护区内新建、改建、扩建与供水设施和保护水源无关的建设项目;已建成的与供水设施和保护水源无关的建设项目由县级以上人民政府责令拆除或者关闭。禁止在饮用水水源二级保护区内新建、改建、扩建排放污染物的建设项目;已建成的排放污染物的建设项目由县级以上人民政府责令拆除或者关闭。

禁止在饮用水水源准保护区内新建、扩建对水体污染严重的建设项目;改建建设项目,不得增加排污量。

（2）施工现场水污染的防治

《水污染防治法》规定,排放水污染物,不得超过国家或者地方规定的水污染物排放标准和重点水污染物排放总量控制指标。

直接或者间接向水体排放污染物的企业事业单位和个体工商户,应当按照国务院环境保护主管部门的规定,向县级以上地方人民政府环境保护主管部门申报登记拥有的水污染物排放设施、处理设施和在正常作业条件下排放水污染物的种类、数量和浓度,并提供防治水污染方面的有关技术资料。

禁止向水体排放油类、酸液、碱液或者剧毒废液。禁止在水体清洗装贮过油类或者有毒污染物的车辆和容器。禁止向水体排放、倾倒放射性固体废物或者含有高放射性和中放射性物质的废水。向水体排放含低放射性物质的废水应当符合国家有关放射性污染防治的规定和标准。

禁止向水体排放、倾倒工业废渣、城镇垃圾和其他废弃物。禁止将含有汞、镉、砷、铬、铅、氰化物、黄磷等的可溶性剧毒废渣向水体排放、倾倒或者直接埋入地下。存放可溶性剧毒废渣的场所,应当采取防水、防渗漏、防流失的措施。禁止在江河、湖泊、运河、渠道、水库最高水位线以下的滩地和岸坡堆放、存贮固体废弃物和其他污染物。

在饮用水水源保护区内,禁止设置排污口。在风景名胜区水体、重要渔业水体和其他具有特殊经济文化价值的水体的保护区内,不得新建排污口。在保护区附近新建排污口,应当保证保护区水体不受污染。

禁止利用渗井、渗坑、裂隙和溶洞排放、倾倒含有毒污染物的废水、含病原体的污水和其他废弃物。禁止利用无防渗漏措施的沟渠,坑塘等输送或者存贮含有毒污染物的废水、含病原体的污水和其他废弃物。

新建地下工程设施或者进行地下勘探、采矿等活动,应当采取防护性措施,防止地下水污染。人工回灌补给地下水,不得恶化地下水质。

住房和城乡建设部《绿色施工导则》进一步规定,水污染控制:

① 施工现场污水排放应达到国家标准《污水综合排放标准》(GB 8988—1996)的要求。

② 在施工现场应针对不同的污水,设置相应的处理设施,如沉淀池、隔油池、化粪池等。

③ 污水排放应委托有资质的单位进行废水水质检测,提供相应的污水检测报告。

④ 保护地下水环境。采用隔水性能好的边坡支护技术。在缺水地区或地下水位持续下降的地区,基坑降水尽可能少地抽取地下水;当基坑开挖抽水量大于 50 万立方米时,应进行地下水回灌,并避免地下水被污染。

⑤ 对于化学品等有毒材料、油料的储存地,应有严格的隔水层设计,做好渗漏液收集和处理。

(3) 发生事故或者其他突发性事件的规定

《水污染防治法》规定,企业事业单位发生事故或者其他突发性事件,造成或者可能造成水污染事故时,应当立即启动本单位的应急方案,采取应急措施,并向事故发生地的县级以上地方人民政府或者环境保护主管部门报告。

8.2.3 施工现场固体废物污染防治的规定

《固体废物污染环境防治法》规定,国家对固体废物污染环境的防治,实行减少固体废物的产生量和危害性、充分合理利用固体废物和无害化处置固体废物的原则,促进清洁生产和循环经济发展。

固体废物是指在生产,生活和其他活动中产生的丧失原有利用价值或者虽未丧失利用价值但被抛弃或者放弃的固态、半固态和置于容器中的气态的物品、物质以及法律、行政法规规定纳入固体废物管理的物品、物质。固体废物污染是指固体废物在产生、收集、贮存、运输、利用、处置的过程中产生的危害环境的现象。

1. 建设项目固体废物污染环境的防治

《固体废物污染环境防治法》规定,建设产生固体废物的项目以及建设贮存、利用、处置固体废物的项目必须依法进行环境影响评价,并遵守国家有关建设项目环境保护管理的规定。

建设项目的环境影响评价文件确定需要配套建设的固体废物污染环境防治设施,必须与主体工程同时设计、同时施工、同时投入使用。固体废物污染环境防治设施必须经原审批环境影响评价文件的环境保护行政主管部门验收合格后,该建设项目方可投入生产或者使用。固体废物污染环境防治设施的验收应当与主体工程的验收同时进行。

在国务院和国务院有关主管部门及省、自治区、直辖市人民政府划定的自然保护区、风景名胜区、饮用水水源保护区、基本农田保护区和其他需要特别保护的区域内,禁止建设工业固体废物集中贮存、处置的设施、场所和生活垃圾填埋场。

2. 施工现场固体废物污染环境的防治

施工现场的固体废物主要是建筑垃圾和生活垃圾。固体废物又分为一般固体废物和危险废物。危险废物是指列入国家危险废物名录或者根据国家规定的危险废物鉴别标准和鉴别方法认定的具有危险特性的固体废物。

(1) 一般固体废物污染环境的防治

《固体废物污染环境防治法》规定,产生固体废物的单位和个人,应当采取措施防止或者减少固体废物对环境的污染。

收集、贮存、运输、利用、处置固体废物的单位和个人,必须采取防扬散、防流失、防渗漏或者其他防止污染环境的措施;不得擅自倾倒、堆放、丢弃、遗撒固体废物。禁止任何单位或者个人向江河、湖泊、运河、渠道、水库及其最高水位线以下的滩地和岸坡等法律、法规规定禁止倾倒、堆放废弃物的地点倾倒、堆放固体废物。

转移固体废物出省、自治区、直辖市行政区域贮存、处置的,应当向固体废物移出地的省、自治区、直辖市人民政府环境保护行政主管部门提出申请。移出地的省、自治区、直辖市人民政府环境保护行政主管部门经接受地的省、自治区、直辖市人民政府环境保护行政主管部门同意后,方可批准转移该固体废物出省、自治区、直辖市行政区域。未经批准的,不得转移。

工程施工单位应当及时清运工程施工过程中产生的固体废物,并按照环境卫生行政主管部门的规定进行利用或者处置。

（2）危险废物污染环境防治的特别规定

对危险废物的容器和包装物以及收集、贮存、运输、处置危险废物的设施、场所,必须设置危险废物识别标志。以填埋方式处置危险废物不符合国务院环境保护行政主管部门规定的,应当缴纳危险废物排污费。危险废物排污费用于污染环境的防治,不得挪作他用。

禁止将危险废物提供或者委托给无经营许可证的单位从事收集、贮存、利用、处置的经营活动。运输危险废物必须采取防止污染环境的措施,并遵守国家有关危险货物运输管理的规定。禁止将危险废物与旅客在同一运输工具上运输。

收集、贮存、运输、处置危险废物的场所、设施、设备和容器、包装物及其他物品转作他用时,经过消除污染的处理方可使用。

产生、收集、贮存、运输、利用、处置危险废物的单位,应当制定意外事故的防范措施和应急预案,并向所在地县级以上地方人民政府环境保护行政主管部门备案;环境保护行政主管部门应当进行检查,事故或者其他突发性事件造成危险废物严重污染环境的单位必须立即采取措施消除或者减轻对环境的污染危害,及时通报可能受到污染危害的单位和居民,并向所在地县级以上地方人民政府环境保护行政主管部门和有关部门报告,接受调查处理。

（3）施工现场固体废物的减量化和回收再利用

《绿色施工导则》规定,制定建筑垃圾减量化计划,如住宅建筑每万平方米的建筑垃圾不宜超过 400 吨。

加强建筑垃圾的回收再利用,力争建筑垃圾的再利用和回收率达到 30%,建筑物拆除产生的废弃物的再利用和回收率大于 40%,对于碎石类、土石方类建筑垃圾,可采用地基填埋、铺路等方式提高再利用率,力争再利用率大于 50%。

施工现场生活区设置封闭式垃圾容器,施工场地生活垃圾实行袋装化,及时清运。对建筑垃圾进行分类,并收集到现场封闭式垃圾站,集中运出。

二维码内含精彩案例及解析,快来扫一扫吧!

案例 8-2

8.3　建设工程施工节约能源制度

 工程应用

知识点	工程应用阶段	典型工作事件	主要涉及的施工岗位	要求
施工合理使用与节约能源的规定	工程准备阶段、实施阶段	施工图节能审查	项目经理、项目技术负责人、施工员、安全员等	掌握
施工节能技术进步和激励措施的规定		绿色施工技术		
违反施工节约能源的法律责任		对违反建筑节能的处罚		

 **学习内容**

　　能源是指煤炭、石油、天然气、生物质能和电力、热力以及其他直接或者通过加工、转换而取得有用能的各种资源。节约能源是指加强用能管理，采取技术上可行、经济上合理以及环境和社会可以承受的措施，从能源生产到消费的各个环节，降低消耗、减少损失和污染物排放、制止浪费，有效、合理地利用能源。节约资源是我国的基本国策。国家实施节约与开发并举、把节约放在首位的能源发展战略。

8.3.1　施工合理使用与节约能源的规定

　　在工程建设领域，节约能源主要包括建筑节能和施工节能。

　　建筑节能是解决建设项目建成后使用过程中的节能问题。例如《民用建筑节能条例》规定，民用建筑节能是指在保证民用建筑使用功能和室内热环境质量的前提下，降低其使用过程中能源消耗的活动。施工节能则是要解决施工过程中的节约能源问题。例如《绿色施工导则》规定，绿色施工是指工程建设中，在保证质量、安全等基本要求的前提下，通过科学管理和技术进步，最大限度地节约资源与减少对环境负面影响的施工活动，实现"四节一环保"（节能、节地、节水、节材和环境保护）。

　　1. 合理使用与节约能源的一般规定

　　（1）节能的产业政策

　　《节约能源法》规定，国家实行有利于节能和环境保护的产业政策，限制发展高耗能、高污染行业，发展节能环保型产业。

　　国家对落后的耗能过高的用能产品、设备和生产工艺实行淘汰制度。禁止使用国家明令淘汰的用能设备、生产工艺。国家鼓励企业制定严于国家标准，行业标准的企业节能标准。

　　（2）用能单位的法定义务

　　用能单位应当按照合理用能的原则，加强节能管理，制定并实施节能计划和节能技术措施,降低能源消耗。用能单位应当建立节能目标责任制,对节能工作取得成绩的集体、个人给予奖励。用能单位应当定期开展节能教育和岗位节能培训。

用能单位应当加强能源计量管理,按照规定配备和使用经依法检定合格的能源计量器具。用能单位应当建立能源消费统计和能源利用状况分析制度,对各类能源的消费实行分类计量和统计,并确保能源消费统计数据真实、完整。任何单位不得对能源消费实行包费制。

（3）循环经济的法律要求

循环经济是指在生产、流通和消费等过程中进行的减量化、再利用、资源化活动的总称。减量化是指在生产、流通和消费等过程中减少资源消耗和废物产生。再利用是指将废物直接作为产品或者经修复、翻新、再制造后继续作为产品使用,或者将废物的全部或者部分作为其他产品的部件予以使用。资源化是指将废物直接作为原料进行利用或者对废物进行再生利用。

《循环经济促进法》规定,发展循环经济应当在技术可行、经济合理和有利于节约资源,保护环境的前提下,按照减量化优先的原则实施。在废物再利用和资源化过程中,应当保障生产安全,保证产品质量符合国家规定的标准,并防止产生再次污染。

企业事业单位应当建立健全管理制度,采取措施,降低资源消耗,减少废物的产生量和排放量,提高废物的再利用和资源化水平。

国务院循环经济发展综合管理部门会同国务院环境保护等有关主管部门,定期发布鼓励、限制和淘汰的技术、工艺、设备、材料和产品名录。禁止生产、进口、销售列入淘汰名录的设备、材料和产品,禁止使用列入淘汰名录的技术、工艺、设备和材料。

2. 建筑节能的规定

《节约能源法》规定,国家实行固定资产投资项目节能评估和审查制度。不符合强制性节能标准的项目,依法负责项目审批或者核准的机关不得批准或者核准建设;建设单位不得开工建设;已经建成的,不得投入生产、使用。

国家鼓励在新建建筑和既有建筑节能改造中使用新型墙体材料等节能建筑材料和节能设备,安装和使用太阳能等可再生能源利用系统。

建筑工程的建设、设计、施工和监理单位应当遵守建筑节能标准。

（1）采用太阳能、地热能等可再生能源

《民用建筑节能条例》规定,国家鼓励和扶持在新建建筑和既有建筑节能改造中采用太阳能、地热能等可再生能源。

在具备太阳能利用条件的地区,有关地方人民政府及其部门应当采取有效措施,鼓励和扶持单位、个人安装使用太阳能热水系统、照明系统、供热系统、采暖制冷系统等太阳能利用系统。

（2）新建建筑节能的规定

国家推广使用民用建筑节能的新技术、新工艺、新材料和新设备,限制使用或者禁止使用能源消耗高的技术、工艺、材料和设备,国家限制进口或者禁止进口能源消耗高的技术、材料和设备。

建设单位、设计单位、施工单位不得在建筑活动中使用列入禁止使用目录的技术、工艺、材料和设备。

① 施工图审查机构的节能义务

施工图设计文件审查机构应当按照民用建筑节能强制性标准对施工图设计文件进行审

查,经审查不符合民用建筑节能强制性标准的,县级以上地方人民政府建设主管部门不得颁发施工许可证。

② 建设单位的节能义务

建设单位不得明示或者暗示设计单位、施工单位违反民用建筑节能强制性标准进行设计、施工,不得明示或暗示施工单位使用不符合施工图设计文件要求的墙体材料、保温材料、门窗、采暖制冷系统和照明设备。

按照合同约定由建设单位采购墙体材料、保温材料、门窗、采暖制冷系统和照明设备的,建设单位应当保证其符合施工图设计文件要求。

建设单位组织竣工验收应当对民用建筑是否符合民用建筑节能强制性标准进行查验;对不符合民用建筑节能强制性标准的,不得出具竣工验收合格报告。

③ 设计单位、施工单位、工程监理单位的节能义务

设计单位、施工单位、工程监理单位及其注册执业人员应当按照民用建筑节能强制性标准进行设计、施工、监理。

施工单位应当对进入施工现场的墙体材料、保温材料、门窗、采暖制冷系统和照明设备进行查验,不符合施工图设计文件要求的,不得使用。

工程监理单位发现施工单位不按照民用建筑节能强制性标准施工的,应当要求施工单位改正;施工单位拒不改正的,工程监理单位应当及时报告建设单位,并向有关主管部门报告。

墙体、屋面的保温工程施工时,监理工程师应当按照工程监理规范的要求,采取旁站、巡视和平行检验等形式实施监理,未经监理工程师签字,墙体材料、保温材料、门窗、采暖制冷系统和照明设备不得在建筑上使用或者安装,施工单位不得进行下一道工序的施工。

（3）既有建筑节能的规定

既有建筑节能改造是指对不符合民用建筑节能强制性标准的既有建筑的围护结构、供热系统、采暖制冷系统、照明设备和热水供应设施等实施节能改造的活动。

实施既有建筑节能改造,应当符合民用建筑节能强制性标准,优先采用遮阳、改善通风等低成本改造措施。既有建筑围护结构的改造和供热系统的改造应当同步进行。

3. 施工节能的规定

《循环经济促进法》规定,建筑设计、建设、施工等单位应当按照国家有关规定和标准,对其设计、建设、施工的建筑物及构筑物采用节能、节水、节地、节材的技术工艺和小型、轻型、再生产品。有条件的地区应当充分利用太阳能、地热能、风能等可再生能源。

（1）节材与材料资源利用

《循环经济促进法》规定,国家鼓励利用无毒无害的固体废物生产建筑材料,鼓励使用散装水泥,推广使用预拌混凝土和预拌砂浆。禁止损毁耕地烧砖。在国务院或者省、自治区、直辖市人民政府规定的期限和区域内,禁止生产、销售和使用黏土砖。

《绿色施工导则》规定,图纸会审时,应审核节材与材料资源利用的相关内容,达到材料损耗率比定额损耗率降低 30%;根据施工进度、库存情况等合理安排材料的采购、进场时间和批次,减少库存;现场材料堆放有序;储存环境适宜,措施得当;保管制度健全,责任落实;材料运输工具适宜,装卸方法得当,防止损坏和遗洒;根据现场平面布置情况就近卸载,避免和减少二次搬运;采取技术和管理措施提高模板、脚手架等的周转次数;优化安装工程的预留、预埋、管

线路径等方案;应就地取材,施工现场 500 公里以内生产的建筑材料用量占建筑材料总重量的 80％以上。

此外,还分别就结构材料、围护材料、装饰装修材料、周转材料提出了明确要求。例如,结构材料节材与材料资源利用的技术要点是:

① 推广使用预拌混凝土和商品砂浆。准确计算采购数量、供应频率、施工速度等,在施工过程中动态控制。结构工程使用散装水泥。

② 推广使用高强钢筋和高性能混凝土,减少资源消耗。

③ 推广钢筋专业化加工和配送。

④ 优化钢筋配料和钢构件下料方案。钢筋及钢结构制作前应对下料单及样品进行复核,无误后方可批量下料。

⑤ 优化钢结构制作和安装方法。大型钢结构宜采用工厂制作,现场拼装;宜采用分段吊装、整体提升、滑移、顶升等安装方法,减少方案的措施用材量。

⑥ 采取数字化技术,对大体积混凝土、大跨度结构等专项施工方案进行优化。

(2) 节水与水资源利用

《循环经济促进法》规定,国家鼓励和支持使用再生水。企业应当发展串联用水系统和循环用水系统,提高水的重复利用率。企业应当采用先进技术、工艺和设备,对生产过程中产生的废水进行再生利用。

《绿色施工导则》对提高用水效率、非传统水源利用和安全用水作了规定。

① 提高用水效率

施工中采用先进的节水施工工艺。施工现场喷洒路面、绿化浇灌不宜使用市政自来水。现场搅拌用水、养护用水应采取有效的节水措施,严禁无措施浇水养护混凝土。施工现场供水管网应根据用水量设计布置,管径合理、管路简捷,采取有效措施减少管网和用水器具的漏损。现场机具、设备、车辆冲洗用水必须设立循环用水装置。施工现场办公区、生活区的生活用水采用节水系统和节水器具,提高节水器具配置比率。项目临时用水应使用节水型产品,安装计量装置,采取针对性的节水措施。施工现场建立可再利用水的收集处理系统,使水资源得到梯级循环利用。施工现场分别对生活用水与工程用水确定用水定额指标,并分别计量管理。大型工程的不同单项工程、不同标段、不同分包生活区,凡具备条件的应分别计量用水量。在签订不同标段分包或劳务合同时,将节水定额指标纳入合同条款,进行计量考核。对混凝土搅拌站点等用水集中的区域和工艺点进行专项计量考核。施工现场建立雨水、中水或可再利用水的搜集利用系统。

② 非传统水源的利用

优先采用中水搅拌、中水养护,有条件的地区和工程应收集雨水养护。处于基坑降水阶段的工地,宜优先采用地下水作为混凝土搅拌用水、养护用水、冲洗用水和部分生活用水。现场机具、设备、车辆冲洗、喷洒路面、绿化浇灌等用水,优先采用非传统水源,尽量不使用市政自来水。大型施工现场,尤其是雨量充沛地区的大型施工现场建立雨水收集利用系统,充分收集自然降水用于施工和生活中适宜的部位。力争施工中非传统水源和循环水的再利用量大于 30％。

③ 安全用水

在非传统水源和现场循环再利用水的使用过程中,应制定有效的水质检测与卫生保障措施,确保避免对人体健康、工程质量以及周围环境产生不良影响。

（3）节能与能源利用

《绿色施工导则》对节能措施,机械设备与机具,生产、生活及办公临时设施,施工用电及照明分别做出规定。

① 节能措施

制订合理施工能耗指标,提高施工能源利用率。优先使用国家、行业推荐的节能、高效、环保的施工设备和机具,如选用变频技术的节能施工设备等。施工现场分别设定生产、生活、办公和施工设备的用电控制指标,定期进行计量、核算,对比分析,并有预防与纠正措施。在施工组织设计中,合理安排施工顺序、工作面,以减少作业区域的机具数量,相邻作业区充分利用共有的机具资源。安排施工工艺时,应优先考虑耗用电能的或其他能耗较少的施工工艺,避免设备额定功率远大于使用功率或超负荷使用设备的现象。根据当地气候和自然资源条件,充分利用太阳能、地热等可再生能源。

② 机械设备与机具

建立施工机械设备管理制度,开展用电、用油计量,完善设备档案,及时做好维修保养工作,使机械设备保持低耗、高效的状态。选择功率与负载相匹配的施工机械设备,避免大功率施工机械设备低负载长时间运行。机电安装可采用节电型机械设备,如逆变式电焊机和能耗低、效率高的手持电动工具等,以利节电。机械设备宜使用节能型油料添加剂,在可能的情况下,考虑回收利用,节约油量。合理安排工序,提高各种机械的使用率和满载率,降低各种设备的单位耗能。

③ 生产、生活及办公临时设施

利用场地自然条件,合理设计生产、生活及办公临时设施的体形、朝向、间距和窗墙面积比,使其获得良好的日照、通风和采光。南方地区可根据需要在其外墙窗设遮阳设施。临时设施宜采用节能材料,墙体、屋面使用隔热性能好的材料,减少夏天空调、冬天取暖设备的使用时间及耗能量。合理配置采暖、空调、风扇数量,规定使用时间,实行分段分时使用,节约用电。

④ 施工用电及照明

临时用电优先选用节能电线和节能灯具,临电线路合理设计、布置,临电设备宜采用自动控制装置。采用声控、光控等节能照明灯具。照明设计以满足最低照度为原则,照度不应超过最低照度的20%。

（4）节地与施工用地保护。

《绿色施工导则》对临时用地指标、临时用地保护、施工总平面布置分别做出规定。

① 临时用地指标

根据施工规模及现场条件等因素合理确定临时设施,如临时加工厂、现场作业棚及材料堆场、办公生活设施等的占地指标。临时设施的占地面积应按用地指标所需的最低面积设计。要求平面布置合理、紧凑,在满足环境、职业健康与安全及文明施工要求的前提下尽可能减少废弃地和死角,临时设施占地面积有效利用率大于90%。

② 临时用地保护

应对深基坑施工方案进行优化,减少土方开挖和回填量,最大限度地减少对土地的扰动,保护周边自然生态环境。红线外临时占地应尽量使用荒地、废地,少占用农田和耕地。工程完工后,及时对红线外占地恢复原地形、地貌,使施工活动对周边环境的影响降至最低。利用和保护施工用地范围内原有绿色植被。对于施工周期较长的现场,可按建筑永久绿化的要求,安排场地新建绿化。

③ 施工总平面布置

施工总平面布置应做到科学、合理,充分利用原有建筑物、构筑物、道路、管线为施工服务。施工现场搅拌站、仓库、加工厂、作业棚、材料堆场等布置应尽量靠近已有交通线路或即将修建的正式或临时交通线路,缩短运输距离。临时办公和生活用房应采用经济、美观、占地面积小、对周边地貌环境影响较小,且适合于施工平面布置动态调整的多层轻钢活动板房、钢骨架水泥活动板房等标准化装配式结构。生活区与生产区应分开布置,并设置标准的分隔设施。施工现场围墙可采用连续封闭的轻钢结构预制装配式活动围挡,减少建筑垃圾,保护土地。施工现场道路按照永久道路和临时道路相结合的原则布置。施工现场内形成环形通路,减少道路占用土地。临时设施布置应注意远近结合(本期工程与下期工程),努力减少和避免大量临时建筑拆迁和场地搬迁。

8.3.2 施工节能技术进步和激励措施的规定

1. 节能技术进步

《节约能源法》规定,国家鼓励、支持节能科学技术的研究、开发、示范和推广,促进节能技术创新与进步。

(1) 政府政策引导

国务院管理节能工作的部门会同国务院科技主管部门发布节能技术政策大纲,指导节能技术研究、开发和推广应用。县级以上各级人民政府应当把节能技术研究开发作为政府科技投入的重点领域,支持科研单位和企业开展节能技术应用研究,制定节能标准,开发节能共性和关键技术,促进节能技术创新与成果转化。

国务院管理节能工作的部门会同国务院有关部门制定并公布节能技术、节能产品的推广目录,引导用能单位和个人使用先进的节能技术、节能产品。

国务院管理节能工作的部门会同国务院有关部门组织实施重大节能科研项目、节能示范项目、重点节能工程。

(2) 政府资金扶持

《循环经济促进法》规定,国务院和省、自治区、直辖市人民政府设立发展循环经济的有关专项资金,支持循环经济的科技研究开发、循环经济技术和产品的示范与推广、重大循环经济项目的实施、发展循环经济的信息服务等。

国务院和省、自治区、直辖市人民政府及其有关部门应当将循环经济重大科技攻关项目的自主创新研究、应用示范和产业化发展列入国家或者省级科技发展规划和高技术产业发展规划,并安排财政性资金予以支持。

利用财政性资金引进循环经济重大技术、装备的,应当制定消化、吸收和创新方案,报有关主管部门审批并由其监督实施;有关主管部门应当根据实际需要建立协调机制,对重大技术、装备的引进和消化、吸收、创新实行统筹协调,并给予资金支持。

2. 节能激励措施

按照《节约能源法》《循环经济促进法》的规定,有一些相关的节能激励措施。

(1) 财政安排节能专项资金

中央财政和省级地方财政安排节能专项资金,支持节能技术研究开发、节能技术和产品的示范与推广、重点节能工程的实施、节能宣传培训、信息服务和表彰奖励等,国家通过财政补贴支持节能照明器具等节能产品的推广和使用。

（2）税收优惠

国家对生产、使用列入国务院管理节能工作的部门会同国务院有关部门制定并公布的节能技术、节能产品推广目录的需要支持的节能技术、节能产品,实行税收优惠等扶持政策。

国家运用税收等政策,鼓励先进节能技术、设备的进口,控制在生产过程中耗能高、污染重的产品的出口。

国家对促进循环经济发展的产业活动给予税收优惠,并通过税收等措施鼓励进口先进的节能、节水、节材等技术、设备和产品,限制在生产过程中耗能高、污染重的产品的出口。

企业使用或者生产列入国家清洁生产、资源综合利用等鼓励名录的技术、工艺、设备或者产品的,按照国家有关规定享受税收优惠。

（3）信贷支持

国家引导金融机构增加对节能项目的信贷支持,为符合条件的节能技术研究开发、节能产品生产以及节能技术改造等项目提供优惠贷款。国家推动和引导社会有关方面加大对节能的资金投入,加快节能技术改造。

对符合国家产业政策的节能、节水、节地、节材、资源综合利用等项目,金融机构应当给予优先贷款等信贷支持,并积极提供配套金融服务。

对生产、进口、销售或者使用列入淘汰名录的技术、工艺、设备、材料或者产品的企业,金融机构不得提供任何形式的授信支持。

（4）价格政策

国家实行有利于节能的价格政策,引导施工单位和个人节能。国家通过财税、价格等政策,支持推广电力需求侧管理、合同能源管理、节能自愿协议等节能办法。

国家实行有利于资源节约和合理利用的价格政策,引导单位和个人节约和合理使用水、电、气等资源性产品。

（5）表彰奖励

各级人民政府对在节能管理、节能科学技术研究和推广应用中有显著成绩以及检举严重浪费能源行为的单位和个人,给予表彰和奖励。

企事业单位应当对在循环经济发展中做出突出贡献的集体和个人给予表彰和奖励。

8.3.3　违反施工节约能源的法律责任

1. 违反建筑节能标准违法行为应承担的法律责任

《节约能源法》规定,设计单位、施工单位、监理单位违反建筑节能标准的,由建设主管部门责令改正,处 10 万元以上 50 万元以下罚款;情节严重的,由颁发资质证书的部门降低资质等级或者吊销资质证书;造成损失的,依法承担赔偿责任。

《民用建筑节能条例》规定,施工单位未按照民用建筑节能强制性标准进行施工的,由县级以上地方人民政府建设主管部门责令改正,处民用建筑项目合同价款 2% 以上 4% 以下的罚款;情节严重的,由颁发资质证书的部门责令停业整顿,降低资质等级或者吊销资质证书;造成损失的,依法承担赔偿责任。

注册执业人员未执行民用建筑节能强制性标准的,由县级以上人民政府建设主管部门责令停止执业 3 个月以上 1 年以下;情节严重的,由颁发资格证书的部门吊销执业资格证书,5 年内不予注册。

2. 使用黏土砖及其他施工节能违法行为应承担的法律责任

《循环经济促进法》规定,在国务院或者省、自治区、直辖市人民政府规定禁止生产、销售、使用黏土砖的期限或者区域内生产、销售或者使用黏土砖的,由县级以上地方人民政府指定的部门责令限期改正,有违法所得的,没收违法所得;逾期继续生产、销售的,由地方人民政府工商行政管理部门依法吊销营业执照。

《民用建筑节能条例》规定,施工单位有下列行为之一的,由县级以上地方人民政府建设主管部门责令改正,处 10 万元以上 20 万元以下的罚款(情节严重的,由颁发资质证书的部门责令停业整顿,降低资质等级或者吊销资质证书;造成损失的,依法承担赔偿责任):

① 未对进入施工现场的墙体材料、保温材料、门窗、采暖制冷系统和照明设备进行查验的;

② 使用不符合施工图设计文件要求的墙体材料、保温材料、门窗、采暖制冷系统和照明设备的;

③ 使用列入禁止使用目录的技术、工艺、材料和设备的。

3. 用能单位其他违法行为应承担的法律责任

《节约能源法》规定,用能单位未按照规定配备、使用能源计量器具的,由产品质量监督部门责令限期改正;逾期不改正的,处 1 万元以上 5 万元以下罚款。

瞒报、伪造、篡改能源统计资料或者编造虚假能源统计数据的,依照《中华人民共和国统计法》的规定处罚。

无偿向本单位职工提供能源或者对能源消费实行包费制的,由管理节能工作的部门责令限期改正;逾期不改正的,处 5 万元以上 20 万元以下罚款。

进口列入淘汰名录的设备、材料或者产品的,由海关责令退运,可以处 10 万元以上 100 万元以下的罚款。进口者不明的,由承运人承担退运责任,或者承担有关处置费用。

二维码内含精彩案例及解析,快来扫一扫吧!

案例 8-3

二维码内含本章习题及答案,快来扫一扫吧!

习题 8

模块 9 建设工程纠纷解决的法律制度

扫一扫可见
本章电子资源

 学习目标

了解建设工程民事纠纷、行政纠纷,熟悉并掌握建设工程民事纠纷、行政纠纷解决的途径。

9.1 建设工程纠纷概述

 工程应用

知识点	工程应用阶段	典型工作事件	主要涉及的施工岗位	要求
建设工程民事纠纷	工程准备阶段、实施阶段	建设合同经济纠纷	企业法人、企业法律顾问、企业合同部门管理人员、企业技术负责人、项目经理等	了解
建设工程行政纠纷		行政许可纠纷		

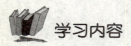 学习内容

法律纠纷是指公民、法人、其他组织之间因人身、财产或其他法律关系所发生的对抗冲突(或者争议),主要包括民事纠纷、行政纠纷、刑事纠纷。民事纠纷是平等主体间的有关人身、财产权的纠纷;行政纠纷是行政机关之间或行政机关同公民、法人和其他组织之间由于行政行为而产生的纠纷;刑事纠纷是因犯罪而产生的纠纷。

建设工程项目通常具有投资大、建造周期长、技术要求高、协作关系复杂和政府监管严格等特点,因而在建设工程领域里常见的是民事纠纷和行政纠纷。

9.1.1 建设工程民事纠纷

建设工程民事纠纷,是在建设工程活动中平等主体之间发生的以民事权利义务法律关系为内容的争议。民事纠纷作为法律纠纷的一种,一般是违反了民事法律规范而引起的。民事纠纷可分为两类:财产关系方面的民事纠纷,如合同纠纷、损害赔偿纠纷等;人身关系的民事纠纷,如名誉权纠纷、继承权纠纷等。

民事纠纷的特点有:

① 民事纠纷主体之间的法律地位平等。

② 民事纠纷的内容是对民事权利义务的争议。

③ 民事纠纷的可处分性。这主要是针对有关财产关系的民事纠纷,而有关人身关系的民事纠纷多具有不可处分性。

在建设工程领域,较为普遍和重要的民事纠纷主要是合同纠纷、侵权纠纷。合同纠纷指合同的生效、解释、履行、变更、终止等行为引起的合同当事人之间的所有争议。合同纠纷的内容主要表现在争议主体对于导致合同法律关系产生、变更与消灭的法律事实以及法律关系的内容有着不同的观点与看法。合同纠纷的范围涵盖了一项合同从成立到终止的整个过程。在建设工程领域,合同纠纷主要有工程总承包合同纠纷、工程勘察合同纠纷、工程设计合同纠纷、工程施工合同纠纷、工程监理合同纠纷、工程分包合同纠纷、材料设备采购合同纠纷以及劳动合同纠纷等。侵权纠纷是指一方当事人对另一方侵权而产生的纠纷。在建设工程领域也易发生侵权纠纷,如施工单位在施工中未采取相应防范措施造成对他方损害而产生的侵权纠纷,未经许可使用他方的专利、工法等而造成的知识产权侵权纠纷等。

发包人和承包人就有关工期、质量、造价等产生的建设工程合同争议,是建设工程领域最常见的民事纠纷。

9.1.2　建设工程行政纠纷

建设工程行政纠纷是在建设工程活动中行政机关之间或行政机关同公民、法人和其他组织之间行政行为而引起的纠纷,包括行政争议和行政案件。在行政法律关系中,行政机关对公民、法人和其他组织行使行政管理职权,应当依法行政;公民、法人和其他组织也应当依法约束自己的行为,自觉守法。在各种行政纠纷中,既有行政机关超越职权、滥用职权、行政不作为、违反法定程序、事实认定错误、适用法律错误引起的纠纷,也有公民、法人或其他组织逃避监督管理、非法抗拒监督管理或误解法律规定等而产生的纠纷。

行政机关的行政行为具有以下特征:

① 行政行为是执行法律的行为。任何行政行为均须有法律根据,具有从属法律性,没有法律的明确规定或授权,行政主体不得做出任何行政行为。

② 行政行为具有一定的裁量性。这是由立法技术本身的局限性和行政管理的广泛性、变动性、应变性所决定的。

③ 行政主体在实施行政行为时其有单方意志性,不必与行政相对方协商或征得其同意,便可依法自主做出。

④ 行政行为是以国家强制力保障实施的,带有强制性。行政相对方必须服从并配合行政行为,否则行政主体将予以制裁或强制执行。

⑤ 行政行为以无偿为原则,以有偿为例外。只有当特定行政相对人承担了特别公共负担,或者分享了特殊公共利益时,方可为有偿的。

在建设工程领域,行政机关易引发行政纠纷的具体行政行为主要有如下几种:

① 行政许可,即行政机关根据公民、法人或者其他组织的申请,经依法审查,准予其从事特定活动的行政管理行为,如施工许可、专业人员执业资格注册、企业资质等级核准、安全生产许可等。行政许可易引发的行政纠纷通常是行政机关的行政不作为、违反法定程序等。

② 行政处罚,即行政机关或其他行政主体依照法定职权、程序对于违法但尚未构成犯罪的相对人给予行政制裁的具体行政行为。常见的行政处罚为警告、罚款、没收违法所得、取消投标资格、责令停止施工、责令停业整顿、降低资质等级、吊销资质证书等。行政处罚易导致的

行政纠纷通常是行政处罚超越职权、滥用职权、违反法定程序、事实认定错误、适用法律错误等。

③ 行政奖励，即行政机关依照条件和程序，对为国家、社会和建设事业做出重大贡献的单位和个人，给予物质或精神鼓励的具体行政行为，如表彰建设系统先进集体、劳动模范和先进工作者等。行政奖励易引发的行政纠纷通常是违反程序、滥用职权、行政不作为等。

④ 行政裁决，即行政机关或法定授权的组织，依照法律授权，对平等主体之间发生的与行政管理活动密切相关的、特定的民事纠纷（争议）进行审查，并做出裁决的具体行政行为，如对特定的侵权纠纷、损害赔偿纠纷、权属纠纷、国有资产产权纠纷以及劳动工资、经济补偿纠纷等的裁决。行政裁决易引发的行政纠纷通常是行政裁决违反法定程序、事实认定错误、适用法律错误等。

二维码内含精彩案例及解析，快来扫一扫吧！

案例 9-1

9.2　建设工程民事纠纷的法律解决途径

 工程应用

知识点	工程应用阶段	典型工作事件	主要涉及的施工岗位	要求
和解	工程实施阶段	工程建设合同纠纷及处理	企业法人、企业技术负责人、项目经理、项目技术负责人等	掌握
调解				
仲裁				
民事诉讼				

学习内容

建设工程民事纠纷的法律解决途径主要有 4 种，即和解、调解、仲裁、民事诉讼。如《合同法》规定，当事人可以通过和解或者调解解决合同争议。当事人不愿和解、调解或者和解、调解不成的，可以根据仲裁协议向仲裁机构申请仲裁。涉外合同的当事人可以根据仲裁协议向中国仲裁机构或者其他仲裁机构申请仲裁。当事人没有订立仲裁协议或者仲裁协议无效的，可以向人民法院起诉。当事人应当履行发生法律效力的判决、仲裁裁决、调解书；拒不履行的，对方可以请求人民法院执行。

9.2.1　和解

1. 和解的概念

和解是民事纠纷的当事人在自愿互谅的基础上,就已经发生的争议进行协商、妥协与让步并达成协议,自行(无第三方参与劝说)解决争议的一种方式。和解应以合法、自愿、平等为原则。

2. 和解的类型

（1）诉讼前的和解

诉讼前的和解是指发生诉讼以前,双方当事人互相协商达成协议,解决双方的争执。这是一种民事法律行为,是当事人依法处分自己民事实体权利的表现。

（2）诉讼中的和解

诉讼中的和解是当事人在诉讼进行中互相协商,达成协议,解决双方的争执。《民事诉讼法》规定:双方当事人可以自行和解。这种和解在法院做出判决前,当事人都可以进行,当事人可以就整个诉讼标的达成协议,也可以就诉讼的个别问题达成协议。

（3）执行中的和解

执行中的和解是在发生法律效力的民事判决、裁定后,法院在执行中,当事人互相协商,达成协议,解决双方的争执。

（4）仲裁中的和解

《仲裁法》规定,当事人申请仲裁后,可以自行和解。

3. 和解的效力

和解达成的协议不具有强制约束力,如果一方当事人不按照和解协议执行,另一方当事人不可以请求人民法院强制执行,但可以向法院提起诉讼,也可以根据约定申请仲裁。

9.2.2　调解

1. 调解的概念

调解是指双方当事人以外的第三方应纠纷当事人的请求,以法律、法规和政策或合同约定以及社会公德为依据,对纠纷双方进行疏导、劝说,促使他们相互谅解,进行协商,自愿达成协议,解决纠纷的活动。

2. 调解的方式

（1）人民调解

《中华人民共和国人民调解法》(以下简称《人民调解法》)规定,人民调解"是指人民调解委员会通过说服、疏导等方式,促使当事人在平等协商基础上,自愿达成调解协议,解决民间纠纷的活动"。人民调解制度作为一种司法辅助制度,是人民群众自己解决纠纷的法律制度,也是一种具有中国特色的司法制度。

经人民调解委员会调解达成调解协议的,可以制作调解协议书。当事人认为无须制作调解协议的,可以采取口头协议的方式,人民调解员应当记录协议内容。经人民调解委员会调解达成的调解协议具有法律约束力,当事人应当按照约定履行。当事人就调解协议的履行或者调解协议的内容发生争议的,一方当事人可以向法院提起诉讼。

经人民调解委员会调解达成调解协议后,双方当事人认为有必要的,可以自调解协议生效之日起 30 日内共同向人民法院申请司法确认。人民法院依法确认调解协议有效,一方当事人拒绝履行或者未全部履行的,对方当事人可以向人民法院申请强制执行。

（2）行政调解

行政调解是指国家行政机关应纠纷当事人的请求,依据法律、法规、政策,对属于其职权管辖范围内的纠纷,通过耐心的说服教育,使纠纷的双方当事人互相谅解,在平等协商的基础上达成一致协议,促成当事人解决纠纷。行政调解分为两种:

① 基层人民政府,即乡、镇人民政府对一般民间纠纷的调解。

② 国家行政机关依照法律规定对某些特定民事纠纷或经济纠纷或劳动纠纷等进行的调解。

行政调解属于诉讼外调解。行政调解达成的协议也不具有强制约束力。

（3）仲裁调解

仲裁调解是仲裁机构对受理的仲裁案件进行的调解。仲裁庭在做出裁决前,可以先行调解。当事人自愿调解的,仲裁庭应当调解。调解不成的,应当及时做出裁决。调解达成协议的,仲裁庭应当制作调解书或者根据协议的结果制作裁决书。调解书与裁决书具有同等法律效力。调解书经双方当事人签收后,即发生法律效力。在调解书签收前当事人反悔的,仲裁庭应当及时做出裁决。

调解可以在仲裁程序中进行,即在征得当事人同意后,仲裁庭在仲裁程序进行过程中担任调解员的角色,对其审理的案件进行调解,以解决当事人之间的争议。

（4）法院调解

《民事诉讼法》规定:"人民法院审理民事案件,根据当事人自愿的原则,在事实清楚的基础上,分清是非,进行调解。"法院调解是人民法院对受理的民事案件、经济纠纷案件和轻微刑事案件在双方当事人自愿的基础上进行的调解,是诉讼内调解。法院调解书经双方当事人签收后,即具有法律效力,效力与判决书相同。

（5）专业机构调解

专业机构调解是当事人在发生争议前或争议后,协议约定由指定的具有独立调解规则的机构按照其调解规则进行调解。专业调解机构进行调解达成的调解协议对当事人双方均有约束力。

9.2.3　仲裁

1. 仲裁的概念

仲裁是指发生争议的双方当事人,根据其在争议发生前或争议发生后所达成的协议,自愿将该争议提交中立的第三者进行裁判的争议解决制度和方式。

（1）可以仲裁的纠纷

《仲裁法》第二条规定,平等主体的公民、法人和其他组织之间发生的合同纠纷和其他财产权益纠纷,可以仲裁。

（2）不可以仲裁的纠纷

《仲裁法》第三条规定,下列纠纷不能仲裁:

① 婚姻、收养、监护、扶养、继承纠纷;

② 依法应当由行政机关处理的行政争议。

2. 仲裁的特点

（1）自愿性。当事人采用仲裁方式解决纠纷，应当双方自愿，达成仲裁协议。

（2）专业性。根据我国仲裁法的规定，仲裁机构都备有分专业的，由专家组成的仲裁员名册供当事人进行选择，专家仲裁由此成为民商事仲裁的重要特点之一。

（3）灵活性。仲裁中的诸多具体程序可以由双方当事人协商确定与选择，因此与诉讼相比，仲裁程序更加灵活，更具有弹性。

（4）保密性。仲裁以不公开审理为原则，这是世界性的通行做法。

（5）快捷性。仲裁实行一裁终局制，仲裁裁决一经仲裁庭做出即发生法律效力。

（6）经济性。仲裁的经济性主要表现在：第一，时间上的快捷性使得仲裁所需费用相对减少；第二，仲裁无须多审级收费，使得仲裁费往往低于诉讼费；第三，仲裁的自愿性、保密性使当事人之间通常没有激烈的对抗，且商业秘密不必公之于世，对双方当事人之间今后的商业机会影响较小。

（7）独立性。仲裁依法独立进行，不受行政机关、社会团体和个人的干涉。

3. 仲裁委员会和仲裁协会

1）仲裁委员会

（1）仲裁委员会的设立

仲裁委员会可以在直辖市和省、自治区人民政府所在地的市设立，也可以根据需要在其他设区的市设立，不按行政区划层层设立。仲裁委员会由直辖市和省、自治区人民政府所在地的市人民政府组织有关部门和商会统一组建。设立仲裁委员会，应当经省、自治区、直辖市的司法行政部门登记。

仲裁委员会由主任一人、副主任二至四人和委员七至十一人组成。仲裁委员会的主任、副主任和委员由法律、经济贸易专家和有实际工作经验的人员担任。仲裁委员会的组成人员中，法律、经济贸易专家不得少于三分之二。

（2）仲裁委员会应当具备下列条件：

① 有自己的名称、住所和章程；

② 有必要的财产；

③ 有该委员会的组成人员；

④ 有聘任的仲裁员。

（3）仲裁员应当符合下列条件之一：

① 从事仲裁工作满八年的；

② 从事律师工作满八年的；

③ 曾任审判员满八年的；

④ 从事法律研究、教学工作并具有高级职称的；

⑤ 具有法律知识、从事经济贸易等专业工作并具有高级职称或者具有同等专业水平的。

仲裁委员会按照不同专业设仲裁员名册。

2）仲裁协会

中国仲裁协会是社会团体法人。仲裁委员会是中国仲裁协会的会员。中国仲裁协会的章程由全国会员大会制定。中国仲裁协会是仲裁委员会的自律性组织，根据章程对仲裁委员会及其组成人员、仲裁员的违纪行为进行监督。中国仲裁协会依照仲裁法和民事诉讼法的有关规定制定仲裁规则。

4. 仲裁协议

仲裁协议,是指双方当事人在自愿、协商、平等互利的基础之上将他们之间已经发生或者可能发生的争议提交仲裁解决的书面文件,是申请仲裁的必备材料。

仲裁协议包括合同中订立的仲裁条款和以其他书面方式在纠纷发生前或者纠纷发生后达成的请求仲裁的协议。

(1) 仲裁协议的内容

① 请求仲裁的意思表示;

② 仲裁事项;

③ 选定的仲裁委员会。

(2) 仲裁协议无效的情形

有下列情形之一的,仲裁协议无效:

① 约定的仲裁事项超出法律规定的仲裁范围的;

② 无民事行为能力人或者限制民事行为能力人订立的仲裁协议;

③ 一方采取胁迫手段,迫使对方订立仲裁协议的。

(3) 仲裁协议的效力

仲裁协议对仲裁事项或者仲裁委员会没有约定或者约定不明确的,当事人可以补充协议;达不成补充协议的,仲裁协议无效。

仲裁协议独立存在,合同的变更、解除、终止或者无效,不影响仲裁协议的效力。

当事人对仲裁协议的效力有异议的,可以请求仲裁委员会做出决定或者请求人民法院做出裁定。一方请求仲裁委员会做出决定,另一方请求人民法院做出裁定的,由人民法院裁定。

当事人对仲裁协议的效力有异议,应当在仲裁庭首次开庭前提出。

5. 仲裁程序

1) 申请和受理

(1) 当事人申请仲裁应当符合的条件

① 有仲裁协议;

② 有具体的仲裁请求和事实、理由;

③ 属于仲裁委员会的受理范围。

当事人申请仲裁,应当向仲裁委员会递交仲裁协议、仲裁申请书及副本。

(2) 仲裁申请书的内容

① 当事人的姓名、性别、年龄、职业、工作单位和住所,法人或者其他组织的名称、住所和法定代表人或者主要负责人的姓名、职务;

② 仲裁请求和所根据的事实、理由;

③ 证据和证据来源、证人姓名和住所。

(3) 仲裁的受理

仲裁委员会收到仲裁申请书之日起五日内,认为符合受理条件的,应当受理,并通知当事人;认为不符合受理条件的,应当书面通知当事人不予受理,并说明理由。

2) 仲裁庭的组成

仲裁庭可以由三名仲裁员或者一名仲裁员组成。由三名仲裁员组成的,设首席仲裁员。

当事人约定由三名仲裁员组成仲裁庭的,应当各自选定或者各自委托仲裁委员会主任指定一名仲裁员,第三名仲裁员由当事人共同选定或者共同委托仲裁委员会主任指定。第三名仲裁员是首席仲裁员。

当事人约定由一名仲裁员成立仲裁庭的,应当由当事人共同选定或者共同委托仲裁委员会主任指定仲裁员。

仲裁员有下列情形之一的,必须回避,当事人也有权提出回避申请:

(1) 是本案当事人或者当事人、代理人的近亲属;

(2) 与本案有利害关系;

(3) 与本案当事人、代理人有其他关系,可能影响公正仲裁的;

(4) 私自会见当事人、代理人,或者接受当事人、代理人的请客送礼的。

仲裁员是否回避,由仲裁委员会主任决定;仲裁委员会主任担任仲裁员时,由仲裁委员会集体决定。

3) 开庭和裁决

(1) 开庭

仲裁应当开庭进行。当事人协议不开庭的,仲裁庭可以根据仲裁申请书、答辩书以及其他材料做出裁决。仲裁不公开进行。当事人协议公开的,可以公开进行,但涉及国家秘密的除外。

仲裁委员会应当在仲裁规则规定的期限内将开庭日期通知双方当事人。当事人有正当理由的,可以在仲裁规则规定的期限内请求延期开庭。是否延期,由仲裁庭决定。

(2) 裁决

裁决应当按照多数仲裁员的意见做出,少数仲裁员的不同意见可以记入笔录。仲裁庭不能形成多数意见时,裁决应当按照首席仲裁员的意见做出。

裁决书应当写明仲裁请求、争议事实、裁决理由、裁决结果、仲裁费用的负担和裁决日期。当事人协议不愿写明争议事实和裁决理由的,可以不写。裁决书由仲裁员签名,加盖仲裁委员会印章。对裁决持不同意见的仲裁员,可以签名,也可以不签名。裁决书自做出之日起发生法律效力。

6. 申请撤销裁决

当事人提出证据证明裁决有下列情形之一的,可以向仲裁委员会所在地的中级人民法院申请撤销裁决:

(1) 没有仲裁协议的;

(2) 裁决的事项不属于仲裁协议的范围或者仲裁委员会无权仲裁的;

(3) 仲裁庭的组成或者仲裁的程序违反法定程序的;

(4) 裁决所根据的证据是伪造的;

(5) 对方当事人隐瞒了足以影响公正裁决的证据的;

(6) 仲裁员在仲裁该案时有索贿受贿,徇私舞弊,枉法裁决行为的。

当事人申请撤销裁决的,应当自收到裁决书之日起六个月内提出。人民法院应当在受理撤销裁决申请之日起两个月内做出撤销裁决或者驳回申请的裁定。

7. 仲裁裁决的执行

当事人应当履行裁决。一方当事人不履行的,另一方当事人可以依照民事诉讼法的有关规定向人民法院申请执行。受申请的人民法院应当执行。

一方当事人申请执行裁决,另一方当事人申请撤销裁决的,人民法院应当裁定中止执行。

人民法院裁定撤销裁决的,应当裁定终结执行。撤销裁决的申请被裁定驳回的,人民法院应当裁定恢复执行。

9.2.4　民事诉讼

1. 民事诉讼的概念

民事诉讼是指公民之间、法人之间、其他组织之间以及他们相互之间因财产关系和人身关系提起的诉讼。或者说,民事诉讼是指人民法院、当事人和其他诉讼参与人,在审理民事案件的过程中,所进行的各种诉讼活动,以及由这些活动所产生得各种关系的总和。

2. 民事诉讼的受案范围

《民事诉讼法》第三条规定,人民法院受理公民之间、法人之间、其他组织之间以及他们相互之间因财产关系和人身关系提起的民事诉讼,适用本法的规定。

3. 民事诉讼案件的管辖

1)级别管辖

(1)基层人民法院管辖第一审民事案件,但本法另有规定的除外。

(2)中级人民法院管辖下列第一审民事案件:

① 重大涉外案件;

② 在本辖区有重大影响的案件;

③ 最高人民法院确定由中级人民法院管辖的案件。

(3)高级人民法院管辖在本辖区有重大影响的第一审民事案件。

(4)最高人民法院管辖下列第一审民事案件:

① 在全国有重大影响的案件;

② 认为应当由本院审理的案件。

2)地域管辖

(1)对公民提起的民事诉讼,由被告住所地人民法院管辖;被告住所地与经常居住地不一致的,由经常居住地人民法院管辖。对法人或者其他组织提起的民事诉讼,由被告住所地人民法院管辖。同一诉讼的几个被告住所地、经常居住地在两个以上人民法院辖区的,各该人民法院都有管辖权。

(2)下列民事诉讼,由原告住所地人民法院管辖;原告住所地与经常居住地不一致的,由原告经常居住地人民法院管辖:

① 对不在中华人民共和国领域内居住的人提起的有关身份关系的诉讼;

② 对下落不明或者宣告失踪的人提起的有关身份关系的诉讼;

③ 对被采取强制性教育措施的人提起的诉讼;

④ 对被监禁的人提起的诉讼。

(3)因同纠纷提起的诉讼,由被告住所地或者合同履行地人民法院管辖。

(4)因保险合同纠纷提起的诉讼,由被告住所地或者保险标的物所在地人民法院管辖。

(5)因票据纠纷提起的诉讼,由票据支付地或者被告住所地人民法院管辖。

(6)因公司设立、确认股东资格、分配利润、解散等纠纷提起的诉讼,由公司住所地人民法院管辖。

（7）因铁路、公路、水上、航空运输和联合运输合同纠纷提起的诉讼，由运输始发地、目的地或者被告住所地人民法院管辖。

（8）因侵权行为提起的诉讼，由侵权行为地或者被告住所地人民法院管辖。

（9）因铁路、公路、水上和航空事故请求损害赔偿提起的诉讼，由事故发生地或者车辆、船舶最先到达地、航空器最先降落地或者被告住所地人民法院管辖。

（10）因船舶碰撞或者其他海事损害事故请求损害赔偿提起的诉讼，由碰撞发生地、碰撞船舶最先到达地、加害船舶被扣留地或者被告住所地人民法院管辖。

（11）因海难救助费用提起的诉讼，由救助地或者被救助船舶最先到达地人民法院管辖。

（12）因共同海损提起的诉讼，由船舶最先到达地、共同海损理算地或者航程终止地的人民法院管辖。

（13）因不动产纠纷提起的诉讼，由不动产所在地人民法院管辖。

（14）因港口作业中发生纠纷提起的诉讼，由港口所在地人民法院管辖。

（15）因继承遗产纠纷提起的诉讼，由被继承人死亡时住所地或者主要遗产所在地人民法院管辖。

（16）合同或者其他财产权益纠纷的当事人可以书面协议选择被告住所地、合同履行地、合同签订地、原告住所地、标的物所在地等与争议有实际联系的地点的人民法院管辖，但不得违反本法对级别管辖和专属管辖的规定。

（17）两个以上人民法院都有管辖权的诉讼，原告可以向其中一个人民法院起诉；原告向两个以上有管辖权的人民法院起诉的，由最先立案的人民法院管辖。

3）移送管辖和指定管辖

（1）移送管辖

人民法院发现受理的案件不属于本院管辖的，应当移送有管辖权的人民法院，受移送的人民法院应当受理。受移送的人民法院认为受移送的案件依照规定不属于本院管辖的，应当报请上级人民法院指定管辖，不得再自行移送。

（2）指定管辖

有管辖权的人民建设工程行政纠纷法院由于特殊原因，不能行使管辖权的，由上级人民法院指定管辖。

人民法院之间因管辖权发生争议，由争议双方协商解决；协商解决不了的，报请它们的共同上级人民法院指定管辖。

4. 回避制度

（1）审判人员、书记员、翻译人员、鉴定人、勘验人需要回避的情形

审判人员、书记员、翻译人员、鉴定人、勘验人有下列情形之一的，应当自行回避，当事人有权用口头或者书面方式申请他们回避：

① 是本案当事人或者当事人、诉讼代理人近亲属的；

② 与本案有利害关系的；

③ 与本案当事人、诉讼代理人有其他关系，可能影响对案件公正审理的。

（2）回避的申请

当事人提出回避申请，应当说明理由，在案件开始审理时提出；回避事由在案件开始审理后知道的，也可以在法庭辩论终结前提出。被申请回避的人员在人民法院做出是否回避的决

定前,应当暂停参与本案的工作,但案件需要采取紧急措施的除外。

人民法院对当事人提出的回避申请,应当在申请提出的三日内,以口头或者书面形式做出决定。申请人对决定不服的,可以在接到决定时申请复议一次。复议期间,被申请回避的人员,不停止参与本案的工作。人民法院对复议申请,应当在三日内做出复议决定,并通知复议申请人。

(3) 回避的审批

院长担任审判长时的回避,由审判委员会决定;审判人员的回避,由院长决定;其他人员的回避,由审判长决定。

5. 诉讼参加人

(1) 当事人

《民事诉讼法》第四十八条规定,公民、法人和其他组织可以作为民事诉讼的当事人。

法人由其法定代表人进行诉讼。其他组织由其主要负责人进行诉讼。

民事诉讼中的当事人,是指因民事权利和义务发生争议,以自己的名义进行诉讼,请求人民法院进行裁判的公民、法人或其他组织。当事人在第一审程序中称为原告和被告,在第二审程序中称为上诉人和被上诉人,在执行程序中称为申请执行人和被执行人。

当事人有权委托代理人,提出回避申请,收集、提供证据,进行辩论,请求调解,提起上诉,申请执行。

(2) 诉讼代理人

诉讼代理人,是指根据法律规定或当事人的委托,代理当事人,以被代理人的名义进行民事诉讼活动的人。

无诉讼行为能力人由他的监护人作为法定代理人代为诉讼。法定代理人之间互相推诿代理责任的,由人民法院指定其中一人代为诉讼。

当事人、法定代理人可以委托一至二人作为诉讼代理人。下列人员可以被委托为诉讼代理人:

① 律师、基层法律服务工作者;

② 当事人的近亲属或者工作人员;

③ 当事人所在社区、单位以及有关社会团体推荐的公民。

委托他人代为诉讼,必须向人民法院提交由委托人签名或者盖章的授权委托书。授权委托书必须记明委托事项和权限。诉讼代理人代为承认、放弃、变更诉讼请求,进行和解,提起反诉或者上诉,必须有委托人的特别授权。

6. 证据

1) 证据的种类

《民事诉讼法》第六十三条规定,证据包括:

(1) 当事人的陈述;

(2) 书证;

(3) 物证;

(4) 视听资料;

(5) 电子数据;

(6) 证人证言;

（7）鉴定意见；

（8）勘验笔录。

证据必须查证属实，才能作为认定事实的根据。

2）举证责任

（1）一般原则

当事人对自己提出的主张，有责任提供证据。即"谁主张，谁举证"。

（2）举证责任倒置

① 因新产品制造方法发明专利引起的专利侵权诉讼，由制造同样产品的单位或者个人对其产品制造方法不同于专利方法承担举证责任；

② 高度危险作业致人损害的侵权诉讼，由加害人就受害人故意造成损害的事实承担举证责任；

③ 因环境污染引起的损害赔偿诉讼，由加害人就法律规定的免责事由及其行为与损害结果之间不存在因果关系承担举证责任；

④ 建筑物或者其他设施以及建筑物上的搁置物、悬挂物发生倒塌、脱落、坠落致人损害的侵权诉讼，由所有人或者管理人对其无过错承担举证责任；

⑤ 饲养动物致人损害的侵权诉讼，由动物饲养人或者管理人就受害人有过错或者第三人有过错承担举证责任；

⑥ 因缺陷产品致人损害的侵权诉讼，由产品的生产者就法律规定的免责事由承担举证责任；

⑦ 因共同危险行为致人损害的侵权诉讼，由实施危险行为的人就其行为与损害结果之间不存在因果关系承担举证责任；

⑧ 因医疗行为引起的侵权诉讼，由医疗机构就医疗行为与损害结果之间不存在因果关系及不存在医疗过错承担举证责任。

7. 财产保全和先予执行

（1）财产保全

财产保全，是指人民法院在利害关系人起诉前或者当事人起诉后，为保障将来的生效判决能够得到执行或者避免财产遭受损失，对当事人的财产或者争议的标的物，采取限制当事人处分的强制措施。

人民法院采取保全措施，可以责令申请人提供担保，申请人不提供担保的，裁定驳回申请。人民法院接受申请后，对情况紧急的，必须在四十八小时内做出裁定；裁定采取保全措施的，应当立即开始执行。

申请人在人民法院采取保全措施后三十日内不依法提起诉讼或者申请仲裁的，人民法院应当解除保全。

（2）先予执行

先予执行，是指人民法院在终局判决之前，为解决权利人生活或生产经营的急需，依法裁定义务人预先履行义务的制度。

人民法院对下列案件，根据当事人的申请，可以裁定先予执行：

① 追索赡养费、扶养费、抚育费、抚恤金、医疗费用的；

② 追索劳动报酬的；

③ 因情况紧急需要先予执行的。

人民法院裁定先予执行的,应当符合下列条件:

① 当事人之间权利义务关系明确,不先予执行将严重影响申请人的生活或者生产经营的;

② 被申请人有履行能力。

8. 民事诉讼程序

1)第一审普通程序

(1)起诉和受理

起诉必须符合下列条件:

① 原告是与本案有直接利害关系的公民、法人和其他组织;

② 有明确的被告;

③ 有具体的诉讼请求和事实、理由;

④ 属于人民法院受理民事诉讼的范围和受诉人民法院管辖。

起诉应当向人民法院递交起诉状,并按照被告人数提出副本。书写起诉状确有困难的,可以口头起诉,由人民法院记入笔录,并告知对方当事人。

(2)审理前的准备

人民法院应当在立案之日起五日内将起诉状副本发送被告,被告在收到之日起十五日内提出答辩状。被告提出答辩状的,人民法院应当在收到之日起五日内将答辩状副本发送原告。被告不提出答辩状的,不影响人民法院审理。

(3)开庭审理

人民法院审理民事案件,除涉及国家秘密、个人隐私或者法律另有规定的以外,应当公开进行。离婚案件,涉及商业秘密的案件,当事人申请不公开审理的,可以不公开审理。人民法院审理民事案件,根据需要进行巡回审理,就地办案。

人民法院适用普通程序审理的案件,应当在立案之日起六个月内审结。有特殊情况需要延长的,由本院院长批准,可以延长六个月;还需要延长的,报请上级人民法院批准。

(4)诉讼中止和终结

中止诉讼的情形如下:

① 一方当事人死亡,需要等待继承人表明是否参加诉讼的;

② 一方当事人丧失诉讼行为能力,尚未确定法定代理人的;

③ 作为一方当事人的法人或者其他组织终止,尚未确定权利义务承受人的;

④ 一方当事人因不可抗拒的事由,不能参加诉讼的;

⑤ 本案必须以另一案的审理结果为依据,而另一案尚未审结的;

⑥ 其他应当中止诉讼的情形。

中止诉讼的原因消除后,恢复诉讼。

终结诉讼的情形如下:

① 原告死亡,没有继承人,或者继承人放弃诉讼权利的;

② 被告死亡,没有遗产,也没有应当承担义务的人的;

③ 离婚案件一方当事人死亡的;

④ 追索赡养费、扶养费、抚育费以及解除收养关系案件的一方当事人死亡的。

（5）判决和裁定

判决书应当写明判决结果和做出该判决的理由。判决书内容包括：

① 案由、诉讼请求、争议的事实和理由；

② 判决认定的事实和理由、适用的法律和理由；

③ 判决结果和诉讼费用的负担；

④ 上诉期间和上诉的法院。

判决书由审判人员、书记员署名，加盖人民法院印章。

裁定适用于下列范围：

① 不予受理；

② 对管辖权有异议的；

③ 驳回起诉；

④ 保全和先予执行；

⑤ 准许或者不准许撤诉；

⑥ 中止或者终结诉讼；

⑦ 补正判决书中的笔误；

⑧ 中止或者终结执行；

⑨ 撤销或者不予执行仲裁裁决；

⑩ 不予执行公证机关赋予强制执行效力的债权文书以及其他需要裁定解决的事项。

最高人民法院的判决、裁定，以及依法不准上诉或者超过上诉期没有上诉的判决、裁定，是发生法律效力的判决、裁定。

2）第二审程序

（1）上诉期限

当事人不服地方人民法院第一审判决的，有权在判决书送达之日起十五日内向上一级人民法院提起上诉。

当事人不服地方人民法院第一审裁定的，有权在裁定书送达之日起十日内向上一级人民法院提起上诉。

（2）审理方式

第二审人民法院应当对上诉请求的有关事实和适用法律进行审查。二审人民法院对上诉案件，应当组成合议庭，开庭审理。经过阅卷、调查和询问当事人，对没有提出新的事实、证据或者理由，合议庭认为不需要开庭审理的，可以不开庭审理。

（3）审理期限

人民法院审理对判决的上诉案件，应当在第二审立案之日起三个月内审结。有特殊情况需要延长的，由本院院长批准。

人民法院审理对裁定的上诉案件，应当在第二审立案之日起三十日内做出终审裁定。

（4）第二审人民法院对上诉案件的处理

第二审人民法院对上诉案件，经过审理，按照下列情形，分别处理：

① 原判决、裁定认定事实清楚，适用法律正确的，以判决、裁定方式驳回上诉，维持原判决、裁定；

② 原判决、裁定认定事实错误或者适用法律错误的，以判决、裁定方式依法改判、撤销或

者变更；

③ 原判决认定基本事实不清的，裁定撤销原判决，发回原审人民法院重审，或者查清事实后改判；

④ 原判决遗漏当事人或者违法缺席判决等严重违反法定程序的，裁定撤销原判决，发回原审人民法院重审。

原审人民法院对发回重审的案件做出判决后，当事人提起上诉的，第二审人民法院不得再次发回重审。

第二审人民法院对不服第一审人民法院裁定的上诉案件的处理，一律使用裁定。

3）执行程序

（1）一般规定

发生法律效力的民事判决、裁定，以及刑事判决、裁定中的财产部分，由第一审人民法院或者与第一审人民法院同级的被执行的财产所在地人民法院执行。法律规定由人民法院执行的其他法律文书，由被执行人住所地或者被执行的财产所在地人民法院执行。

（2）申请

发生法律效力的民事判决、裁定，当事人必须履行。一方拒绝履行的，对方当事人可以向人民法院申请执行，也可以由审判员移送执行员执行。

调解书和其他应当由人民法院执行的法律文书，当事人必须履行。一方拒绝履行的，对方当事人可以向人民法院申请执行。

对依法设立的仲裁机构的裁决，一方当事人不履行的，对方当事人可以向有管辖权的人民法院申请执行。受申请的人民法院应当执行。

对公证机关依法赋予强制执行效力的债权文书，一方当事人不履行的，对方当事人可以向有管辖权的人民法院申请执行，受申请的人民法院应当执行。

申请执行的期间为二年。申请执行时效的中止、中断，适用法律有关诉讼时效中止、中断的规定。

（3）执行措施

执行员接到申请执行书或者移交执行书，应当向被执行人发出执行通知，并可以立即采取强制执行措施。

执行措施主要有：查封、冻结、划拨被执行人的存款；扣留、提取被执行人的收入；查封、扣押、拍卖、变卖被执行人的财产；对被执行人及其住所或财产隐匿地进行搜查；强制被执行人和有关单位、公民交付法律文书指定的财物或票证；强制被执行人迁出房屋或退出土地；强制被执行人履行法律文书指定的行为；办理财产权证照转移手续；强制被执行人支付迟延履行期间的债务利息或迟延履行金；依申请执行人申请，通知对被执行人负有到期债务的第三人向申请执行人履行债务。

（4）向上一级人民法院申请执行

人民法院自收到申请执行书之日起超过六个月未执行的，申请执行人可以向上一级人民法院申请执行。上一级人民法院经审查，可以责令原人民法院在一定期限内执行，也可以决定由本院执行或者指令其他人民法院执行。

采取强制执行措施时，执行员应当出示证件。执行完毕后，应当将执行情况制作笔录，由在场的有关人员签名或者盖章。

案例 9-2

9.3　建设工程行政纠纷的法律解决途径

 工程应用

知识点	工程应用阶段	典型工作事件	主要涉及的施工岗位	要求
行政复议	工程准备阶段、工程实施阶段	工程建设行政纠纷处理	企业法人、企业法律顾问、企业技术负责人等	了解
行政诉讼				

 学习内容

行政纠纷的法律解决途径主要有两种,即行政复议和行政诉讼。

9.3.1　行政复议

1. 行政复议的概念

行政复议,是指行政机关根据上级行政机关对下级行政机关的监督权,在当事人的申请和参加下,按照行政复议程序对具体行政行为进行合法性和适当性审查,并做出决定以解决行政侵权争议的活动。这是公民,法人或其他组织通过行政救济途径解决行政争议的一种方法。

2. 行政复议的范围

（1）可以申请行政复议的事项

《行政复议法》第六条规定,有下列情形之一的,公民、法人或者其他组织可以依照本法申请行政复议:

① 对行政机关做出的警告、罚款、没收违法所得、没收非法财物、责令停产停业、暂扣或者吊销许可证、暂扣或者吊销执照、行政拘留等行政处罚决定不服的;

② 对行政机关做出的限制人身自由或者查封、扣押、冻结财产等行政强制措施决定不服的;

③ 对行政机关做出的有关许可证、执照、资质证、资格证等证书变更、中止、撤销的决定不服的;

④ 对行政机关做出的关于确认土地、矿藏、水流、森林、山岭、草原、荒地、滩涂、海域等自

然资源的所有权或者使用权的决定不服的；

⑤ 认为行政机关侵犯合法的经营自主权的；

⑥ 认为行政机关变更或者废止农业承包合同，侵犯其合法权益的；

⑦ 认为行政机关违法集资、征收财物、摊派费用或者违法要求履行其他义务的；

⑧ 认为符合法定条件，申请行政机关颁发许可证、执照、资质证、资格证等证书，或者申请行政机关审批、登记有关事项，行政机关没有依法办理的；

⑨ 申请行政机关履行保护人身权利、财产权利、受教育权利的法定职责，行政机关没有依法履行的；

⑩ 申请行政机关依法发放抚恤金、社会保险金或者最低生活保障费，行政机关没有依法发放的；

⑪ 认为行政机关的其他具体行政行为侵犯其合法权益的。

（2）不能提起行政复议的事项

《行政复议法》第八条规定，下列事项应按规定的纠纷处理方式解决，不能提起行政复议：

① 不服行政机关做出的行政处分或者其他人事处理决定的，应当依照有关法律、行政法规的规定提起申诉；

② 不服行政机关对民事纠纷做出的调解或者其他处理，应当依法申请仲裁或者向法院提起诉讼。

3. 行政复议的申请

行政复议是依申请行为。它以行政相对人主动提起为前提，即相对人不提出申请，行政复议机关不能主动管辖。根据《行政复议法》的规定，申请复议应当符合下列条件：

（1）申请人是认为具体行政行为直接侵犯其合法权益的公民、法人或者其他组织。

《行政复议法》第十条第一款规定，依照本法申请行政复议的公民、法人或者其他组织是申请人。

（2）有明确的被申请人。

《行政复议法》第十条第四款规定，公民、法人或者其他组织对行政机关的具体行政行为不服申请行政复议的，做出具体行政行为的行政机关是被申请人。

① 对县级以上地方各级人民政府工作部门的具体行政行为不服的，由申请人选择，可以向该部门的本级人民政府申请行政复议，也可以向上一级主管部门申请行政复议。

② 对海关、金融、国税、外汇管理等实行垂直领导的行政机关和国家安全机关的具体行政行为不服的，向上一级主管部门申请行政复议。

③ 对地方各级人民政府的具体行政行为不服的，向上一级地方人民政府申请行政复议。

④ 对省、自治区人民政府依法设立的派出机关所属的县级地方人民政府的具体行政行为不服的，向该派出机关申请行政复议。

⑤ 对国务院部门或者省、自治区、直辖市人民政府的具体行政行为不服的，向做出该具体行政行为的国务院部门或者省、自治区、直辖市人民政府申请行政复议。

⑥ 对县级以上地方人民政府依法设立的派出机关的具体行政行为不服的，向设立该派出机关的人民政府申请行政复议。

⑦ 对政府工作部门依法设立的派出机构依照法律、法规或者规章规定，以自己的名义做

出的具体行政行为不服的,向设立该派出机构的部门或者该部门的本级地方人民政府申请行政复议。

⑧ 对法律、法规授权的组织的具体行政行为不服的,分别向直接管理该组织的地方人民政府、地方人民政府工作部门或者国务院部门申请行政复议。

⑨ 对两个或者两个以上行政机关以共同的名义做出的具体行政行为不服的,向其共同上一级行政机关申请行政复议。

⑩ 对被撤销的行政机关在撤销前所做出的具体行政行为不服的,向继续行使其职权的行政机关的上一级行政机关申请行政复议。

(3) 有具体的复议请求和事实根据。

(4) 属于申请复议范围。

(5) 属于受理复议机关管辖。

(6) 法律、法规规定的其他条件。

《行政复议法》第九条规定,公民、法人或者其他组织认为具体行政行为侵犯其合法权益的,可以自知道该具体行政行为之日起六十日内提出行政复议申请;但是法律规定的申请期限超过六十日的除外。因不可抗力或者其他正当理由耽误法定申请期限的,申请期限自障碍消除之日起继续计算。

《行政复议法》第十六条规定,公民、法人或者其他组织申请行政复议,行政复议机关已经依法受理的,或者法律、法规规定应当先向行政复议机关申请行政复议、对行政复议决定不服再向人民法院提起行政诉讼的,在法定行政复议期限内不得向人民法院提起行政诉讼。公民、法人或者其他组织向人民法院提起行政诉讼,人民法院已经依法受理的,不得申请行政复议。

4. 行政复议的受理

申请人提出复议申请后,行政复议机关对复议申请进行审查。审查的内容主要有以下四项:

(1) 申请是否符合法律、法规规定的条件。

(2) 申请是否属于重复申请。

(3) 案件是否已由人民法院受理。

(4) 申请手续是否完备。

复议机关对复议申请进行审查后,应当在收到申请书之日起 5 日内,对复议申请分别作以下处理:

(1) 复议申请符合法定条件的,应予受理。

(2) 复议申请符合其他法定条件,但不属于本行政机关受理的,应告知申请人向有关行政机关提出。

(3) 复议申请不符合法定条件的,决定不予受理,并告知理由和相应的处理方式,而不能简单地一退了之。

行政复议期间具体行政行为不停止执行。但是,有下列情形之一的,可以停止执行:

(1) 被申请人认为需要停止执行的;

(2) 行政复议机关认为需要停止执行的;

(3) 申请人申请停止执行,行政复议机关认为其要求合理,决定停止执行的;

（4）法律规定停止执行的。

5. 行政复议的决定

行政复议原则上采取书面审查的办法，但申请人提出要求或者行政复议机关负责法制工作的机构认为有必要时，可以向有关组织和人员调查情况，听取申请人、被申请人和第三人的意见。行政复议决定做出前，申请人要求撤回行政复议申请的，经说明理由，可以撤回；撤回行政复议申请的，行政复议终止。

行政复议机关负责法制工作的机构应当对被申请人做出的具体行政行为进行审查，提出意见，经行政复议机关的负责人同意或者集体讨论通过后，按照下列规定做出行政复议决定：

（1）对于具体行政行为认定事实清楚、证据确凿、适用依据正确、程序合法、内容适当的，决定维持。

（2）对于被申请人不履行法定职责的，决定其在一定期限内履行。

（3）对于具体行政行为有下列情形之一的，决定撤销、变更或者确认该具体行政行为违法：主要事实不清、证据不足的；适用依据错误的；违反法定程序的；超越或者滥用职权的；具体行政行为明显不当的，对于决定撤销或者确认该具体行政行为违法的，可以责令被申请人在一定期限内重新做出具体行政行为。

（4）申请人在申请行政复议时可以一并提出行政赔偿请求，行政复议机关对符合国家赔偿法有关规定应当给予赔偿的，在决定撤销、变更具体行政行为或者确认具体行政行为违法时，应同时决定被申请人依法给予赔偿。

行政复议机关应当自受理申请之日起六十日内做出行政复议决定；但是法律规定的行政复议期限少于六十日的除外。情况复杂，不能在规定期限内做出行政复议决定的，经行政复议机关的负责人批准，可以适当延长，并告知申请人和被申请人；但是延长期限最多不超过三十日。

行政复议机关做出行政复议决定，应当制作行政复议决定书，并加盖印章。行政复议决定书一经送达，即发生法律效力。

9.3.2 行政诉讼

1. 行政诉讼的概念

行政诉讼，是指人民法院应当事人的请求，通过审查具体行政行为合法性的方式，解决特定范围内行政争议的活动，是公民、法人或其他组织依法请求法院对行政机关具体行政行为的合法性进行审查并依法裁判的法律制度。

2. 受案范围

（1）予以受理的行政案件

《行政诉讼法》第十一条规定，人民法院受理公民、法人和其他组织对下列具体行政行为不服提起的诉讼：

① 对拘留、罚款、吊销许可证和执照、责令停产停业、没收财物等行政处罚不服的；

② 对限制人身自由或者对财产的查封、扣押、冻结等行政强制措施不服的；

③ 认为行政机关侵犯法律规定的经营自主权的；

④ 认为符合法定条件申请行政机关颁发许可证和执照,行政机关拒绝颁发或者不予答复的;

⑤ 申请行政机关履行保护人身权、财产权的法定职责,行政机关拒绝履行或者不予答复的;

⑥ 认为行政机关没有依法发给抚恤金的;

⑦ 认为行政机关违法要求履行义务的;

⑧ 认为行政机关侵犯其他人身权、财产权的。除前款规定外,人民法院受理法律、法规规定可以提起诉讼的其他行政案件。

(2) 不予受理的行政案件

《行政诉讼法》第十二条规定,人民法院不受理公民、法人或者其他组织对下列事项提起的诉讼:

① 国防、外交等国家行为;

② 行政法规、规章或者行政机关制定、发布的具有普遍约束力的决定、命令;

③ 行政机关对行政机关工作人员的奖惩、任免等决定;

④ 法律规定由行政机关最终裁决的具体行政行为。

3. 行政诉讼的法院管辖

1) 级别管辖

级别管辖是指按照法院的组织系统来划分上下级人民法院之间受理第一审案件的分工和权限。《行政诉讼法》第十三条至第十六条对级别管辖作了明确具体的规定。

(1) 基层人民法院管辖第一审行政案件。

(2) 中级人民法院管辖下列第一审行政案件。

① 确认发明专利案件和海关处理案件;

② 对国务院各部门或者省、自治区、直辖市人民政府所做的具体行政行为提起诉讼的案件;

③ 本辖区内重大、复杂的案件。这里的"本辖区内重大、复杂的案件",根据《最高人民法院关于执行〈中华人民共和国行政诉讼法〉若干问题的解释》第八条的规定,有下列几种情形:

a. 被告为县级以上人民政府,基层人民法院不适宜审理的案件;

b. 社会影响重大的共同诉讼、集团诉讼案件;

c. 重大涉外或者涉及香港特别行政区、澳门特别行政区、台湾地区的案件;

d. 其他重大、复杂案件。

(3) 高级人民法院管辖本辖区内重大、复杂的第一审行政案件。

(4) 最高人民法院管辖中国范围内重大、复杂的第一审行政案件。

2) 地域管辖

地域管辖又称区域管辖,是指同级法院之间在各自辖区内受理第一审案件的分工和权限。

(1) 一般地域管辖

在行政诉讼中按照最初做出具体行政行为的行政机关所在地划分案件管辖称作一般地域管辖,有时也称普遍地域管辖。《行政诉讼法》第 17 条规定:"行政案件由最初做出具体行政行为的行政机关所在地人民法院管辖,经复议的案件,复议机关改变原具体行政行为的,也可以由复议机关所在地人民法院管辖。"

（2）特殊地域管辖

行政诉讼的特殊地域管辖，是指法律针对特别案件所列举规定的特别管辖。《行政诉讼法》规定了两种具体情形：

①《行政诉讼法》第18条规定：对限制人身自由的行政强制措施不服提起的诉讼，由被告所在地或者原告所在地人民法院管辖。

② 因不动产提起的诉讼，由不动产所在地人民法院管辖。

（3）共同地域管辖

共同地域管辖是指两个以上人民法院对同一案件都有管辖权的情况下，原告可以选择其中一个法院起诉。共同地域管辖是由一般地域管辖和特殊地域管辖派生的一种补充管辖方式。

4. 行政诉讼程序

1）第一审程序

（1）起诉

《行政诉讼法》第三十八条规定，公民、法人或者其他组织向行政机关申请复议的，复议机关应当在收到申请书之日起两个月内做出决定，法律、法规另有规定的除外。申请人不服复议决定的，可以在收到复议决定书之日起十五日内向人民法院提起诉讼，复议机关逾期不作决定的，申请人可以在复议期满之日起十五日内向人民法院提起诉讼。法律另有规定的除外。

提起诉讼应当符合下列条件：

① 原告是认为具体行政行为侵犯其合法权益的公民、法人或者其他组织；

② 有明确的被告；

③ 有具体的诉讼请求和事实根据；

④ 属于人民法院受案范围和受诉人民法院管辖。

（2）受理

《行政诉讼法》第四十二条规定，人民法院接到起诉状，经审查，应当在七日内立案或者做出裁定不予受理。原告对裁定不服的，可以提起上诉。

（3）审理

人民法院应当在立案之日起五日内，将起诉状副本发送被告。被告应当在收到起诉状副本之日起十日内向人民法院提交做出具体行政行为的有关材料，并提出答辩状。人民法院应当在收到答辩状之日起五日内，将答辩状副本发送原告。被告不提出答辩状的，不影响人民法院审理。

人民法院公开审理行政案件，但涉及国家秘密、个人隐私和法律另有规定的除外。民法院审理行政案件，由审判员组成合议庭，或者由审判员、陪审员组成合议庭。合议庭的成员，应当是三人以上的单数。

诉讼期间，不停止具体行政行为的执行。但有下列情形之一的，停止具体行政行为的执行：

① 被告认为需要停止执行的；

② 原告申请停止执行，人民法院认为该具体行政行为的执行会造成难以弥补的损失，并

且停止执行不损害社会公共利益,裁定停止执行的;

③ 法律、法规规定停止执行的。

（4）判决

经人民法院两次合法传唤,原告无正当理由拒不到庭的,视为申请撤诉;被告无正当理由拒不到庭的,可以缺席判决。

《行政诉讼法》第五十四条规定,人民法院经过审理,根据不同情况,分别做出以下判决:

① 具体行政行为证据确凿,适用法律、法规正确,符合法定程序的,判决维持。

② 具体行政行为有下列情形之一的,判决撤销或者部分撤销,并可以判决被告重新做出具体行政行为:

a. 主要证据不足的;

b. 适用法律、法规错误的;

c. 违反法定程序的;

d. 超越职权的;

e. 滥用职权的。

③ 被告不履行或者拖延履行法定职责的,判决其在一定期限内履行。

④ 行政处罚显失公正的,可以判决变更。

2）第二审程序

（1）上诉期限

《行政诉讼法》第五十八条规定,当事人不服人民法院第一审判决的,有权在判决书送达之日起十五日内向上一级人民法院提起上诉。当事人不服人民法院第一审裁定的,有权在裁定书送达之日起十日内向上一级人民法院提起上诉。逾期不提起上诉的,人民法院的第一审判决或者裁定发生法律效力。

（2）审理方式

《行政诉讼法》第五十九条规定,人民法院对上诉案件,认为事实清楚的,可以实行书面审理。

（3）审理期限

《行政诉讼法》第六十条规定,人民法院审理上诉案件,应当在收到上诉状之日起两个月内做出终审判决。有特殊情况需要延长的,由高级人民法院批准,高级人民法院审理上诉案件需要延长的,由最高人民法院批准。

（4）人民法院对上诉案件的处理

《行政诉讼法》第六十一条规定,人民法院审理上诉案件,按照下列情形,分别处理:

① 原判决认定事实清楚,适用法律、法规正确的,判决驳回上诉,维持原判;

② 原判决认定事实清楚,但适用法律、法规错误的,依法改判;

③ 原判决认定事实不清,证据不足,或者由于违反法定程序可能影响案件正确判决的、裁定撤销原判,发回原审人民法院重审,也可以查清事实后改判。当事人对重审案件的判决、裁定,可以上诉。

3）执行

当事人必须履行人民法院发生法律效力的判决、裁定。公民、法人或者其他组织拒绝履行判决、裁定的,行政机关可以向第一审人民法院申请强制执行,或者依法强制执行。

行政机关拒绝履行判决、裁定的,第一审人民法院可以采取以下措施:

（1）对应当归还的罚款或者应当给付的赔偿金,通知银行从该行政机关的账户内划拨;

（2）在规定期限内不执行的,从期满之日起,对该行政机关按日处50元至100元的罚款;

（3）向该行政机关的上一级行政机关或者监察、人事机关提出司法建议,接受司法建议的机关,根据有关规定进行处理,并将处理情况告知人民法院;

（4）拒不执行判决、裁定,情节严重构成犯罪的,依法追究主管人员和直接责任人员的刑事责任。

二维码内含精彩案例及解析,快来扫一扫吧!

案例 9-3

二维码内含本章习题及答案,快来扫一扫吧!

习题 9

模块 10   建设工程相关的其他法律制度

 学习目标

了解劳动法规、消防法规，熟悉建设用地管理法规、工程建设标准化法规，掌握城乡规划法规、国有土地上房屋征收与补偿法规。

10.1   建设用地管理法规

 工程应用

知识点	项目应用阶段	典型工作事件	主要涉及的岗位	要求
建设用地的概念	项目前期决策	建设用地的选址、建设用地的规划	建设方项目主管	熟悉
征用土地程序	项目前期决策	建设征地的程序	建设方项目主管、报建员	熟悉
国有土地使用权的划拨	项目前期决策	土地使用权的取得	建设方项目主管、报建员	熟悉
土地使用权的出让	项目前期决策		建设方项目主管	了解
国家建设用地使用权的收回	项目前期决策	土地使用权的的收回	建设方项目主管	了解
违反《土地管理法》应承担的法律责任	项目前期决策	违反《土地管理法》的处罚	建设方项目主管	了解

 学习内容

10.1.1   建设用地的概念

《土地管理法》第 4 条规定，建设用地是指建造建筑物、构筑物的土地，包括城乡住宅和公共设施用地、工矿用地、交通水利设施用地、旅游用地、军事设施用地等。建设用地按其使用土地性质的不同，可分为农业建设用地和非农业建设用地；按其土地权属、建设内容不同，又分为国家建设用地、乡(镇)建设用地、外商投资企业用地和其他建设用地；按其工程投资和用地规

模不同,还分为大型建设项目用地、中型建设项目用地和小型建设项目用地。

10.1.2　征用土地程序

1. 拟定征用土地方案

征用土地方案由拟征用土地所在地县、市人民政府或其土地行政主管部门拟定。其中,征用城镇土地利用总体规划确定的城市建设用地区内统一规划、统一开发的土地由县、市人民政府根据土地利用计划和对建设用地的需求情况拟定,城市建设用地区外能源、交通、水利、军事设施等按建设项目实施征地的由县、市人民政府土地行政主管部门根据建设单位或建设主管部门的建设用地申请拟定。

征用土地方案包括征用土地的目的及用途,征用土地的范围、地类、面积、地上附着物的种类及数量,征用土地及地上附着物和青苗的补偿,劳动力安置途径,原土地的所有权人及使用权人情况等。

2. 审查报批

征用土地方案拟定后,由县、市人民政府按照《土地管理法》规定的批准权限,经土地行政主管部门审查后,报人民政府批准。其中,征用农用地和农用地转用批准权属于国务院的,国务院批准农用地转用时批准征用土地,农用地转用和征用批准权属于省级人民政府的,省级人民政府同时批准农用地转用和征用土地;农用地转用批准权属于省级人民政府,而征用土地审批权属于国务院的,先办理农用地转用审批,后报国务院批准征用土地。

3. 征用土地方案公告

征用土地依法定程序批准后,由县级以上人民政府在当地予以公告。被征用土地的所有权人和使用权人应当在公告规定期限内,持土地权属证书到当地人民政府土地行政主管部门办理征地补偿登记。

4. 制定征地补偿、安置方案

县、市人民政府土地行政主管部门根据批准的征用土地方案对土地所有权人、使用权人及地上附着物等进行进一步核实,制定征地补偿、人员安置及地上附着物拆迁等具体的方案。

5. 公告征地补偿安置方案并组织实施

征用土地的补偿和人员安置方案确定后,有关地方人民政府应当予以公告,并听取被征地的农村集体经济组织和农民的意见,对征地补偿和人员安置方案进行修改和补充,并向被征地单位和农民支付有关费用,落实人员安置及地上附着物拆迁方案。

6. 清理土地和实施征用土地

征用土地补偿和人员安置方案实施后,县、市人民政府土地行政主管部门组织有关单位对被征用的土地进行清理,并组织实施征用土地和供地。

10.1.3　国有土地使用权的划拨

国有建设用地包括属国家所有的建设用地和国家征用的原属于农民集体所有的土地。经批准建设项目需要使用国有建设用地的建设单位应持法律、行政法规规定的有关文件,向有批准权的县级以上人民政府的土地行政主管部门提出建设用地申请,经土地行政主管部门审查,报本级人民政府批准。

国家从社会公共利益出发,进行经济、文化、国防建设以及兴办社会公共事业时,经县级以上人民政府的批准,建设单位可通过划拨的方式取得国有建设用地的使用权。《土地管理法》第 54 条规定,下列建设用地,经县级以上人民政府依法批准,可以以划拨方式取得:

① 国家机关用地和军事用地;

② 城市基础设施用地和公益事业用地;

③ 国家重点扶持的能源、交通、水利等基础设施用地;

④ 法律、行政法规规定的其他用地。

10.1.4　土地使用权的出让

土地使用权出让是指国家以土地所有者的身份将土地使用权在一定年限内让与土地使用者,并由土地使用者向国家支付土地使用权出让金的行为。土地使用权出让应当签订出让合同。土地使用权的出让由市、县人民政府负责,有计划、有步骤地进行。

土地使用权出让的地块、用途、年限和其他条件,由市、县人民政府土地管理部门会同城市规划和建设管理部门、房产管理部门共同拟订方案,按照国务院规定的批准权限报经批准后,由土地管理部门实施。

土地使用权出让合同应当按照平等、自愿、有偿的原则,由市、县人民政府土地管理部门(以下简称出让方)与土地使用者签订。

《城镇国有土地使用权出让和转让暂行条例》第 12 条规定,土地使用权出让最高年限按下列用途确定:

① 居住用地 70 年;

② 工业用地 50 年;

③ 教育、科技、文化、卫生、体育用地 50 年;

④ 商业、旅游、娱乐用地 40 年;

⑤ 综合或者其他用地 50 年。

10.1.5　国家建设用地使用权的收回

根据《土地管理法》第 58 条的规定,有下列情形之一的,由有关人民政府土地行政主管部门报经原批准用地的人民政府或者有批准权的人民政府批准,可以收回国有土地使用权:

① 为公共利益需要使用土地的;

② 为实施城市规划进行旧城区改建,需要调整使用土地的;

③ 土地出让等有偿使用合同约定的使用期限届满,土地使用者未申请续期或者申请续期未获批准的;

④ 因单位撤销、迁移等原因,停止使用原划拨的国有土地的;

⑤ 公路、铁路、机场、矿场等经核准报废的。

依照前款第①、②项的规定收回国有土地使用权的,对土地使用权人应当给予适当补偿。

10.1.6　违反《土地管理法》应承担的法律责任

买卖或者以其他形式非法转让土地的,由县级以上人民政府土地行政主管部门没收违法所得;对违反土地利用总体规划擅自将农用地改为建设用地的,限期拆除在非法转让的土地上新建的建筑物和其他设施,恢复土地原状,对符合土地利用总体规划的,没收在非法转让的土地上新建的建筑物和其他设施;可以并处罚款;对直接负责的主管人员和其他直接责任人员,依法给予行政处分;构成犯罪的,依法追究刑事责任。

违反本法规定,占用耕地建窑、建坟或者擅自在耕地上建房、挖砂、采石、采矿、取土等,破坏种植条件的,或者因开发土地造成土地荒漠化、盐渍化的,由县级以上人民政府土地行政主管部门责令限期改正或者治理,可以并处罚款;构成犯罪的,依法追究刑事责任。

违反本法规定,拒不履行土地复垦义务的,由县级以上人民政府土地行政主管部门责令限期改正;逾期不改正的,责令缴纳复垦费,专项用于土地复垦,可以处以罚款。

未经批准或者采取欺骗手段骗取批准,非法占用土地的,由县级以上人民政府土地行政主管部门责令退还非法占用的土地,对违反土地利用总体规划擅自将农用地改为建设用地的,限期拆除在非法占用的土地上新建的建筑物和其他设施,恢复土地原状,对符合土地利用总体规划的,没收在非法占用的土地上新建的建筑物和其他设施,可以并处罚款;对非法占用土地单位的直接负责的主管人员和其他直接责任人员依法给予行政处分;构成犯罪的,依法追究刑事责任。超过批准的数量占用土地,多占的土地以非法占用土地论处。

农村村民未经批准或者采取欺骗手段骗取批准,非法占用土地建住宅的,由县级以上人民政府土地行政主管部门责令退还非法占用的土地,限期拆除在非法占用的土地上新建的房屋。超过省、自治区、直辖市规定的标准,多占的土地以非法占用土地论处。

无权批准征收、使用土地的单位或者个人非法批准占用土地的,超越批准权限非法批准占用土地的,不按照土地利用总体规划确定的用途批准用地的,或者违反法律规定的程序批准占用、征收土地的,其批准文件无效,对非法批准征收、使用土地的直接负责的主管人员和其他直接责任人员依法给予行政处分;构成犯罪的,依法追究刑事责任。非法批准、使用的土地应当收回,有关当事人拒不归还的,以非法占用土地论处。非法批准征收、使用土地,对当事人造成损失的,依法应当承担赔偿责任。

侵占、挪用被征收土地单位的征地补偿费用和其他有关费用,构成犯罪的,依法追究刑事责任;尚不构成犯罪的,依法给予行政处分。

依法收回国有土地使用权当事人拒不交出土地的,临时使用土地期满拒不归还的,或者不按照批准的用途使用国有土地的,由县级以上人民政府土地行政主管部门责令交还土地,处以罚款。

擅自将农民集体所有的土地的使用权出让、转让或者出租用于非农业建设的,由县级以上人民政府土地行政主管部门责令限期改正,没收违法所得,并处罚款。

不依照本法规定办理土地变更登记的,由县级以上人民政府土地行政主管部门责令其限期办理。

依照《土地管理法》规定,责令限期拆除在非法占用的土地上新建的建筑物和其他设施的,建设单位或者个人必须立即停止施工,自行拆除;对继续施工的,做出处罚决定的机关有权制止。建设单位或者个人对责令限期拆除的行政处罚决定不服的,可以在接到责令限期拆除决定之日起十五日内,向人民法院起诉;期满不起诉又不自行拆除的,由做出处罚决定的机关依法申请人民法院强制执行,费用由违法者承担。

土地行政主管部门的工作人员玩忽职守、滥用职权、徇私舞弊,构成犯罪的,依法追究刑事责任;尚不构成犯罪的,依法给予行政处分。

二维码内含精彩案例及解析，
快来扫一扫吧！

案例 10-1

10.2　城乡规划法规

工程应用

知识点	项目应用阶段	典型工作事件	主要涉及的岗位	要求
城乡规划的概念	项目选址、建筑设计	建设项目选址确定	建设方项目主管、设计方项目负责人	了解
城乡规划的制定	项目选址、建筑设计	建设项目选址确定	建设方项目主管、设计方项目负责人	了解
城乡规划的实施	项目选址、建筑设计	建设项目平面定位	建设方项目主管、设计方项目负责人	熟悉
违反《城乡规划法》所应承担的法律责任	项目选址、建筑设计	对未取得规划许可证的处罚等	建设方项目主管	了解

学习内容

10.2.1　城乡规划的概念

城乡规划是指为了实现一定时期内城市、村庄和集镇的经济和社会发展目标，确定城市、村庄和集镇的性质、规模和发展方向，合理利用城乡土地，协调城乡空间布局和各项建设的综合部署和具体安排。《城乡规划法》所称的城乡规划包括城镇体系规划、城市规划、镇规划、乡规划和村庄规划。城市规划、镇规划分为总体规划和详细规划。详细规划分为控制性详细规划和修建性详细规划。城市、镇规划区内的建设活动应当符合规划要求。

10.2.2　城乡规划的制定

1. 城乡规划的内容

《城乡规划法》对城乡规划的主要规划内容作了明确的规定。

（1）省域城镇体系规划。应当包括城镇空间布局和规模控制，重大基础设施的布局，为保护生态环境、资源等需要严格控制的区域等。

（2）城市、镇总体规划。应当包括城市、镇的发展布局，功能分区，用地布局，综合交通体系,禁止、限制和适宜建设的地域范围,各类专项规划等。其中,规划区范围、规划区内建设用地规模、基础设施和公共服务设施用地、水源地和水系,基本农田和绿化用地、环境保护、自然与历史文化遗产保护以及防灾减灾等内容,属于强制性内容。城市总体规划还应对城市更长远的发展做出预测性安排。

（3）乡规划和村庄规划。应当包括规划区范围,住宅、道路、供水、排水、供电、垃圾收集、畜禽养殖场所等农村生产、生活服务设施、公益事业等各项建设的用地布局、建设要求,以及对耕地等自然资源和历史文化遗产保护、防灾减灾等的具体安排。乡规划还应当包括本行政区域内的村庄发展布局。

2. 城乡规划编制和审批程序

《城乡规划法》对城乡规划的编制和审批程序作了明确的规定。

（1）全国城镇体系规划。由国务院城乡规划主管部门会同国务院有关部门组织编制,并由国务院城乡规划主管部门报国务院审批。

（2）省域城镇体系规划。由省、自治区人民政府组织编制,经本级人民代表大会常务委员会审议后附审议意见及修改情况一并报送国务院审批。

（3）直辖市城市总体规划。由直辖市人民政府组织编制,经本级人民大会常务委员会审议后附审议意见及修改情况一并报送国务院审批。

（4）城市总体规划。省、自治区人民政府所在地的城市以及国务院确定的城市的总体规划,由城市人民政府组织编制,经本级人民代表大会常务委员会审议后附审议意见及修改的情况,并由省、自治区人民政府审查同意后,报送国务院审批。其他城市的总体规划,由城市人民政府组织编制,经本级人民代表大会常务委员会审议后附审议意见及修改情况一并报送省、自治区人民政府审批。

（5）镇总体规划。县人民政府所在地镇的总体规划由县人民政府组织编制,经本级人民代表大会常务委员会审议后附审议意见及修改情况一并报送上一级人民政府审批。其他镇的总体规划由镇人民政府组织编制,经镇人民代表大会审议后附审议意见及修改情况一并报送上一级人民政府审批。

（6）乡规划、村庄规划。由乡、镇人民政府组织编制,报上一级人民政府审批。村庄规划应经村民会议或者村民代表会议同意后报上一级人民政府审批。

（7）城市控制性详细规划。由城市人民政府城乡规划主管部门组织编制,经本级人民政府批准后,报本级人民代表大会常务委员会和上一级人民政府备案。

（8）镇的控制性详细规划。县人民政府所在地镇的控制性详细规划由县人民政府城乡规划主管部门组织编制,经县人民政府批准后,报本级人民代表大会常务委员会和上一级人民政府备案。其他镇的控制性详细规划由镇人民政府组织编制,报上一级人民政府审批。

（9）修建性详细规划。城市、镇重要地块的修建性详细规划,由城市、县人民政府城乡规划主管部门和镇人民政府组织编制。

3. 科学、民主制定规划的要求

《城乡规划法》为依法科学、民主地制定城乡规划做出了明确的规定。

（1）城乡规划组织编制机关应当委托具有相应资质等级的单位承担城乡规划的具体编制工作。编制城乡规划应当遵守有关法律、行政法规和国务院的规定,必须遵守国家有关标准。

（2）编制城乡规划，应当具备国家规定的勘察、测绘、气象、地震、水文、环境等基础资料。国家鼓励采用先进的科学技术，增强城乡规划的科学性。

（3）城乡规划报送审批前，应当依法将规划草案予以公告，并采取论证会、听证会或者其他方式征求专家和公众的意见。省域城镇体系规划、城市总体规划、镇总体规划批准前，应当组织专家和有关部门进行审查。

10.2.3　城乡规划的实施

1. 城乡规划实施的原则

《城乡规划法》对城乡的建设和发展过程中城乡规划实施应遵循原则。

（1）地方各级人民政府组织实施城乡规划时应遵循的原则

应当根据当地经济社会发展水平，量力而行，尊重群众意愿，有计划、分步骤地组织实施城乡规划。

（2）在城市建设和发展过程中实施规划时应遵循的原则

应当优先安排基础设施以及公共服务设施的建设，妥善处理新区开发与旧区改建的关系，统筹兼顾进城务工人员生活和周边农村经济社会发展、村民生产与生活的需要。城市新区的开发和建设应当合理确定建设规模和时序，充分利用现有市政基础设施和公共服务设施，严格保护自然资源和生态环境，体现地方特色。旧城区的改建应当保护历史文化遗产和传统风俗，合理确定拆迁和建设规模，有计划地对危房集中、基础设施落后等地段进行改建。城市地下空间的开发利用应当与经济和技术发展水平相适应，遵循统筹安排、综合开发、合理利用的原则，充分考虑防灾减灾、人民防空和通讯等需要，并符合城市规划，履行规划审批手续。

（3）在镇的建设和发展过程中实施规划时应遵循的原则

应当结合农村经济社会发展和产业结构调整，优先安排供水、排水、供电、供气、道路、通信、广播电视等基础设施和学校、卫生院、文化站、幼儿园、福利院等公共服务设施的建设，为周边农村提供服务。

（4）在乡、村庄的建设和发展过程中实施规划应遵循的原则

应当因地制宜、节约用地，发挥村民自治组织的作用，引导村民合理进行建设，改善农村生产、生活条件。

（5）城乡规划确定的用地在规划实施过程中禁止擅自改变用途的原则

这些用地是指城乡规划确定的铁路、公路、港口、机场、道路、绿地、输配电设施及输电线路走廊、通信设施、广播电视设施、管道设施、河道、水库、水源地、自然保护区、防洪通道、消防通道、核电站、垃圾填埋场及焚烧场、污水处理厂和公共服务设施的用地以及其他需要依法律保护的用地。

2. 一书两证制度

一书两证制度是对我国城乡规划实施管理的基本制度的通称，即城乡规划行政主管部门通过核发建设项目选址意见书、建设用地规划许可证和建设工程规划许可证，根据依法审批的城乡规划和有关法律规范，对各项建设用地和各类建设工程进行组织、控制、引导和协调，使其纳入城乡规划的轨道。

　　(1) 建设项目选址意见书

　　建设项目选址意见书是城市规划行政主管部门审核建设项目选址的法定凭证,是土地部门提供土地,计划部门项目立项的依据,设计任务书(可行性研究报告)报请批准时,必须附有城市规划行政主管部核发的选址意见书。

　　选址意见书的内容一般包括项目的基本情况和对项目的选址意见。项目的基本情况主要是建设项目名称、性质,用地与建设规划,供水与能源的需求量,采取的运输方式与运输量,以及废水、废气、废渣的排放方式和排放量。建设项目选址意见包括建设项目与城市规划布局是否协调,项目与城市交通、通信、能源、市政、防灾规划是否衔接与协调,项目配套的生活设施与城市生活居住及公共设施规划是否衔接与协调,项目对于城市环境可能造成的污染影响,与城市环境保护规划和风景名胜、文物古迹保护规划是否协调等。

　　(2) 建设用地规划许可证

　　建设用地规划许可证是建设单位在向土地管理部门申请征用、划拨土地前,经城市规划行政主管部门确认建设项目位置、面积和范围符合城市规划的法定凭证,是建设单位用地的法律凭证。没有此证的用地单位属非法用地,房地产商的售房行为也属非法,不能领取房地产权属证件。按照有关规定,房地产商即使取得建设用地的批准文件,但如未取得《建设用地规划许可证》而占用土地的,其建设用地批准文件无效。

　　《城乡规划法》规定,在城市、镇规划区内以划拨方式提供国有土地使用权的建设项目,经有关部门批准、核准、备案后,建设单位应当向城市、县人民政府城乡规划主管部门提出建设用地规划许可申请,由城市、县人民政府城乡规划主管部门核发建设用地规划许可证。建设单位在取得建设用地规划许可证后,方可向县级以上地方人民政府土地主管部门申请用地,经县级以上人民政府审批后,由土地主管部门划拨土地。

　　(3) 建设工程规划许可证

　　① 建设工程规划许可证的概念

　　建设工程规划许可证是城市、县人民政府城乡规划主管部门或者省、自治区、直辖市人民政府确定的镇人民政府向建设单位核发的,用以证明其有关建设工程符合规划要求的法律凭证。没有此证的建设单位,其工程建筑是违章建筑,不能领取房地产权属证件。《城乡规划法》规定,城市、镇规划区内进行建筑物、构筑物、道路、管线和其他工程建设的,建设单位或者个人应当向城市、县人民政府城乡规划主管部门或者省、自治区、直辖市人民政府确定的镇人民政府申请办理建设工程规划许可证。

　　② 建设工程规划许可证的申办

　　申请办理建设工程规划许可证应当提交使用土地的有关证明文件、建设工程设计方案等材料。需要建设单位编制修建性详细规划的建设项目还应当提交修建性详细规划。对符合控制性详细规划和规划条件的,由城市、县人民政府城乡规划主管部门或者省、自治区、直辖市人民政府确定的镇人民政府核发建设工程规划许可证。

　　城市、县人民政府城乡规划主管部门或者省、自治区、直辖市人民政府确定的镇人民政府应当依法将经审定的修建性详细规划、建设工程设计方案的总平面图予以公布。

　　县级以上地方人民政府城乡规划主管部门按照国务院规定对建设工程是否符合规划条件予以核实。未经核实或者经核实不符合规划条件的,建设单位不得组织竣工验收。

　　建设单位应当在竣工验收后6个月内向城乡规划主管部门报送有关竣工验收资料。

③ 乡村建设规划许可证

在乡、村庄规划区内进行乡镇企业、乡村公共设施和公益事业建设的,建设单位或者个人应当向乡、镇人民政府提出申请,由乡、镇人民政府报城市、县人民政府城乡规划主管部门核发乡村建设规划许可证。

在乡、村庄规划区内进行乡镇企业、乡村公共设施和公益事业建设以及农村村民住宅建设,不得占用农用地;确需占用农用地的,应当依照《中华人民共和国土地管理法》有关规定办理农用地转用审批手续后,由城市、县人民政府城乡规划主管部门核发乡村建设规划许可证。

建设单位或者个人在取得乡村建设规划许可证后,方可办理用地审批手续。

④ 临时建设的管理

在城市、镇规划区内进行临时建设的,应当经城市、县人民政府城乡规划主管部门批准。临时建设影响近期建设规划或者控制性详细规划的实施以及交通、市容、安全等的,不得批准。

临时建设应当在批准的使用期限内自行拆除。

10.2.4　违反《城乡规划法》所应承担的法律责任

《城乡规划法》明确规定了违反《城乡规划法》所应承担的法律责任。

对依法应当编制城乡规划而未组织编制,或者未按法定程序编制、审批、修改城乡规划的,由上级人民政府责令改正,通报批评;对有关人民政府负责人和其他直接责任人员依法给予处分。

城乡规划组织编制机关委托不具有相应资质等级的单位编制城乡规划的,由上级人民政府责令改正,通报批评;对有关人民政府负责人和其他直接责任人员依法给予处分。

镇人民政府或者县级以上人民政府城乡规划主管部门有下列行为之一的,由本级人民政府、上级人民政府城乡规划主管部门或者监察机关依据职权责令改正,通报批评(对直接负责的主管人员和其他直接责任人员依法给予处分):

① 未依法组织编制城市的控制性详细规划、县人民政府所在地镇的控制性详细规划的;

② 超越职权或者对不符合法定条件的申请人核发选址意见书、建设用地规划许可证、建设工程规划许可证、乡村建设规划许可证的;

③ 对符合法定条件的申请人未在法定期限内核发选址意见书、建设用地规划许可证、建设工程规划许可证、乡村建设规划许可证的;

④ 未依法对经审定的修建性详细规划、建设工程设计方案的总平面图予以公布的;

⑤ 同意修改修建性详细规划、建设工程设计方案的总平面图前未采取听证会等形式听取利害关系人的意见的;

⑥ 发现未依法取得规划许可或者违反规划许可的规定在规划区内进行建设的行为,而不予查处或者接到举报后不依法处理的。

县级以上人民政府有关部门有下列行为之一的,由本级人民政府或者上级人民政府有关部门责令改正,通报批评(对直接负责的主管人员和其他直接责任人员依法给予处分):

① 对未依法取得选址意见书的建设项目核发建设项目批准文件的;

② 未依法在国有土地使用权出让合同中确定规划条件或者改变国有土地使用权出让合同中依法确定的规划条件的;

③ 对未依法取得建设用地规划许可证的建设单位划拨国有土地使用权的。

城乡规划编制单位有下列行为之一的,由所在地城市、县人民政府城乡规划主管部门责令限期改正,处合同约定的规划编制费1倍以上2倍以下的罚款(情节严重的,责令停业整顿,由原发证机关降低资质等级或者吊销资质证书;造成损失的,依法承担赔偿责任):超越资质等级许可的范围承揽城乡规划编制工作的;违反国家有关标准编制城乡规划的。未依法取得资质证书承揽城乡规划编制工作的,由县级以上地方人民政府城乡规划主管部门责令停止违法行为,依照前款规定处以罚款;造成损失的,依法承担赔偿责任。以欺骗手段取得资质证书承揽城乡规划编制工作的,由原发证机关吊销资质证书;造成损失的,依法承担赔偿责任。

城乡规划编制单位取得资质证书后,不再符合相应的资质条件的,由原发证机关责令限期改正;逾期不改正的,降低资质等级或者吊销资质证书。

未取得建设工程规划许可证或者未按照建设工程规划许可证的规定进行建设的,由县级以上地方人民政府城乡规划主管部门责令停止建设;尚可采取改正措施消除对规划实施的影响的,限期改正,处建设工程造价5％以上10％以下的罚款;无法采取改正措施消除影响的,限期拆除,不能拆除的,没收实物或者违法收入,可以并处建设工程造价10％以下的罚款。

在乡、村庄规划区内未依法取得乡村建设规划许可证或者未按照乡村建设规划许可证的规定进行建设的,由乡、镇人民政府责令停止建设、限期改正;逾期不改正的,可以拆除。

建设单位或者个人有下列行为之一的,由所在地城市、县人民政府城乡规划主管部门责令限期拆除,可以并处临时建设工程造价一倍以下的罚款:未经批准进行临时建设的;未按照批准内容进行临时建设的;临时建筑物、构筑物超过批准期限不拆除的。

建设单位未在建设工程竣工验收后6个月内向城乡规划主管部门报送有关竣工验收资料的,由所在地城市、县人民政府城乡规划主管部门责令限期补报;逾期不补报的,处1万元以上5万元以下的罚款。

城乡规划主管部门做出责令停止建设或者限期拆除的决定后,当事人不停止建设或者逾期不拆除的,建设工程所在地县级以上地方人民政府可以责成有关部门采取查封施工现场、强制拆除等措施。

违反《城乡规划法》规定,构成犯罪的,依法追究刑事责任。

二维码内含精彩案例及解析,
快来扫一扫吧!

案例 10 - 2

10.3　国有土地上房屋征收与补偿法规

 **工程应用**

知识点	项目应用阶段	典型工作事件	主要涉及的岗位	要求
国有土地上房屋征收法规	项目选址	房屋征收的范围与规定	建设方项目主管	了解
国有土地上房屋补偿法规	项目选址	房屋补偿的范围与形式	建设方项目主管	了解
违反《国有土地上房屋征收与补偿条例》的法律责任	项目选址	对非法征收的处罚	建设方项目主管	了解

 **学习内容**

二维码内含精彩案例及解析，快来扫一扫吧！

案例 10－3

10.3.1　国有土地上房屋征收法规

1. 征收范围

根据《国有土地上房屋征收与补偿条例》第 8 条的规定,有下列情形之一,确需征收房屋的,由市、县级人民政府做出房屋征收决定:

① 国防和外交的需要;

② 由政府组织实施的能源、交通、水利等基础设施建设的需要;

③ 由政府组织实施的科技、教育、文化、卫生、体育、环境和资源保护、防灾减灾、文物保护、社会福利、市政公用等公共事业的需要;

④ 由政府组织实施的保障性安居工程建设的需要;

⑤ 由政府依照城乡规划法有关规定组织实施的对危房集中、基础设施落后等地段进行旧城区改建的需要;

⑥ 法律、行政法规规定的其他公共利益的需要。

2. 征收的其他规定

(1)确需征收房屋的各项建设活动,应当符合国民经济和社会发展规划、土地利用总体规划、城乡规划和专项规划。

（2）保障性安居工程建设、旧城区改建,应当纳入市、县级国民经济和社会发展年度计划。

（3）扩大公众参与程度,征收补偿方案要征求公众意见,因旧城区改建需要征收房屋,多数被征收人认为征收补偿方案不符合本条例规定的,还要组织听证会并修改方案,政府做出房屋征收决定前,应当进行社会稳定风险评估。

（4）做出房屋征收决定前,征收补偿费用应当足额到位、专户存储、专款专用。

10.3.2　国有土地上房屋补偿法规

1. 补偿的范围

根据《国有土地上房屋征收与补偿条例》第 17 条的规定,做出房屋征收决定的市、县级人民政府对被征收人给予的补偿包括:被征收房屋价值的补偿;因征收房屋造成的搬迁、临时安置的补偿;因征收房屋造成的停产停业损失的补偿。

2. 补偿的形式

被征收人可以选择货币补偿,也可以选择房屋产权调换。

货币补偿是指做出房屋征收决定的市、县级人民政府对被征收房屋,按其价值,以付给货币的方式对被征收人的经济损失进行补偿。

产权调换是指做出房屋征收决定的市、县级人民政府以其他的或再建的房屋与被征收人的被征收房屋相交换,使被征收人对做出房屋征收决定的市、县级人民政府提供的房屋拥有所有权。

被征收人选择房屋产权调换的,市、县级人民政府应当提供用于产权调换的房屋,并与被征收人计算、结清被征收房屋价值与用于产权调换房屋价值的差价。因旧城区改建征收个人住宅,被征收人选择在改建地段进行房屋产权调换的,做出房屋征收决定的市、县级人民政府应当提供改建地段或者就近地段的房屋。

选择房屋产权调换的,产权调换房屋交付前,房屋征收部门应当向被征收人支付临时安置费或者提供周转用房。

3. 补偿的其他规定

（1）做出房屋征收决定的市、县级人民政府对被征收人给予补偿后,被征收人应当在补偿协议约定或者补偿决定确定的搬迁期限内完成搬迁。

（2）房屋征收部门与被征收人在征收补偿方案确定的签约期限内达不成补偿协议,或者被征收房屋所有权人不明确的,由房屋征收部门报请做出房屋征收决定的市、县级人民政府依照本条例的规定,按照征收补偿方案做出补偿决定,并在房屋征收范围内予以公告。

（3）任何单位和个人不得采取暴力、威胁或者违反规定中断供水、供热、供气、供电和道路通行等非法方式迫使被征收人搬迁。

（4）禁止建设单位参与搬迁活动。

（5）被征收人对补偿决定不服的,可以依法申请行政复议,也可以依法提起行政诉讼。

10.3.3　违反《国有土地上房屋征收与补偿条例》的法律责任

市、县级人民政府及房屋征收部门的工作人员在房屋征收与补偿工作中不履行本条例规定的职责,或者滥用职权、玩忽职守、徇私舞弊的,由上级人民政府或者本级人民政府责令改正,通报批评;造成损失的,依法承担赔偿责任;对直接负责的主管人员和其他直接责任人员,依法给予处分;构成犯罪的,依法追究刑事责任。

采取暴力、威胁或者违反规定中断供水、供热、供气、供电和道路通行等非法方式迫使被征收人搬迁,造成损失的,依法承担赔偿责任;对直接负责的主管人员和其他直接责任人员,构成犯罪的依法追究刑事责任;尚不构成犯罪的,依法给予处分;构成违反治安管理行为的,依法给予治安管理处罚。

采取暴力、威胁等方法阻碍依法进行的房屋征收与补偿工作,构成犯罪的,依法追究刑事责任;构成违反治安管理行为的,依法给予治安管理处罚。

贪污、挪用、私分、截留、拖欠征收补偿费用的,责令改正,追回有关款项,限期退还违法所得,对有关责任单位通报批评、给予警告;造成损失的,依法承担赔偿责任;对直接负责的主管人员和其他直接责任人员,构成犯罪的,依法追究刑事责任;尚不构成犯罪的,依法给予处分。

房地产价格评估机构或者房地产估价师出具虚假或者有重大差错的评估报告的,由发证机关责令限期改正,给予警告,对房地产价格评估机构并处 5 万元以上 20 万元以下罚款,对房地产估价师并处 1 万元以上 3 万元以下罚款,并记入信用档案;情节严重的,吊销资质证书、注册证书;造成损失的,依法承担赔偿责任;构成犯罪的,依法追究刑事责任。

10.4　工程建设标准化法规

 工程应用

知识点	项目应用阶段	典型工作事件	主要涉及的岗位	要求
工程建设标准化的概念	施工准备	编制施工组织设计	项目技术负责人	了解
工程建设标准的级别	施工准备	编制施工组织设计	项目技术负责人	了解
工程建设标准的管理体制	施工准备	工程标准化实施检查	项目技术负责人、施工员、质量员、安全员等	熟悉
违反工程建设强制标准的法律责任	施工实施	工程标准化实施检查与处罚	项目技术负责人	熟悉

 学习内容

10.4.1　工程建设标准化的概念

1. 标准的概念

标准就是衡量各种事物和概念客观准则。不依规矩,不能成方圆,这是我国古代朴素的标准化概念。

标准的本质属性是一种统一规定。这种统一规定是作为有关各方共同遵守的准则和依据。根据中华人民共和国标准化法规定，我国标准分为强制性标准和推荐性标准两类。保障人体健康，人身、财产安全的标准和法律、行政法规规定强制执行的标准是强制性标准，其他标准是推荐性标准。强制性标准必须严格执行，做到全国统一。推荐性标准，国家鼓励企业自愿采用。

《中华人民共和国标准化法》第 2 条规定，对下列需要统一的技术要求，应当制定标准：

① 工业产品的品种、规格、质量、等级或者安全、卫生要求；

② 工业产品的设计、生产、检验、包装、储存、运输、使用的方法或者生产、储存、运输过程中的安全、卫生要求；

③ 有关环境保护的各项技术要求和检验方法；

④ 建设工程的设计、施工方法和安全要求；

⑤ 有关工业生产、工程建设和环境保护的技术术语、符号、代号和制图方法。

重要农产品和其他需要制定标准的项目，由国务院规定。

2. 工程建设标准的概念

工程建设标准指在工程建设范围内，对建设活动或其结果规定共同的和重复使用的规则、导则或特性的文件。工程建设标准包括标准、规范、规程。规范、规程是标准的形式之一，如建筑规范。工程建设标准的内容一般指：

① 工程建设勘察、设计、施工及验收等的质量要求和方法；

② 与工程建设有关安全、卫生、环境保护的技术要求；

③ 工程建设的术语、符号、代号、量与单位、建筑模数和制图方法；

④ 工程建设的试验、检验和评定方法；

⑤ 工程建设的信息技术要求。

按照这 5 个方面技术要求制定的标准，我们习惯简称为"质量标准，安全、卫生、环境保护标准，基础标准，试验、质量评定方法标准和信息技术标准"。

3. 工程建设标准化的概念

标准化这一术语是随着现代化生产的发展和社会的进步而逐渐形成的。在我国，这一术语的广泛应用还只是在 20 世纪 70 年代末开始的。

1996 年我国颁发的国家标准（GB 3935.1—96）中规定的定义是：为在一定范围内获得最佳秩序，对实际的或潜在的问题制定共同的和重复使用的规则的活动（上述活动主要包括制定发布及实施标准的过程）。标准化工作的任务是制定标准、组织实施标准和对标准的实施进行监督。

10.4.2　工程建设标准的级别

依据《中华人民共和国标准化法》的规定，我国的标准分为 4 级，即国家标准、行业标准、地方标准和企业标准。各层次之间有一定的依从关系和内在联系，形成一个覆盖全国又层次分明的标准体系。

1. 国家标准

国家标准是对需要在全国范围内统一的技术要求，应当制定国家标准。国家标准由国务院标准化行政主管部门制定，并统一审批、编号、发布。国家标准的代号为"GB"。

2. 行业标准

行业标准是对没有国家标准又需要在全国某个行业范围内统一的技术要求,可以制定行业标准。行业标准由国务院有关行政主管部门制定,并报国务院标准化行政主管部门备案,在公布国家标准之后,该项行业标准即行废止。

3. 地方标准

地方标准是对没有国家标准和行业标准而又需要在省、自治区、直辖市范围内统一的下列要求,可以制定地方标准。地方标准由省、自治区、直辖市标准化行政主管部门制定,并报国务院标准化行政主管部门和国务院有关行政主管部门备案,在公布国家标准或者行业标准之后,该项地方标准即行废止。

4. 企业标准

企业标准是对企业范围内需要协调、统一的技术要求,管理要求和工作要求所制定的标准。企业的产品标准须报当地政府标准化行政主管部门和有关行政主管部门备案。已有国家标准或者行业标准的,国家鼓励企业制定严于国家标准或者行业标准的企业标准,在企业内部适用。

10.4.3　工程建设标准的管理体制

国务院标准化行政主管部门统一管理全国标准化工作。国务院有关行政主管部门分工管理本部门、本行业的标准化工作。省、自治区、直辖市标准化行政主管部门统一管理本行政区域的标准化工作。省、自治区、直辖市政府有关行政主管部门分工管理本行政区域内本部门、本行业的标准化工作。市、县标准化行政主管部门和有关行政主管部门,按照省、自治区、直辖市政府规定的各自的职责,管理本行政区域内的标准化工作。

工程建设标准化由国务院建设行政主管部门分工负责;住房与城乡建设部履行全国工程建设标准化工作的综合管理职能。国务院各有关部门履行本行业工程建设标准化工作的管理职能。各地建设行政主管部门履行本行政区域工程建设标准化工作的管理职能。本行业和本行政区域内也实行统分结合的管理体制。工程建设标准化管理机构如下图所示:

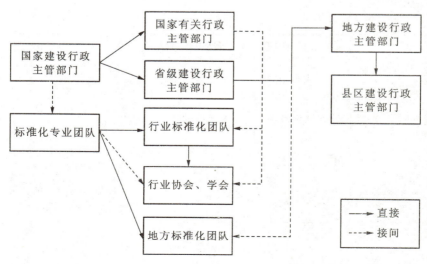

10.4.4　违反工程建设强制标准的法律责任

建设单位有下列行为之一的，责令改正，并处以 20 万元以上 50 万元以下的罚款：

① 明示或者暗示施工单位使用不合格的建筑材料、建筑构配件和设备的；

② 明示或者暗示设计单位或者施工单位违反工程建设强制性标准，降低工程质量的。

勘察设计单位违反工程建设强制性标准进行勘察、设计的，责令改正，并处于 10 万元以上 30 万元以下的罚款。有前款行为，造成工程质量事故的，责令停业整顿，降低资质等级；情节严重的，吊销资质证书；造成损失的，依法承担赔偿责任。

施工单位违反工程建设强制性标准的，责令改正，处工程合同价款 2％以上 4％以下的罚款；造成建设工程质量不符合规定的质量标准的，负责返工、修理并赔偿因此造成的损失；情节严重的，责令停业整顿，降低资质等级或者吊销资质证书。

工程监理单位违反强制性标准规定，将不合格的建设工程以及建筑材料、建筑构配件和设备按照合格签字的，责令改正，处以 50 万元以上 100 万元以下的罚款，降低资质等级或者吊销资质证书；有违法所得的，予以没收；造成损失的，承担连带责任。

二维码内含精彩案例及解析，快来扫一扫吧！

案例 10 - 4

10.5　劳动法

 工程应用

知识点	项目应用阶段	典型工作事件	主要涉及的岗位	要求
《劳动法》立法的宗旨和适用的范围	项目人员招聘	劳动合同签订	企业人事部门主管与干事、普通劳动者	了解
劳动合同	项目人员招聘	劳动合同签订	企业人事部门主管与干事、普通劳动者	熟悉
劳动安全卫生	项目实施	劳动合同签订、劳动安全卫生条件	企业人事部门主管与干事、普通劳动者	熟悉
女职工和未成年工特殊保护	项目实施	对女职工和未成年工的保护	企业人事部门主管与干事、女职工和未成年工	了解

（续表）

知识点	项目应用阶段	典型工作事件	主要涉及的岗位	要求
职业培训	项目实施	上岗培训	企业人事部门主管与干事、普通劳动者	熟悉
违反《劳动法》的法律责任	项目全过程	违法用工的处罚	企业人事部门主管与干事、普通劳动者	了解

 学习内容

10.5.1　《劳动法》的立法宗旨和适用范围

1. 立法宗旨

《劳动法》第 1 条规定，为了保护劳动者的合法权益，调整劳动关系，建立和维护适应社会主义市场经济的劳动制度，促进经济发展和社会进步，根据宪法，制定本法。

2. 适用范围

《劳动法》第 2 条规定，在中华人民共和国境内的企业、个体经济组织（以下统称用人单位）和与之形成劳动关系的劳动者，适用本法。国家机关、事业组织、社会团体和与之建立劳动合同关系的劳动者，依照本法执行。

10.5.2　劳动合同

劳动合同是劳动者与用人单位确立劳动关系、明确双方权利和义务的协议。建立劳动关系应当订立劳动合同。

1. 劳动合同的订立

用人单位自用工之日起即与劳动者建立劳动关系。用人单位应当建立职工名册备查。

（1）用人单位招用劳动者时的义务

用人单位招用劳动者时，应当如实告知劳动者工作内容、工作条件、工作地点、职业危害、安全生产状况、劳动报酬，以及劳动者要求了解的其他情况；用人单位有权了解劳动者与劳动合同直接相关的基本情况，劳动者应当如实说明。

用人单位招用劳动者，不得扣押劳动者的居民身份证和其他证件，不得要求劳动者提供担保或者以其他名义向劳动者收取财物。

（2）劳动合同的形式

建立劳动关系应当订立书面劳动合同。已建立劳动关系，未同时订立书面劳动合同的，应当自用工之日起 1 个月内订立书面劳动合同。劳动合同由用人单位与劳动者协商一致，并经用人单位与劳动者在劳动合同文本上签字或者盖章生效。劳动合同文本由用人单位和劳动者各执一份。

（3）劳动合同的种类

劳动合同分为固定期限劳动合同、无固定期限劳动合同和以完成一定工作任务为期限的劳动合同。

固定期限劳动合同是指用人单位与劳动者约定合同终止时间的劳动合同。用人单位与劳

动者协商一致,可以订立固定期限劳动合同。

无固定期限劳动合同是指用人单位与劳动者约定无确定终止时间的劳动合同。用人单位与劳动者协商一致,可以订立无固定期限劳动合同。有下列情形之一,劳动者提出或者同意续订、订立劳动合同的,除劳动者提出订立固定期限劳动合同外,应当订立无固定期限劳动合同:

① 劳动者在该用人单位连续工作满 10 年的;

② 用人单位初次实行劳动合同制度或者国有企业改制重新订立劳动合同时,劳动者在该用人单位连续工作满 10 年且距法定退休年龄不足 10 年的;

③ 连续订立二次固定期限劳动合同,且劳动者没有本法第 39 条和第 40 条第 1 项、第 2 项规定的情形,续订劳动合同的;

④ 用人单位自用工之日起满 1 年不与劳动者订立书面劳动合同的,视为用人单位与劳动者已订立无固定期限劳动合同。

以完成一定工作任务为期限的劳动合同是指用人单位与劳动者约定以某项工作的完成为合同期限的劳动合同。用人单位与劳动者协商一致,可以订立以完成一定工作任务为期限的劳动合同。

(4) 劳动合同的内容

《劳动合同法》第 17 条规定,劳动合同应当具备以下条款:

① 用人单位的名称、住所和法定代表人或者主要负责人;

② 劳动者的姓名、住址和居民身份证或者其他有效身份证件号码;

③ 劳动合同期限;

④ 工作内容和工作地点;

⑤ 工作时间和休息休假;

⑥ 劳动报酬;

⑦ 社会保险;

⑧ 劳动保护、劳动条件和职业危害防护;

⑨ 法律、法规规定应当纳入劳动合同的其他事项。

劳动合同除前款规定的必备条款外,用人单位与劳动者可以约定试用期、培训、保守秘密、补充保险和福利待遇等其他事项。

(5) 劳动合同无效或者部分无效的情形

劳动合同无效或者部分无效的情形有:以欺诈、胁迫的手段或者乘人之危,使对方在违背真实意思的情况下订立或者变更劳动合同的;用人单位免除自己的法定责任、排除劳动者权利的;违反法律、行政法规强制性规定的。

对劳动合同的无效或者部分无效有争议的,由劳动争议仲裁机构或者人民法院确认。劳动合同被确认无效,劳动者已付出劳动的,用人单位应当向劳动者支付劳动报酬。劳动报酬的数额,参照本单位相同或者相近岗位劳动者的劳动报酬确定。

2. 劳动合同的履行和变更

(1) 劳动合同的履行

用人单位与劳动者应当按照劳动合同的约定,全面履行各自的义务。

① 用人单位的义务

用人单位应当按照劳动合同约定和国家规定,向劳动者及时足额支付劳动报酬。用人单位拖欠或者未足额支付劳动报酬的,劳动者可以依法向当地人民法院申请支付令,人民法院应当依法发出支付令。

用人单位应当严格执行劳动定额标准,不得强迫或者变相强迫劳动者加班。用人单位安排加班的,应当按照国家有关规定向劳动者支付加班费。

② 劳动者的权利

劳动者拒绝用人单位管理人员违章指挥、强令冒险作业的,不视为违反劳动合同。劳动者对危害生命安全和身体健康的劳动条件,有权对用人单位提出批评、检举和控告。

（2）劳动合同的变更

用人单位变更名称、法定代表人、主要负责人或者投资人等事项,不影响劳动合同的履行。用人单位发生合并或者分立等情况,原劳动合同继续有效,劳动合同由承继其权利和义务的用人单位继续履行。

用人单位与劳动者协商一致,可以变更劳动合同约定的内容。变更劳动合同,应当采用书面形式。变更后的劳动合同文本由用人单位和劳动者各执一份。

3. 劳动合同的解除和终止

（1）劳动合同的解除

用人单位与劳动者协商一致,可以解除劳动合同。

① 劳动者有权解除劳动合同的情形

《劳动合同法》第 38 条规定,用人单位有下列情形之一的,劳动者可以解除劳动合同:未按照劳动合同约定提供劳动保护或者劳动条件的;未及时足额支付劳动报酬的;未依法为劳动者缴纳社会保险费的;用人单位的规章制度违反法律、法规的规定,损害劳动者权益的;因本法第 26 条第 1 款规定的情形致使劳动合同无效的;法律、行政法规规定劳动者可以解除劳动合同的其他情形。

用人单位以暴力、威胁或者非法限制人身自由的手段强迫劳动者劳动的,或者用人单位违章指挥、强令冒险作业危及劳动者人身安全的,劳动者可以立即解除劳动合同,不需事先告知用人单位。

劳动者提前 30 日以书面形式通知用人单位,可以解除劳动合同。劳动者在试用期内提前 3 日通知用人单位,可以解除劳动合同。

② 用人单位有权解除劳动合同的情形

《劳动合同法》第 39 条规定,劳动者有下列情形之一的,用人单位可以解除劳动合同:在试用期间被证明不符合录用条件的;严重违反用人单位的规章制度的;严重失职,营私舞弊,给用人单位造成重大损害的;劳动者同时与其他用人单位建立劳动关系,对完成本单位的工作任务造成严重影响,或者经用人单位提出,拒不改正的;因本法第 26 条第 1 款第 1 项规定的情形致使劳动合同无效的;被依法追究刑事责任的。

用人单位单方解除劳动合同,应当事先将理由通知工会。用人单位违反法律、行政法规规定或者劳动合同约定的,工会有权要求用人单位纠正。用人单位应当研究工会的意见,并将处理结果书面通知工会。

（2）劳动合同的终止

《劳动合同法》第 44 条规定,有下列情形之一的,劳动合同终止:劳动合同期满的;劳动者开始依法享受基本养老保险待遇的;劳动者死亡,或者被人民法院宣告死亡或者宣告失踪的;用人单位被依法宣告破产的;用人单位被吊销营业执照、责令关闭、撤销或者用人单位决定提前解散的;法律、行政法规规定的其他情形。

10.5.3 劳动安全卫生

1. 劳动安全卫生规程的概念

劳动安全卫生规程是指国家为了保护职工在生产和工作过程中的健康,防止、消除职业病和各种职业危害而制定的各种法律规范。其主要内容有:防止粉尘危害的规定;防止有毒有害物质危害的规定;防止噪音和强光的规定;防暑降温和防寒的规定;通风照明的规定;个人防护用品的规定;职工健康管理的规定。

劳动安全技术规程是指以防止和消除伤亡事故的技术规则为基本内容,旨在保护劳动者安全的法律规范。我国现行的安全技术规程的主要内容有:建筑物和通道的安全;机器设备的安全;电器设备的安全;动力锅炉和气瓶的安全;建筑工程的安全;矿山安全。

劳动卫生规程指国家为了改善劳动条件,保护职工在生产过程中的健康,防止、消除职业病和职业中毒而规定的各种法律规范。它包括技术、组织和医疗预防措施的规定,如《工厂安全卫生规程》《关于防止沥青中毒的办法》《关于防止厂矿企业中矽尘危害的决定》《工业企业噪声卫生标准》《工业企业设计卫生标准》《关于加强防尘放毒工作的决定》等。

2. 劳动安全卫生规程的主要内容

用人单位必须建立、健全劳动安全卫生制度,严格执行国家劳动安全卫生规程和标准,对劳动者进行劳动安全卫生教育,防止劳动过程中的事故,减少职业危害。

劳动安全卫生设施必须符合国家规定的标准。新建、改建、扩建工程的劳动安全卫生设施必须与主体工程同时设计、同时施工、同时投入生产和使用。

用人单位必须为劳动者提供符合国家规定的劳动安全卫生条件和必要的劳动防护用品,对从事有职业危害作业的劳动者应当定期进行健康检查。

从事特种作业的劳动者必须经过专门培训并取得特种作业资格。

劳动者在劳动过程中必须严格遵守安全操作规程。劳动者对用人单位管理人员违章指挥、强令冒险作业,有权拒绝执行;对危害生命安全和身体健康的行为,有权提出批评、检举和控告。

国家建立伤亡事故和职业病统计报告和处理制度。县级以上各级人民政府劳动行政部门、有关部门和用人单位应当依法对劳动者在劳动过程中发生的伤亡事故和劳动者的职业病状况,进行统计、报告和处理。

10.5.4 女职工和未成年工特殊保护

女职工和未成年工的特殊保护在各国劳动法及劳动保护工作中是一个重要的组成部分。对女职工与未成年工的劳动给予特殊保护的主要原因女工和未成年工本身的特点。

妇女在生理上与男子有不同的特点和差别,妇女有月经、怀孕、生育、哺乳等生理特点。如果在劳动中对妇女的这些特点不研究、不保护,使其从事劳动强度过大或有毒害劳动,就会损伤女工的生理机能,不仅会影响女职工本身的安全和健康,而且还影响到下一代的正常发育。未成年工是我国劳动法律制度规定的年满16周岁但未满18周岁的工人。由于他们正在长身体,发育尚未完全定型,在劳动过程中也必须给予特殊保护。在我国对女职工和未成年工实行特殊保护,是我国劳动立法的一项重要内容,充分体现了社会主义制度的优越性。

女职工和未成年工特殊保护的主要内容如下：

① 根据妇女生理特点组织劳动就业，实行男女同工同酬。

② 禁止安排女职工从事矿山井下、国家规定的第四级体力劳动强度的劳动和其他禁忌从事的劳动。

③ 不得安排女职工在经期从事高处、低温、冷水作业和国家规定的第三级体力劳动强度的劳动。

④ 不得安排女职工在怀孕期间从事国家规定的第三级体力劳动强度的劳动和孕期禁忌从事的劳动。对怀孕 7 个月以上的女职工，不得安排其延长工作时间和夜班劳动。

⑤ 女职工生育享受不少于 90 天的产假。

⑥ 不得安排女职工在哺乳未满 1 周岁的婴儿期间从事国家规定的第三级体力劳动强度的劳动和哺乳期禁忌从事的其他劳动，不得安排其延长工作时间和夜班劳动。

⑦ 不得安排未成年工从事矿山井下、有毒有害、国家规定的第四级体力劳动强度的劳动和其他禁忌从事的劳动。

⑧ 用人单位应当对未成年工定期进行健康检查。

10.5.5 职业培训

国家通过各种途径，采取各种措施，发展职业培训事业，开发劳动者的职业技能，提高劳动者素质，增强劳动者的就业能力和工作能力。

各级人民政府应当把发展职业培训纳入社会经济发展的规划，鼓励和支持有条件的企业、事业组织、社会团体和个人进行各种形式的职业培训。

用人单位应当建立职业培训制度，按照国家规定提取和使用职业培训经费，根据本单位实际，有计划地对劳动者进行职业培训。从事技术工种的劳动者，上岗前必须经过培训。

国家确定职业分类，对规定的职业制定职业技能标准，实行职业资格证书制度，由经过政府批准的考核鉴定机构负责对劳动者实施职业技能考核鉴定。

10.5.6 违反《劳动法》的法律责任

用人单位制定的劳动规章制度违反法律、法规规定的，由劳动行政部门给予警告，责令改正；对劳动者造成损害的，应当承担赔偿责任。

用人单位违反本法规定，延长劳动者工作时间的，由劳动行政部门给予警告，责令改正，并可以处以罚款。

用人单位有下列侵害劳动者合法权益情形之一的，由劳动行政部门责令支付劳动者的工资报酬、经济补偿，并可以责令支付赔偿金：克扣或者无故拖欠劳动者工资的；拒不支付劳动者延长工作时间工资报酬的；低于当地最低工资标准支付劳动者工资的；解除劳动合同后，未依照本法规定给予劳动者经济补偿的。

用人单位的劳动安全设施和劳动卫生条件不符合国家规定或者未向劳动者提供必要的劳动防护用品和劳动保护设施的，由劳动行政部门或者有关部门责令改正，可以处以罚款；情节严重的，提请县级以上人民政府决定责令停产整顿；对事故隐患不采取措施，致使发生重大事故，造成劳动者生命和财产损失的，对责任人员比照刑法第 187 条的规定追究刑事责任。

用人单位强令劳动者违章冒险作业,发生重大伤亡事故,造成严重后果的,对责任人员依法追究刑事责任。

用人单位非法招用未满16周岁的未成年人的,由劳动行政部门责令改正,处以罚款;情节严重的,由工商行政管理部门吊销营业执照。

用人单位违反本法对女职工和未成年工的保护规定,侵害其合法权益的,由劳动行政部门责令改正,处以罚款;对女职工或者未成年工造成损害的,应当承担赔偿责任。

用人单位有下列行为之一,由公安机关对责任人员处以15日以下拘留、罚款或者警告(构成犯罪的,对责任人员依法追究刑事责任):以暴力、威胁或者非法限制人身自由的手段强迫劳动的;侮辱、体罚、殴打、非法搜查和拘禁劳动者的。

由于用人单位的原因订立的无效合同,对劳动者造成损害的,应当承担赔偿责任。

用人单位违反本法规定的条件解除劳动合同或者故意拖延不订立劳动合同的,由劳动行政部门责令改正;对劳动者造成损害的,应当承担赔偿责任。

用人单位招用尚未解除劳动合同的劳动者,对原用人单位造成经济损失的,该用人单位应当依法承担连带赔偿责任。

用人单位无故不缴纳社会保险费的,由劳动行政部门责令其限期缴纳,逾期不缴的,可以加收滞纳金。

用人单位无理阻挠劳动行政部门、有关部门及其工作人员行使监督检查权,打击报复举报人员的,由劳动行政部门或者有关部门处以罚款;构成犯罪的,对责任人员依法追究刑事责任。

劳动者违反本法规定的条件解除劳动合同或者违反劳动合同中约定的保密事项,对用人单位造成经济损失的,应当依法承担赔偿责任。

劳动行政部门或者有关部门的工作人员滥用职权、玩忽职守、徇私舞弊,构成犯罪的,依法追究刑事责任;不构成犯罪的,给予行政处分。

国家工作人员和社会保险基金经办机构的工作人员挪用社会保险基金,构成犯罪的,依法追究刑事责任。

违反本法规定侵害劳动者合法权益,其他法律、法规已规定处罚的,依照该法律、行政法规的规定处罚。

二维码内含精彩案例及解析,快来扫一扫吧!

案例 10-5

10.6　消防法

 工程应用

知识点	项目应用阶段	典型工作事件	主要涉及的岗位	要求
《消防法》的立法宗旨及消防工作的方针	项目设计阶段、项目施工实施阶段	建筑消防设计	建设方项目主管、设计方项目负责人	了解
建设工程有关的火灾预防的规定	项目设计阶段、项目施工实施阶段	建筑消防设计、消防工程验收	建设方项目主管、设计方项目负责人	了解
监督检查	项目施工实施阶段、项目竣工阶段	消防工程验收	施工项目经理、项目技术负责人	了解
违反《消防法》的法律责任	项目设计阶段、项目施工实施阶段、项目竣工阶段	设计单位、建设单位、施工单位违反消防法的处罚	建设方项目主管、设计方项目负责人、施工项目经理、项目技术负责人	了解

 **学习内容**

10.6.1　《消防法》的立法宗旨及消防工作的方针

1.《消防法》立法宗旨

《消防法》第 1 条规定,为了预防火灾和减少火灾危害,加强应急救援工作,保护人身、财产安全,维护公共安全,制定本法。

2. 消防工作的方针

《消防法》第 2 条规定,消防工作贯彻预防为主、防消结合的方针,按照政府统一领导、部门依法监管、单位全面负责、公民积极参与的原则,实行消防安全责任制,建立健全社会化的消防工作网络。

10.6.2　建设工程有关的火灾预防的规定

地方各级人民政府应当将包括消防安全布局、消防站、消防供水、消防通信、消防车通道、消防装备等内容的消防规划纳入城乡规划,并负责组织实施。城乡消防安全布局不符合消防安全要求的,应当调整、完善;公共消防设施、消防装备不足或者不适应实际需要的,应当增建、改建、配置或者进行技术改造。

建设工程的消防设计、施工必须符合国家工程建设消防技术标准。建设、设计、施工、工程监理等单位依法对建设工程的消防设计、施工质量负责。

按照国家工程建设消防技术标准需要进行消防设计的建设工程,除本法第 11 条另有规定的外,建设单位应当自依法取得施工许可之日起 7 个工作日内,将消防设计文件报公安机关消防机构备案,公安机关消防机构应当进行抽查。

国务院公安部门规定的大型的人员密集场所和其他特殊建设工程,建设单位应当将消防设计文件报送公安机关消防机构审核。公安机关消防机构依法对审核的结果负责。

依法应当经公安机关消防机构进行消防设计审核的建设工程,未经依法审核或者审核不合格的,负责审批该工程施工许可的部门不得给予施工许可,建设单位、施工单位不得施工;其他建设工程取得施工许可后经依法抽查不合格的,应当停止施工。

按照国家工程建设消防技术标准需要进行消防设计的建设工程竣工,依照下列规定进行消防验收、备案:

(1) 本法第11条规定的建设工程,建设单位应当向公安机关消防机构申请消防验收。

(2) 其他建设工程,建设单位在验收后应当报公安机关消防机构备案,公安机关消防机构应当进行抽查。

(3) 依法应当进行消防验收的建设工程,未经消防验收或者消防验收不合格的,禁止投入使用;其他建设工程经依法抽查不合格的,应当停止使用。

建设工程消防设计审核、消防验收、备案和抽查的具体办法,由国务院公安部门规定。

公众聚集场所在投入使用、营业前,建设单位或者使用单位应当向场所所在地的县级以上地方人民政府公安机关消防机构申请消防安全检查。公安机关消防机构应当自受理申请之日起10个工作日内,根据消防技术标准和管理规定,对该场所进行消防安全检查。未经消防安全检查或者经检查不符合消防安全要求的,不得投入使用、营业。

建筑构件、建筑材料和室内装修、装饰材料的防火性能必须符合国家标准;没有国家标准的,必须符合行业标准。人员密集场所室内装修、装饰,应当按照消防技术标准的要求,使用不燃、难燃材料。

任何单位、个人不得损坏、挪用或者擅自拆除、停用消防设施、器材,不得埋压、圈占、遮挡消火栓或者占用防火间距,不得占用、堵塞、封闭疏散通道、安全出口、消防车通道。人员密集场所的门窗不得设置影响逃生和灭火救援的障碍物。

10.6.3　监督检查

地方各级人民政府应当落实消防工作责任制,对本级人民政府有关部门履行消防安全职责的情况进行监督检查。县级以上地方人民政府有关部门应当根据本系统的特点,有针对性地开展消防安全检查,及时督促整改火灾隐患。

公安机关消防机构应当对机关、团体、企业、事业等单位遵守消防法律、法规的情况依法进行监督检查。公安派出所可以负责日常消防监督检查、开展消防宣传教育,具体办法由国务院公安部门规定。公安机关消防机构、公安派出所的工作人员进行消防监督检查,应当出示证件。

公安机关消防机构在消防监督检查中发现火灾隐患的,应当通知有关单位或者个人立即采取措施消除隐患;不及时消除隐患可能严重威胁公共安全的,公安机关消防机构应当依照规定对危险部位或者场所采取临时查封措施。

公安机关消防机构在消防监督检查中发现城乡消防安全布局、公共消防设施不符合消防安全要求,或者发现本地区存在影响公共安全的重大火灾隐患的,应当由公安机关书面报告本级人民政府。接到报告的人民政府应当及时核实情况,组织或者责成有关部门、单位采取措施,予以整改。

　　公安机关消防机构及其工作人员应当按照法定的职权和程序进行消防设计审核、消防验收和消防安全检查,做到公正、严格、文明、高效。公安机关消防机构及其工作人员进行消防设计审核、消防验收和消防安全检查等,不得收取费用,不得利用消防设计审核、消防验收和消防安全检查谋取利益。公安机关消防机构及其工作人员不得利用职务为用户、建设单位指定或者变相指定消防产品的品牌、销售单位或者消防技术服务机构、消防设施施工单位。

　　公安机关消防机构及其工作人员执行职务,应当自觉接受社会和公民的监督。任何单位和个人都有权对公安机关消防机构及其工作人员在执法中的违法行为进行检举、控告。收到检举、控告的机关,应当按照职责及时查处。

10.6.4　违反《消防法》的法律责任

　　违反本法规定,有下列行为之一的,责令停止施工、停止使用或者停产停业,并处 3 万元以上 30 万元以下罚款:

　　① 依法应当经公安机关消防机构进行消防设计审核的建设工程,未经依法审核或者审核不合格,擅自施工的;

　　② 消防设计经公安机关消防机构依法抽查不合格,不停止施工的;

　　③ 依法应当进行消防验收的建设工程,未经消防验收或者消防验收不合格,擅自投入使用的;

　　④ 建设工程投入使用后经公安机关消防机构依法抽查不合格,不停止使用的;

　　⑤ 公众聚集场所未经消防安全检查或者经检查不符合消防安全要求,擅自投入使用、营业的。

　　建设单位未依照本法规定将消防设计文件报公安机关消防机构备案,或者在竣工后未依照本法规定报公安机关消防机构备案的,责令限期改正,处 5 000 元以下罚款。

　　违反本法规定,有下列行为之一的,责令改正或者停止施工,并处 1 万元以上 10 万元以下罚款:

　　① 建设单位要求建筑设计单位或者建筑施工企业降低消防技术标准设计、施工的;

　　② 建筑设计单位不按照消防技术标准强制性要求进行消防设计的;

　　③ 建筑施工企业不按照消防设计文件和消防技术标准施工,降低消防施工质量的;

　　④ 工程监理单位与建设单位或者建筑施工企业串通,弄虚作假,降低消防施工质量的。

　　单位违反本法规定,有下列行为之一的,责令改正,处 5 000 元以上 5 万元以下罚款:

　　① 消防设施、器材或者消防安全标志的配置、设置不符合国家标准、行业标准,或者未保持完好有效的;

　　② 损坏、挪用或者擅自拆除、停用消防设施、器材的;

　　③ 占用、堵塞、封闭疏散通道、安全出口或者有其他妨碍安全疏散行为的;

　　④ 埋压、圈占、遮挡消火栓或者占用防火间距的;

　　⑤ 占用、堵塞、封闭消防车通道,妨碍消防车通行的;

　　⑥ 人员密集场所在门窗上设置影响逃生和灭火救援的障碍物的;

　　⑦ 对火灾隐患经公安机关消防机构通知后不及时采取措施消除的。

　　个人有前款第②、③、④、⑤项行为之一的,处警告或者 500 元以下罚款。

　　有本条第 1 款③、④、⑤、⑥项行为,经责令改正拒不改正的,强制执行,所需费用由违法行为人承担。

　　生产、储存、经营易燃易爆危险品的场所与居住场所设置在同一建筑物内,或者未与居住场所保持安全距离的，责令停产停业，并处 5 000 元以上 5 万元以下罚款。生产、储存、经营其他物品的场所与居住场所设置在同一建筑物内，不符合消防技术标准的，依照前款规定处罚。

有下列行为之一的，依照《中华人民共和国治安管理处罚法》的规定处罚：

① 违反有关消防技术标准和管理规定生产、储存、运输、销售、使用、销毁易燃易爆危险品的；

② 非法携带易燃易爆危险品进入公共场所或者乘坐公共交通工具的；

③ 谎报火警的；

④ 阻碍消防车、消防艇执行任务的；

⑤ 阻碍公安机关消防机构的工作人员依法执行职务的。

违反本法规定，有下列行为之一的，处警告或者 500 元以下罚款；情节严重的，处 5 日以下拘留：

① 违反消防安全规定进入生产、储存易燃易爆危险品场所的；

② 违反规定使用明火作业或者在具有火灾、爆炸危险的场所吸烟、使用明火的。

违反本法规定，有下列行为之一，尚不构成犯罪的，处 10 日以上 15 日以下拘留，可以并处 500 元以下罚款（情节较轻的，处警告或者五百元以下罚款）：

① 指使或者强令他人违反消防安全规定，冒险作业的；

② 过失引起火灾的；

③ 在火灾发生后阻拦报警，或者负有报告职责的人员不及时报警的；

④ 扰乱火灾现场秩序，或者拒不执行火灾现场指挥员指挥，影响灭火救援的；

⑤ 故意破坏或者伪造火灾现场的；

⑥ 擅自拆封或者使用被公安机关消防机构查封的场所、部位的。

违反本法规定，生产、销售不合格的消防产品或者国家明令淘汰的消防产品的，由产品质量监督部门或者工商行政管理部门依照《中华人民共和国产品质量法》的规定从重处罚。人员密集场所使用不合格的消防产品或者国家明令淘汰的消防产品的，责令限期改正；逾期不改正的，处 5 000 元以上 5 万元以下罚款，并对其直接负责的主管人员和其他直接责任人员处 500 元以上 2 000 元以下罚款；情节严重的，责令停产停业。公安机关消防机构对于本条第 2 款规定的情形，除依法对使用者予以处罚外，应当将发现不合格的消防产品和国家明令淘汰的消防产品的情况通报产品质量监督部门、工商行政管理部门。产品质量监督部门、工商行政管理部门应当对生产者、销售者依法及时查处。

电器产品、燃气用具的安装、使用及其线路、管路的设计、铺设、维护保养、检测不符合消防技术标准和管理规定的，责令限期改正；逾期不改正的，责令停止使用，可以并处 1 000 元以上 5 000 元以下罚款。

机关、团体、企业、事业等单位违反本法第 16 条、第 17 条、第 18 条、第 21 条第 2 款规定的，责令限期改正；逾期不改正的，对其直接负责的主管人员和其他直接责任人员依法给予处分或者给予警告处罚。

人员密集场所发生火灾，该场所的现场工作人员不履行组织、引导在场人员疏散的义务，情节严重，尚不构成犯罪的，处 5 日以上 10 日以下拘留。

消防产品质量认证、消防设施检测等消防技术服务机构出具虚假文件的，责令改正，处五 5 元以上 10 万元以下罚款，并对直接负责的主管人员和其他直接责任人员处 1 万元以上 5 万元以下罚款;有违法所得的,并处没收违法所得;给他人造成损失的,依法承担赔偿责任;情节严重的,由原许可机关依法责令停止执业或者吊销相应资质、资格。前款规定的机构出具失实文件,给他人造成损失的,依法承担赔偿责任;造成重大损失的,由原许可机关依法责令停止执业或者吊销相应资质、资格。

本法规定的行政处罚,除本法另有规定的外,由公安机关消防机构决定;其中拘留处罚由县级以上公安机关依照《中华人民共和国治安管理处罚法》的有关规定决定。公安机关消防机构需要传唤消防安全违法行为人的,依照《中华人民共和国治安管理处罚法》的有关规定执行。被责令停止施工、停止使用、停产停业的,应当在整改后向公安机关消防机构报告,经公安机关消防机构检查合格,方可恢复施工、使用、生产、经营。当事人逾期不执行停产停业、停止使用、停止施工决定的,由做出决定的公安机关消防机构强制执行。责令停产停业,对经济和社会生活影响较大的,由公安机关消防机构提出意见,并由公安机关报请本级人民政府依法决定。本级人民政府组织公安机关等部门实施。

公安机关消防机构的工作人员滥用职权、玩忽职守、徇私舞弊,有下列行为之一,尚不构成犯罪的,依法给予处分:

① 对不符合消防安全要求的消防设计文件、建设工程、场所准予审核合格、消防验收合格、消防安全检查合格的;

② 无故拖延消防设计审核、消防验收、消防安全检查,不在法定期限内履行职责的;

③ 发现火灾隐患不及时通知有关单位或者个人整改的;

④ 利用职务为用户、建设单位指定或者变相指定消防产品的品牌、销售单位或者消防技术服务机构、消防设施施工单位的;

⑤ 将消防车、消防艇以及消防器材、装备和设施用于与消防和应急救援无关的事项的;

⑥ 其他滥用职权、玩忽职守、徇私舞弊的行为。

建设、产品质量监督、工商行政管理等其他有关行政主管部门的工作人员在消防工作中滥用职权、玩忽职守、徇私舞弊,尚不构成犯罪的,依法给予处分。

违反本法规定,构成犯罪的,依法追究刑事责任。

二维码内含精彩案例及解析,
快来扫一扫吧!

案例 10-6

二维码内含本章习题及答案,
快来扫一扫吧!

习题 10

参考文献

[1] 生青杰. 建设工程法[M]. 武汉:武汉理工大学出版社,2007.

[2] 黄国铨 朱国红. 工程建设法规与实务[M]. 北京:中国传媒大学出版社,2011.

[3] 马文婷. 建筑法规[M]. 北京:人民交通出版社,2007.

[4] 徐广舒. 建设法规[M]. 北京:机械工业出版社,2008.

[5] 唐茂华. 工程建设法律与制度[M]. 北京:北京大学出版社,2008.

[6] 叶胜川,刘平. 工程建设法规[M]. 武汉:武汉理工大学出版社,2011.

[7] 杨陈慧,杨甲奇. 建筑工程法规实务[M]. 北京:北京大学出版社,2011.

[8] 赵承雄,蒋成太. 建筑工程法律法规及相关知识[M]. 哈尔滨:哈尔滨工程大学出版社,2011.

[9] 朱宏亮. 建设法规[M]. 北京:武汉理工大学出版社,2006.

[10] 全国一级建造师执业资格考试用书编写委员会编. 建设工程法规及相关知识[M]. 北京:中国建筑工业出版社,2011.

[11] 生青杰. 工程建设法规[M]. 北京:科学出版社,2003.

[12] 张文显. 法理学[M]. 北京:高等教育出版社,2001.

[13] 郭明瑞. 民法学[M]. 北京:北京大学出版社,2001.

[14] 崔建远. 合同法[M]. 北京:法律出版社,2000.

[15] 王召东. 建设法规[M]. 武汉:武汉理工大学出版社,2005.

[16] 住房和城乡建设部工程质量安全监管司组织编. 建筑施工安全事故案例分析[M]. 北京:中国建筑工业出版社,2010.